中国文化十五讲

楼宇烈 著

中国出版集团 东方出版中心

图书在版编目（CIP）数据

中国文化十五讲 / 楼宇烈著. -- 上海 : 东方出版中心, 2024.7（2025.3重印）.
ISBN 978-7-5473-2437-0

Ⅰ. K203-49

中国国家版本馆CIP数据核字第20247M8Z76号

中国文化十五讲

著　　者	楼宇烈
丛书策划	陈义望
责任编辑	朱荣所
封面设计	钟　颖

出 版 人	陈义望
出版发行	东方出版中心
地　　址	上海市仙霞路345号
邮政编码	200336
电　　话	021-62417400
印 刷 者	上海盛通时代印刷有限公司
开　　本	710mm×1000mm　1/16
印　　张	15.5
字　　数	180千字
版　　次	2024年8月第1版
印　　次	2025年3月第4次印刷
定　　价	78.00元

版权所有　侵权必究

如图书有印装质量问题，请寄回本社出版部调换或拨打021-62597596联系。

目 录

第一讲 中国传统文化的基本组成 1
 一、儒家文化 2
 二、道家文化 12
 三、佛教文化 22

第二讲 中国传统文化的百年命运 31
 一、从"五四"说起 31
 二、"马克思主义中国化"给我们的启示 35
 三、文化振兴才能让国家真正强大 40

第三讲 儒家修养论 47
 一、伦理道德：人与动物的本质区别 47
 二、儒家修养的范围 51
 三、儒家修养的方法 58

第四讲 儒家伦理 62
 一、近代以来对儒家伦理的批判 62
 二、剥离"政统"，廓清本来面目 66

三、儒家伦理对当今社会的意义　70

第五讲　道家"无为"思想　76
一、"无为"中"有为"　76
二、天道与人道的自然无为　79
三、"无为"中的反异化思想　82

第六讲　佛教与中国文化　86
一、佛教与儒道玄的冲突　86
二、佛教促进了儒道思想的更新　91
三、"三教合一"的文化格局　95

第七讲　中国的禅宗　97
一、禅宗与中国文化精神　97
二、何谓"禅"　101
三、禅悟　108

第八讲　中国文化中的人文精神　116
一、"惟人，万物之灵"　116
二、天人合一　121
三、"礼"：人文精神的载体　127
四、心性道德修养理论　131

第九讲　中国文化中的道与艺　137
一、"道"与"艺"的形上与形下关系　137

二、从"六艺"看艺的范围　139

三、艺的作用　140

四、如何由艺臻道　142

第十讲　中国文化的多元包容精神　147

一、多元包容让中国文化博大精深、丰富多彩　147

二、博采诸家：儒道两家的兼容精神　150

三、融通佛道：魏晋玄学　152

四、佛教本土化：外来文化与中国文化融合的经验　157

第十一讲　中国文化中的安身立命之道　161

一、对"安身立命"的一般性理解　161

二、如何看待"人生的意义"这个问题　162

三、真正的安身立命——蓄德以安身，修身以立命　171

四、如何安身立命　173

五、中国人的生命观　179

第十二讲　中国文化中的生生之学　182

一、何谓"生生"　182

二、从整个中国文化体系认知中医学的"生生"内涵　184

三、理清"中医"之概念　186

四、中医的生命之道　190

五、中医与中国文化复兴　193

第十三讲　处理好中西文化的关系　198

一、古代东方文化在西方的影响　198

二、近代以来的探索　203

第十四讲　对东方文化的反思与展望　210
一、树立对于东方文化的自觉意识　210
二、近代以来东方文化对世界文明建设的贡献　217
三、东方文化可疗愈"时代病"　221

第十五讲　当代中国文化的建构　227
一、近现代对中国文化建构的试验　227
二、当代中国文化建构的两个方面　232

第一讲
中国传统文化的基本组成

中国文化源远流长，博大精深，在其长期的历史发展过程中，不仅产生了众多的本土学派，也不断有外来文化的传入。这些不同的学派和文化，在矛盾冲突中相互吸收和融合，其中有的丰富了、发展了、壮大了，有的则被吸收了、被改造了、消失了。大约从东晋开始至隋唐时期，中国文化逐渐确立了以儒家为主体，儒释道三家既各自独标旗帜，同时又合力互补以应用于社会的基本格局。中国文化的这一基本格局，一直延续到了19世纪末，乃至20世纪初，历时1600年左右。所以，可以这样说，中国传统文化是儒释道三家鼎足而立、互融互补的文化。但是由于儒家长期被封建统治者尊奉为正统这一事实，一部分学者常常只强调以儒家作为中国文化的代表，而忽视或轻视佛道二家在中国传统文化中的巨大作用。这种观点过分偏重于中国文化中的政治制度和宗法伦理层面，并把其他层面的文化现象也都纳入政治和伦理的框架中去考察和理解，这就把丰富多彩、生气勃勃的中国文化描绘成单调枯燥、死气沉沉的模样了，显然是不够全面的。所以，无论从哪一个角度来考察中国文化，撇开佛道二家是无法理解中国文化的多彩样式和丰富内容的，更是无法全面深刻把握中国文化的真正精神的。

一、儒 家 文 化

1. 儒与儒家

儒家文化，在整个中国传统文化中，可以说处于主体地位。对于这个说法，也有人提出了不同的看法，比如20世纪80年代以来就有一些学者提倡新道家，主张道家是中国文化的主干。其实，要看你从哪个视角来分析这个问题，儒道两家在整个中国文化中都起着很重要的作用，可以说是密不可分、相互影响的。但如果从历代治国的理念、政治制度的构建，以及人身修养、安身立命的最核心的价值观来看，儒家确实是中国文化的主干，道家是起辅助作用的。

讲到儒家，首先就有两个问题：什么是儒？儒家又是什么？

儒这个称呼其实很早就有了，过去讲的儒就像我们现在举行仪式时司仪那样的角色。古代常常由儒者来主持一个仪式，比如主持一场祭祀。后来儒者成了一种专门的职业，有这样一种说法，认为儒是以六艺教民者。所谓六艺，就是礼、乐、射、御、书、数这六种具体的技能。"礼""乐"这两个问题，我在下面很多地方会讲到；"射"就是我们现在讲的射箭；"御"就是驾驭车辆；"书"，大部分人认为是书写或书法；"数"就是计数、算数了。儒者就是教授六艺的人。从这个角度来讲，儒者相当于现在的老师。到了孔子的时代，实际上"儒"这个称呼已经泛化了。它已经成为当时具有知识的人的通称，也就是我们现在讲的知识分子，那个时候也称之为"士"。

儒家又是什么呢？儒家是孔子开创的一个学派。孔子治学的目的是研究怎么继承尧、舜、禹、汤、文、武、周公这些古圣人的经验，用学术来治理国家、教育民众。

在这些古代圣人中，年代离孔子最近的是周公。周公名旦，他是周武王的弟弟，辅佐武王建立了西周王朝，在武王去世后，继续辅佐武王的儿子成王，巩固西周的统治。周公旦在总结夏商两代兴衰的历史经验教训之后，提出了一个非常重要的思想，那就是要求君主"以德配天"，强调作为君主，提升自我人格是最根本的，只有提升自己的品德才能得到上天的保佑。他告诫成王要"疾敬德"，要努力地提升自己的品德，这就开创了中国文化"以人为根本"的人文精神。

孔子继承了周公的思想，而且认为这一思想与尧、舜、文、武的思想是一脉相承的。所以《中庸》评价孔子时说："仲尼祖述尧舜，宪章文武。""祖述尧舜"意即继承了尧舜的说法；"宪章"是表扬、发扬光大的意思，"宪章文武"就是发扬周文王、周武王的观点，以他们的原则为根本依据。"祖述尧舜，宪章文武"是儒家的一个根本特点，是它的思想根源。中国的儒家就是在这个基础上发展起来的。

在孔子之后，经过孟轲、荀况等人的发展，儒学在先秦诸子百家中成为最重要的显学之一。到了西汉武帝时，由于董仲舒等人的建议，儒学被定于一尊，从此成为中国封建社会占统治地位的理论基础。

原始儒学可以说是一种人学，其主要内容是讲为人之道，包括探讨人的本性、个人的道德修养、人生的价值、知识的结构、为学的方法、处理人际关系的原则、从政治国的道理等。后来，儒学吸收了阴阳五行和道家的理论，丰富了宇宙论方面的内容。唐宋时期，在佛学的刺激和影响下，儒学进一步吸收佛、道的理论，积极发掘传统典籍中的微言奥义，构筑了一套融儒学与宇宙学于一炉、内容丰富、理论精细、体系庞大的宋明理学，儒学发展达到了一个新阶段。

2. 儒家思想

（1）以王道仁政来化导天下的治国理念

首先是治国理念，儒家治国理念的核心就是"王道仁政"，实行王道，推行仁政，重视礼乐教化。因为文明也好，人文也好，在儒家看来，都是礼乐教化的问题，有了礼乐教化才可能有文明。如果没有礼乐教化，让一切随着人的本性走的话，社会就不可能是安定的。

儒家把推行礼乐教化当作自己最根本的责任，其实我们现在用的"文化"这个词最早是相对于"武化"来讲的。文化就是以礼乐来化导社会，武化就是以武力来化导。

《乐记》里讲"乐以治心""礼以治躬"，也就是说乐是治心的，礼是治身的；乐是动于内的，礼是动于外的。乐能使你的心态平和，礼能使你的行为端正；以乐治心，以礼治身，那么你就能内和而外顺。这样对于个人来讲，就是非常有素养的人了；对于社会来讲，就是非常和谐的社会了。

儒家非常重视制礼作乐的作用。在中国历史上，在每个朝代相对稳定下来以后，首先要做的一件事情就是制礼作乐。所谓制礼作乐不一定是完全启用新制度，而是对前朝的礼乐制度重新审视一下，不足的地方要补充，把被破坏的礼乐制度恢复过来，然后再来强调法、强调刑。

这就是儒家的治国理念，推行王道、仁政，重视礼乐教化，同时礼法并用。

（2）"事在四方，要在中央"的政治制度

在政治制度方面，儒家整体来讲还是推崇封建，也就是重视血缘的关系，这是从西周开始的。到秦朝的时候，推翻了封建制，实行的是郡县制。郡县制就斩断了地方跟中央的血缘，各个地区的长官跟天子是没有血缘关系的。但汉初又恢复了同姓分封、护卫中央的封建制。以后，封建制虽然不断遭到批判，但是始终没有被完全废除。

其实，汉代以后基本上都是封建制跟郡县制并行，到清代还可以看到，很多亲王都有封地。亲王都是清帝王的同姓子弟，这种土地分

封就是一种封建。亲政的亲王不一定有职务，但其影响力和权力还是相当大的。同时，地方官员的任命又采取郡县制。

既然不是单纯的封建制，那么我们为什么还要用封建制度来描述这一段历史呢？现在很多人已经提出来，用封建制来概括中国古代的政治制度并不恰当。但是，我觉得借用这个概念也是可以的，只要我们明白它的意思就行了，总的来讲，还是强调宗法的血缘关系。

儒家在政治制度上强调大一统。"大"在这里的意思是重视，以一统为大，以一统为最根本；或者可以说是"第一"的意思，以一统为第一。这种思想汉代就有，董仲舒解释《春秋》，就认为《春秋》是重视一统、推行一统的。但当时讲的一统其实是正统的意思，也就是地位合法不合法的问题，跟我们现在讲的一统意思不完全一样。

另外，儒家思想也强调中央集权，这里面其实包含了法家的思想。我们讲古代社会是封建专制，封建就是指宗法血缘，专制就是指中央集权。法家的代表韩非就说"事在四方，要在中央"，就是说具体做事的是地方，中央则要把握总的纲领。

韩非的法家思想吸收了道家的思想，所以他强调"君道无为，臣道有为"。君主不应该事必躬亲，而要充分地发动臣下去做。那么，作为君主又该做什么事情呢？一是赏罚，二是用人。韩非提出"疑者不用，用者不疑"，这是第一原则；第二原则就是赏罚分明，该赏的就赏，该罚的就要罚。中央是要掌握政策、掌握用人，具体的事情要充分发动底下的人去做。这其实是一种非常好的管理制度。

其实道家无为而治的思想，包括法家"要在中央"的理念，都有很深的意义，很值得我们去研究。不要一听到中央集权就完全否定，要看是怎么个集权法。

（3）大同与小康的社会理想

儒家的理想社会跟它的治国理念是相关的，是从不同角度思考的。儒家的理想社会当然就是大同世界了，大同世界就是天下为公。

这个说法出自《礼记》的《礼运》篇，《礼运》里面记载了这样的理想：

> 大道之行也，天下为公，选贤与能，讲信修睦。故人不独亲其亲，不独子其子，使老有所终，壮有所用，幼有所长，鳏、寡、孤、独、废、疾者皆有所养，男有分，女有归。货，恶其弃于地也，不必藏于己；力，恶其不出于身也，不必为己。是故谋闭而不兴，盗窃乱贼而不作，故外户而不闭，是谓大同。

自儒家提出这个大同世界的理想以后，可以说这就成了各个时代先进中国人共同的政治理想。近代康有为搞戊戌变法的时候，他的理想就是大同世界，他写了《大同书》一书。孙中山搞民主革命，追求的也是大同世界。所谓大同世界，就是没有国界、没有种界，也没有阶级的界限，老有所终、幼有所长、壮有所用、路不拾遗、夜不闭户这样一个社会。这是比较理想化的，在现在来讲，就是共产主义。

儒家提到了大同，也提到了小康。在小康社会是有分别的，有君臣、父子这样一些等级。

光有大同世界这个理想还不行，还要具体落实。荀子就主张面对现实建立小康社会。他认为，社会没有等级是不可能的，没有等级，社会就会混乱，所以他强调要建立尊卑有别、长幼有序、群居和一的社会。荀子认为，人不能孤立存在，一定要结成群。那么，这个群体怎样才能和谐呢？就是必须明分，荀子就讲"明分使群"。还有就是要达到一致，就是同心同德，上下一致。在上下一致中，荀子特别强调上面的各项政策都要符合民心，只有这样，下面才能跟上面保持一致。上下一致，这个社会就和谐了。

小康社会，就是群居合一的，是有等级的，不是无分别的。那么，这个小康社会怎样才能达到真正的平等呢？荀子借用了《书经》里面的一句话，叫作"维齐非齐"。就是说，要达到平等，只有通过不平等才行。如果大家都一样的话，这个社会就没有一个法了。荀子认为，人们由于职业的不同、地位的不同，必须要有分别，没有分别是不行的。

可以说，儒家的理想就是这两种社会，一种是有点儿空想的大同社会，一种是比较实际的小康社会。

（4）"长幼有序，惟道是从"的人际伦理

儒家对社会中的人际关系是十分关注的，很早就提出了"五伦"的概念，即所谓君臣（今天可解释为一般的上下关系）、父子（母女）、夫妇、长幼（兄弟姐妹）、朋友，它们是人际关系中最基本的五种关系。孟子说，处理这五种人际关系的伦理原则是："父子有亲，君臣有义，夫妇有别，长幼有叙，朋友有信。"对此，中国近代资产阶级改良派思想家谭嗣同曾批判说，"五伦"中只有"朋友"一伦"于人生最无弊而有益"，因为其"不失自主之权"，至于其他四伦，则"可废也"。谭嗣同这里是就反对这些关系中伦理原则的不平等而言的，是信奉近代资产阶级平等、自由意识的表现，有其积极进步的意义。但他并不能否定这些关系的实际存在，所以他又说，在理想的民主国中，君臣、父子、夫妇、兄弟的关系都应当像朋友的关系那样，是平等、自主的。由此可见，儒家为"五伦"所确立的伦理原则应当废除或改造，而其揭示的"五伦"关系，则还是今天社会人际关系中的几种最基本的关系。

我们可能也听过"君要臣死，臣不得不死；父要子亡，子不得不亡"的话，好像下对上只能是绝对地服从。其实，儒家主张从原意上来讲不是这样的。

《礼记》里讲，要治理好一个国家，必须考虑四个方面：人情、人义、利、患。它还特别讲到什么叫作人义，说"父慈子孝，兄良弟悌，夫义妇听，长惠幼顺，君仁臣忠，十者谓之人义"。就是说，父亲要慈爱，儿子才会孝顺；兄长要善良，做好榜样，弟弟才会尊敬兄长；丈夫的行为符合道义，妻子才会听从；年长者要讲惠，年幼的人才能够顺；君主要讲仁义，臣下才能尽忠。这完全是相互作用的，不是单向的。

如果君不仁怎么办啊？臣是可以不忠的。儒家理论体系中都是这样的。有人问孟子，周文王和周武王作为臣子，怎么能够去杀商纣王呢？孟子怎么回答的？他说，我从来没听说过臣杀君这件事情，而只听说过诛一独夫而已！商纣王已经是一个独夫民贼了。荀子就更明确地提出"从道不从君"的原则。就是说，要按照道来做事情，不应该盲目地"从君"，所以才有汤把夏桀推翻了、武王把商纣王推翻了的事，这就是中国历史上的"汤武革命"。

当然不能说历史上没有愚忠，没有三纲五常，但是从儒家思想本身来讲，它并没有要求人们这样做，因此历史上才有很多连死都不怕的谏臣。只要皇帝错了，就要进谏，哪怕皇帝把他杀了也要说，这些谏臣遵循的就是"从道不从君"的理念。在现代人看来，这种做法也许太蠢了，但是这种精神是非常宝贵的。我们经常强调要做一个大丈夫，《孟子》里面讲要成为大丈夫，基本的条件有三：富贵不能淫，贫贱不能移，威武不能屈。这就是大丈夫的品格，这就是儒家提倡的做人的根本准则。

有几句话我们都很熟悉，就是诸葛亮讲的"鞠躬尽瘁"，范仲淹讲的"先天下之忧而忧，后天下之乐而乐"，文天祥讲的"人生自古谁无死，留取丹心照汗青"。这些都是我们经常背诵的一些名言，可以说其包含的精神都是在儒家思想的熏陶下人格的升华。

所以，儒家在人际伦理上强调有序有别，但是在有序有别中，又强调权利和义务是相互的。总而言之，它体现了一种"惟道是从"的精神。

（5）"从心所欲，不逾矩"的修养观念

在个人的身心修养方面，儒家强调以修养为本。从整体来讲，修养就是一个人整体素质的养成问题。一个人整体素质的养成要通过教育，儒家强调教育，而且十分注重家庭教育。家庭教育是人受教育的开始，然后是学校的教育，再就是社会的教育。但是不管是家庭、学校的教育，还是社会的教育，都是一种外在的力量，儒家更看重的是一个人内心的自觉性。

儒家强调，修养是一个自觉、自律的过程，也就是克己复礼的过程。如果我们不把"礼"局限在所谓的封建礼仪上，而是把它扩展到社会的道德规范的层面，那么在任何时候"礼"都是我们所需要的。

如果我们不能自觉地遵守社会的规范和人际关系的原则，我们可能会处处碰壁，也就永远得不到自由了。用佛教的话来讲，就是不断地自寻烦恼。

其实一定的自律并不是要让我们做道德的奴隶，而恰恰是让我们做道德的主人。如果我们领悟到了，就可以从物质的奴隶变成物质的主人，从道德的奴隶变成道德的主人，这一切都在于思维方式的改变。这就是哲学里面的自由，只有认识了必然才会有自由，如果你处处都跟必然作斗争，那就永远得不到自由。就像我们开车出去一定要遵守交通法规，如果你偏不遵守，那好了，你就一天到晚拿罚单吧。不光拿罚单，还有可能被抓起来，这还有什么自由可言？但是，如果遵守了交通法规，车开到哪儿你都会感到很自由。

儒家修养身心就是为了让人能够安身立命。所谓的安身立命，就是使人能够在社会上自由自在地生活，真正实现自我价值，达到孔子讲的"从心所欲，不逾矩"的境界。

（6）在道德实践中实现自我完善

从哲学理论特征上说，儒学主要是一种以实践理性为主的哲学。因此，儒学在完善自我的道德实践方面的理论特别丰富。例如，关于人的本性问题，是探讨道德实践的理论前提，儒学在这方面就有广泛而深入的讨论，并形成丰富的理论。孔子对此说得比较简单，只说了"性相近也，习相远也"。孟子主张"性善"论，认为"恻隐之心，人皆有之；羞恶之心，人皆有之；恭敬之心，人皆有之；是非之心，人皆有之"，所以"乃若其情，则可以为善矣，乃所谓善也"。荀子则主张"性恶"论，认为"人之性恶，其善者伪也"，"今人之性，生而有好利焉……生而有疾恶焉……生而有耳目之欲，有好声色焉……然则从人之性，顺人之情，必出于争夺，合于犯分乱理而归于暴"。

东汉著名哲学家王充在《论衡·本性篇》中列出了以下各种人性论的理论并加以评论：人性有善有不善（世硕、公孙尼子等），人性皆善（孟子），性无善恶之分（告子），人之性恶（荀子），人性善恶相混（扬雄），以及董仲舒的"性三品"说，等等。到了宋明理学，则对性理、心性、性情、性习、才性等问题有了更加深入细致的分析。

由于儒家注重理想道德的培养和理想人格的实现，因此有极丰富的关于个人道德修养的理论和具体践履的方法。他们提出的各种关于圣人、君子、贤者、儒者的道德标准，在封建社会中产生了相当大的社会影响。这些理想圣人的道德标准，从当今社会的眼光看，绝大部分是过时了，但也并非一无可取之处。而当我们评论古人时，则更不能脱离这些道德标准去苛求古人。

（7）乐观而注重现实的生活态度

儒家的修养观决定了儒家的生活态度是非常乐观的。从这个方面来讲，它是跟佛教相反的。佛教的人生观是苦命，而儒家的则是很乐观，但这并不妨碍从不同的道理通向同一个境界。

就像孟子讲性善，而荀子却讲性恶，不管是性善也好，性恶也罢，一个是通过扩展善心来达到人生的至高境界，一个是通过改变恶性来达到人生的至高境界，最后的目的都是一样的，手段也大致相同，都是基于教育和修养。你不能说我人性善了，就可以自然而然地达到最高的人生境界，这是不可能的，必须有一个不断地受教育和自我修养的过程；而如果人性恶，你就认定自己必恶的话，你在这个社会上是没法生存的，还是要"化性起伪"，通过教育、自身修养来达到最终的目的。

所以，孟子和荀子虽然出发点不同，但是殊途同归，最终都达到了人生的理想人格的境界。

既然儒家的生活态度是非常乐观的，当然就非常珍惜生命。孟子曾说："知命者不立乎岩墙之下。"明明知道墙要倒了，却偏偏非要站到那里，这并不能显出你的勇敢。不是说我活着就要怎么了不起，而是要重视现实，不回避现实，不沉湎于虚无的理想，要通过实践努力实现理想。

可以说，儒家非常重视人的努力，儒家有一句话"尽人事，听天命"。"听天命"也不是消极的意思，而是指一件事情有时机成熟与不成熟的问题，时机成熟了就行了，就可以实现了；时机不成熟呢，可能一时还实现不了，但是不能因此就放弃自己的努力。因为努力实际上也是在创造时机，你没有机遇不能成功，但是这个机遇也不是坐等来的，必须"尽人事"，只有"尽人事"才能够创造一些机遇，儒家就是这样一种生活态度。

（8）舍生取义的价值观

把儒家的价值观念简单地归纳起来，就是要"见义勇为，见利思义，舍生取义"，也就是说要在奉献中实现自我，实际上这就是怎样成为一个真正的人的问题。

在《论语》里，子路曾经问孔子，怎样才能算是一个真正的成人？孔子回答说："见利思义，见危授命，久要不忘平生之言，亦可以为成人矣。"见到利就要思义；遇到危险要能挺身而出，勇于承担；不管多长时间，只要承诺过的事，就一定要去实现它。孔子认为只要做到这三条，就可以算成人了。这也可以说是儒家对整个人生的价值观吧。

儒家的思想从治国到处理人际关系，一直到个人的生活态度和修养等方面，可以说都有一套非常周全的理论。

二、道 家 文 化

道家思想在整个中国传统文化中有很深的影响，是其中一个重要的组成部分。但是，以往我们对这个问题注意得还不够。虽然我们经常讲儒、释、道，但通常更多的是注重"儒"和"佛"，"道"相对来说看得比较轻一些。

其中原因很多，道家思想本身也确实比较复杂。

1. 道，可道，非常道

先谈谈道家名称的来源。在先秦，"道家"的名称以及"道家学派"的名称还没有形成，因为道不像儒那样是一个职业，它就是一种思想理论或者说是一个概念。

第一讲　中国传统文化的基本组成

到了汉代，司马迁的父亲司马谈在总结先秦各种学术流派的时候，提到先秦有阴阳、儒、墨、名、法、道德六个主要的学术流派，其中"道德家"又简称为"道家"，从此才有了"道家"这样一个名称。

为什么道家被称为"道德家"呢？《史记·老子韩非列传》里面提到老子，说老子是楚国苦县人，姓李名耳，字聃，修道德，学问以自隐无名为务。孔子还曾经去拜访过他。后来，老子看到周已经衰亡了，就想往西边去，经过函谷关的时候，碰到当时守门的官吏叫尹喜的，他跟老子说，你现在就要归隐了，能不能给我留下一点文字啊？"于是老子乃著书上下篇，言道德之意五千余言"，后人就称之为《道德经》。老子这一派也就被称为道德家，简称道家。

首先，我想对"道德"这个概念稍微作一点说明。这个"道德"跟我们现代人理解的"道德"的概念有很大的差异，甚至是完全相反的。为什么这样讲呢？因为我们现代人讲的"道德"，就是指日常生活中的行为规范或伦理，但是先秦的时候老子讲"道德"，恰恰是为了否定这些东西。

日常生活中，按照伦理关系所做出的道德行为，在老子看来只是"仁义""孝慈"。那老子的"道德"又是什么意思呢？它强调的恰恰是事物本然的状态，因为"仁义""孝慈"都是我们人为提倡的，根据社会关系人为地建立起来的。例如，要求作为父亲应该慈，作为子女就应该孝，即所谓"父慈子孝"；君要仁，君仁臣才可以讲忠。这些东西在道家看来都是人为的，所以他们称之为仁义礼智，也就是对人本性的改造。用儒家荀子的话来讲，就叫作"化性起伪"，即改变本来的性，用人为规定的礼仪来规范，"仁义"这些东西都是属于这一类的。

而道家在某种程度上，就是强调顺从人的本性才是最重要的。

"道"就是属于整个天地万物的共同的自然本性。那么"德"呢？就是指每个个体从道那里得到的天然本性。道德的"德"也就是得到的"得"；德者，得也。得之于哪儿呢？得之于天道。老子强调，要尊重包括人在内的天地万物的自然的、天然的本性，实际上就是以此来批评或批判儒家所倡导的仁义礼教的规范。

在先秦时期，道德和仁义可以说是两个相对立的概念，可是后来两者融合成了一个概念。现在人们讲道德就是讲仁义这一套，这一点我们要了解，下面我们再讲道家的道德这个概念时也就心中有数了。

2. 玄之又玄，众妙之门

（1）道法自然

下面我想讲讲道家的主要思想，首先讲道家的自然无为。最早提出这个思想的当然是老子。老子讲到道法自然，"人法地，地法天，天法道，道法自然"；另外又讲到道常无为。道法自然和道常无为可以看作道家思想最核心的东西。那么，自然无为究竟应该怎样来理解呢？

有的时候，人们会把自然看成道的代名词，道就是自然，自然也就是道。但我想这不是一个简单的互为代名词的问题。"道"实际上的含义是什么？"道"的含义是自然，没错。但这个自然不是指自然界，而是指"自然而然"，也就是整个宇宙，或者说是天地万物的一个根本的特性，指它的本来面貌。同时，这种整个宇宙或者整个天地万物的本然状态，又是通过每一个具体的事物体现出来的。它是一种包括了宇宙万物的整体和宇宙万物中每一个具体事物的共同的状态。

我们讲整个宇宙万物的本然状态，就具体体现在每一个具体事物的本然状态里。所以，这个道不是一个凌驾于天地万物之上的东西，也不是在天地万物之外的东西，而是天地万物自身包含的一种状态。

现在很多人在讲道或者讲自然的时候，都把它看成生成万物的最后一个根源，我觉得这个说法有问题。虽然老子《道德经》里有"道生一，一生二，二生三，三生万物"的描述，但事实是，离开了万物，就没有道，道就在万物之中，也就是老子讲的"天得一以清，地得一以宁"中的这个"一"。

天得道就表现为"清"，地得道就为"宁"。清也好，宁也好，都是道的表现，离开了清和宁就没有这个道，并不是说在清和宁之上有一个道产生了天和地。老子非常强调道随万物，万物是在它们的自然本性中体现出道的存在的意义的。

（2）道常无为

既然要遵循整个天地万物的这样一种自然状态，那么表现出来的特点又是什么呢？很简单，就是"生而不有，为而不恃，长而不宰"。就是说，万物在那儿生长，但是你不据为己有；你可以做很多事，但是你并不认为自己就有多了不起；万物在那儿生长，你也不去主宰它。这样的状态就是一种无为的状态。有人把无为理解成什么都不要做，在那儿等就成了。实际上这种理解有问题，《老子》里面就有这样一句话，叫作"辅万物之自然而不敢为"。粗看之下，以为是尊重万物自然而不敢为之了，但是我们不要忘了，"辅"是辅助的意思，不是不让你有所作为。要辅的是什么呢？万物之自然。不是让你不为，而是让你不要以自己的意志来改变它。这个"为"是以自己的意愿改变它的意思，所以这句话的意思是要去辅助万物，就是要随万物之本性而因势利导。无为的正确理解应该是这样，老子其实讲得很清楚。

我认为，这一思想跟儒家的思想不是根本对立的。儒家也强调天、地、人，说"天有其时，地有其财，人有其治"。所以天地万物，人也是要参与进去的。怎么参与进去？"赞天地之化育"，赞也是辅助的意思，我们现在也常常讲赞助，儒家并不是要你以主观意愿去改变自然,而是要"赞天地之化育"(《中庸》),参与天地中去,辅助天地。

汉代的黄老之学,政治上就强调无为而治。它的意思是什么?难道汉代之前的皇帝,从汉高祖到汉武帝都无所作为吗?不是这样的。汉代刚建立之时,战乱方息,民生凋敝,这时百姓的自然本性是什么?是需要空间来喘口气,在一个较为自由的环境中恢复生产。所以汉初采取了无为的办法,法律简约。《史记》记载,刘邦进咸阳的时候只是约法三章。这样一来,社会很快就恢复了元气。

无为而治的思想还强调要充分发挥各级官吏的主动性和积极性,这实际上是法家的一种思想。法家思想是道家思想在理论上发展的必然。法家从道家道法自然的思想演变出的一断于法,是完全符合道家思想逻辑的。这个观点不是我讲的,是司马迁的父亲司马谈讲的,一断于法,即一切要以法为标准。道家讲道法自然,一遵于自然。从思维方式来讲,两者是完全相同的,可见道家对于法家这种理念的形成有直接的影响。

我们再看《史记》。司马迁写列传的时候把老庄申韩放在一起。申韩是谁?申是申不害,韩是韩非,他们都是法家的代表人物,结果跟老庄列在一起,成为一个传。显然,在司马迁看来,老庄和申韩是有关系的,因为他写这个传是有分类的,有关系的才能放在一块儿。其实汉初的人很清楚,老庄申韩是有内在联系的。

法家强调一断于法,那么,掌握什么东西就行了呢?赏罚。法就是好的就赏,坏的就罚。一切凭赏罚,君主不必什么事情都做,事情可以让臣下做,臣下做得好就赏他,做得不好就罚他。法家提倡"君道无为,臣道有为",汉代也强调这个。

有一个成语叫作"萧规曹随"。汉代有两个非常著名的宰相,一个叫萧何,看过戏的都知道"萧何月下追韩信"的故事。曹是谁?

曹参。萧何去世以后，曹参继任宰相，他似乎什么事都不干，人家说你这个宰相当得好轻松。他说萧何已经定好了很多法律，我照着它们做就行了。这就是"萧规曹随"的典故。

"君道无为，臣道有为"是非常高明的管理思想。如果一个君主什么事情都要亲自过问的话，就算是累死恐怕也做不好；反过来，如果发动所有的臣下去做，君主就掌握赏罚权，来验收、鉴定，确定是赏还是罚，那就可以很轻松地把事情管得很好。而底下做事的人也会兢兢业业。如果君主事必躬亲，臣下什么事都要请示汇报，那么他们的主动性、积极性都不可能得到发挥。而且做事小心翼翼，不能大胆地、充分地去做，那还有什么效率？有什么创造力呢？

从道家的"无为而治"到法家的"君道无为，臣道有为"，我觉得是一个非常重要的变化。今天美国的贝尔实验室的门庭上就挂着"无为"二字，而且做了一个注释，就是说要让被领导者在你的领导下没有感觉到被领导。这就是无为而治这一思想在实际中的应用。

《淮南子》特别发挥了这个思想。很多人听到无为而治，就以为是什么都不做，那就完全错了。所谓无为而治，是指私志不得入公道，也就是不能把你自己主观的愿望加到事实上面去。公道，就是一种大形势或者事情发展的一种趋势。你还是要去做，而且还要积极地去做，这个做是积极地引导，因势利导，这才是老子讲的无为而无不为，用这个"无为"才能把事情做好。

（3）反者道之动，弱者道之用

还有一点需要注意的是，道家的无为思想里面，因为强调因势利导，所以特别注意事物形式的变化和其所处环境的变化。

韩非在《解老篇》、司马谈在《论六家之要旨》中都非常突出地强调，道家思想的特征就是"柔弱随时"。时就是指时间，所谓的时间就是一个环境。道家的这种自然无为就是随着环境的变化、形势的变化而变化。司马谈讲道家的特点是"时变是守",就是说时间变了,情况随之变化,我们也应该跟着变。道家的这种思想也影响了法家,法家思想中也有很多变革的思想,非常强调情况变化了,人也要跟着变化,不能因循守旧。老子也讲到"动善时",这个"动"牵涉到老子讲的另外一种思想,就是"反者道之动,弱者道之用"。这是道家思想的精髓。

"反者道之动",道的变化是什么呢?就是往相反的方向转换,就是我们常讲的物极必反。《周易》里面也有"否极泰来"的说法,否极泰来就是物极必反。乾卦中九五是至尊,上九就是亢龙有悔,到了顶点就转向反面了。你倒霉到头了,就该顺利了。"反"是道的根本特征。

道家的"动"也指相反相成。互相对立的两个东西,实际上是谁也离不开谁,是互相依赖的。有了这个才有那个,像我们讲的美和丑,有丑才有美,没有丑哪来的美?相反的东西是相成的啊!但相反相成不能脱离条件来讲,这个东西跟那个东西完全不搭界,它们就无所谓相反了。相反相成一定是在一定的条件下面,互相对立的两个事物联系在一起了,才有相反的问题,还是有"时"在其中的!

我们学辩证法的时候常常讲到,辩证法活的灵魂就是一切都以时间、地点、条件为转移。我认为在中国传统中,不管是道家还是儒家,都有这种朴素的辩证法在里面。

儒家也强调"时"的问题,不能违背时而行动,违背时而行动肯定是处处碰壁的;只有顺时而动,才能获得成功。道家也强调,要想做好一件事情,不能只凭主观的愿望,脱离了环境、条件,甚至脱离了人们的心理状态,那都是做不好的。

可以说,"时"是中国传统文化里非常核心的、非常重要的一个概念,也是辩证法里的一个重要概念。

"弱者道之用"呢？弱是柔弱的意思。道家是非常强调柔弱胜刚强的，要以弱治刚，或者以退为进。为什么要这样呢？我认为，道家这一思想产生于非常直观的观察。怎么个直观法？我们来看老子为我们举的例子——一根树枝。他说，如果是一根新生的树枝，就很柔软，就有韧性，不容易被折断；可是一根长得非常结实的树枝，一折就断了，所以木强则折。而柔弱的东西怎么折也没有关系，柔能胜刚。还有一个例子就是水。水是很柔弱的，但是它能渗透到大地中去，它无所不在，甚至可以到任何地方去。

老子所说的"弱者道之用"，我们很多人需要体会。现在很多人缺乏弱劲，都想显示自己怎么强大、怎么了不起，结果常常碰得头破血流，什么事也做不成。弱有时也是一种宽容、一种虚怀若谷的表现。弱绝不是故意做作出来的弱，很多道家著作里讲示弱，好像是做给别人看的。不是！恰恰是要你谦虚。老子讲了很多弱的表现，如不争、处下等。老子为什么要讲处下？越是处在下面的，越是基础。高以下为基础，你要高，基础不好怎么高？一个人越是谦虚、处下，基础打得就越结实，就越可以建造更高的东西。

柔的特性是弱，表现出来是弱，但是内心实际上是最坚强的，是有柔性、有韧性的。韧性是什么意思？就是说，可以适应各种不同的环境，有一种坚韧不拔的意志。

（4）权与术

上面讲了，老子要求处处示弱，要谦卑，要处下，这并不是他无力或者无能的表现，可以说是"退一步，进两步"的思想。他这样讲："将欲夺之，必固予之。"你要夺他的东西，就要先给他。这个看怎么理解了，有人理解为就是耍阴谋，所以老子的思想常常被看成权术，就是君主南面之术。但如果我们正确地理解，退一步可以进两步，也就是你要获得真正的成功，并不表现在你一时的强大上，这里面有没有术呢？有术。

权术这个词，现在我们常常从贬义方面加以理解，其实它原来是很正面的意思。权术强调的是权，权是什么意思？是变通。中国古代讲"权"是相对"经"来讲的，经是什么意思？经是常的意思，"经常"这个词我们现在用得很多。我们既要把握"经常"，又要把握"权变"，用现在的话来讲，就是既要有原则又要灵活。光有原则却不灵活行吗？不行！光有灵活没有原则也不行，要把这两者结合好。

3. 有之以为利，无之以为用

道家思想对中国文化的影响是多方面的。比如说，对生活态度方面的影响。中国历史上有儒、释、道三教，儒家是入世的，佛教是出世的，那么道家是什么呢？是遁世的。遁是躲避的意思，学道的人给人的印象常常是到深山老林里面去修炼，让自己延年益寿、长生不老，甚至得道成仙，而回避世间的种种矛盾。

对于佛教，其实大家看得很清楚，虽然说出世，其实是积极入世的，是以出世之心做入世之事。它是形式上的出世，本质上的入世。而道家确实有遁世的问题，很多学道之人有躲避现实的行为。但是另一方面，如果我们正确领会了自然无为的思想，那对我们调整社会关系和个人身心都有非常积极的意义，特别是道家教给我们的一种旷达的精神。什么叫旷达？就是很多事情都看得开，放得下。

文化上的很多东西，积极和消极、好和坏是经常联系在一起的。你从这个方面理解，从这个方面去实践，可能就是非常积极的；你从那个方面理解，那样去实践，可能就是完全消极的。这实际上是我们从哪一个角度观察的问题。

在政治管理方面，道家有正反两方面的影响。无为而治如果运用得好，就是充分发挥每个人的主动性、能动性、创造性和积极性的一种优秀的管理思维方式；如果应用得不好，那就可能变为一种很消极的、无所作为的思想依据，甚至会变为一种权术，或者成为一种阴谋，这是从反面来讲的。

老子的思想发展到后来就有这种趋势，比如兵家就应用了很多道家的思想。《孙子兵法》中的很多东西都可以从道家那里找到源头。兵家就是要以奇治兵，要求讲究一些策略，利用一些手段去蒙骗对方，让对方陷入看不清真实情况的境地，这样自己就可以出奇制胜了。这里面是有耍阴谋搞诡计的东西，但要看用在什么地方。老子讲得很清楚，"以正治国"，治国要正；"以奇用兵"，兵是用在争斗中的，而且是用在敌对双方的争斗中。如果把"奇"用到治国上，就变成了君主南面之术了，搞这些东西，那是不行的。

道家对中国文化的影响还表现在对中医发展的影响上。可以说，中医在很大程度上是从道家自然养生、清心寡欲的基础上发展起来的，后来又进一步吸收了儒家的思想，把人的道德修养也纳入养生治病的范畴，再后来又把佛教治心的思想也吸收进去了，这样就形成了中国的中医学说。

中医是博大精深的。其实通过中医理论，我们可以真正比较全面地体会到中国传统文化中的一些最根本、最精要的东西。我常常劝人读点中医著作，了解中医的基本理论，这样可以对中国文化也有一个把握。现在很多人认为中医理论是不科学的，是不是这个样子呢？事实上，如果按照"反者道之动"的规律来看的话，西医现在反而回到最自然的方法上去了，更多地应用自然治疗的手段了。而说到自然治疗的手段或者理论，世界上没有能超过中医的。

中医的自然治疗的理论基础在哪儿？首先是道家，然后是儒家，最后是佛教。这个问题我会在后面着重来谈，谈中医跟中国传统文化的关系问题。

三、佛 教 文 化

佛教文化虽然是一种外来文化，但它对中国文化有着极大的影响。有学者讲过，如果没有佛教文化的传入，中国的文化可能就不是现在这个样子了。

首先简单回顾一下佛教的创立、发展和它的一些主要教义和理论。

1. 起源：佛教的真实面貌

（1）三业八苦

佛教创立于公元前 6 世纪的古印度，它的创始人是释迦牟尼。释迦牟尼大约生活在公元前 565 年到公元前 486 年，跟孔子差不多同时。他创立佛教主要是针对古印度当时占主导地位的一些宗教和学术。

婆罗门教是印度古老的本土宗教。到了公元前 6 世纪，婆罗门教自身出现了很多问题，于是印度就出现了一股思潮，质疑婆罗门教的教义和一些修行方式，这股思潮里最有代表性的就是佛教。

婆罗门教强调，天地万物都是从大梵天流转出来的，每个生命都是大梵天的一部分，最终它还是要回归到梵天中去，跟梵天合一，即达到所谓的梵我合一。佛教认为，这种对生命、万物的解释是不正确的。同时，佛教也反对认为一切事物都是没有什么原因、突然而有的无因论。它提出了一种全新的因果理论来说明万物的成因，特别是生命体的成因。

这种因果理论又叫作缘起理论，最简单的表述就是"此有故彼有，此生故彼生"。"此有故彼有"讲的是空间关系，"此生故彼生"讲的是时间关系。在佛教看来，所有事物在时空中都是联系在一起的，都是相互影响、有因有果的；或者是因为在时间上有过去的原因，或者是因为在空间上有周围的原因，才产生现在的结果。而在这些原因里面，最主要的因就是事物自身，也就是佛教所说的业力。

佛教认为，一个生命体有三业，分别为身、口、意。身就是指我们的行为，口就是指我们的言论，意就是指我们的思想、观念。每个人都是通过自己的身、口、意来种下一个因，这个因就叫作"业"。有了这个因，条件成熟了，这个因就会变成果。好比有一颗种子，在遇到合适的气温、湿度、土壤的情况下，就会发芽生长，开花结果。缘起因果论也是这样，这个因就是你自己，配合其他许多辅助条件，这个因就会结出相应的果。

释迦牟尼观察到在业力的支配下，人生充满了痛苦。除了我们熟知的生、老、病、死四种痛苦以外，还有爱别离苦，相爱的人总是免不了分离；还有怨憎会苦，不是冤家不聚头；还有求不得苦，想得到什么但得不到；最后还有五盛阴苦。什么叫五盛阴呢？佛教认为一切生命体都是由色、受、想、行、识五个方面聚集而成，这就是五蕴。色就是指肉体方面的、物质性的一些东西，受、想、行、识是指生命体的感觉、思想等精神领域里的东西。这五蕴不管是色身也好，还是感觉、精神方面也好，都有自己的一种欲求。这种欲求如果无限发展，往往得不到满足，得不到满足，就会有很多烦恼产生。所以佛教常常讲，一个有形生命体充满了苦或者烦恼，集中起来就是所谓的"人生八大苦"。

（2）无明与空性

这"八大苦"是怎么来的呢？具体地讲，就源于个人的贪欲、嗔心和愚痴，即所谓的贪、嗔、痴三种心。佛教也把它们叫作三毒，一切的苦都源于这三种心。

人怎么会有这三种心呢？佛教又分析了，这都是源于你的颠倒妄想，就是你没有认清楚现象世界的真实面貌，被现象世界迷住了。于是就贪恋、执着于并不真实的现象世界，产生了种种的分别心；有了分别心以后，又对事物产生了好恶喜怒，于是就有了执着心；有了执着心，就会产生渴求、追求，以致产生求之不得的烦恼了。人就是这样，由于自己的颠倒妄想，就不得不忍受各种各样虚妄的痛苦。用佛教的话讲就是无明，无明也就是愚痴。

那么，怎样才能从无明中解脱出来呢？佛教认为，最根本的办法就是纠正人的颠倒妄想，使之具备一种正确的认识。

这种正确的认识就是让人明白，这个现象世界其实是由种种的因缘聚合而成的，因此并不具有真实性。如果说一个事物是真实的，那么它一定有恒常性和独立的主体性。既然现象世界是由各种因缘聚合而成的，那就没有独立的主体性，也没有恒常性。一切都是因缘聚了就有了，因缘散了就没有了，换句话说，它是无常的。

无常就是说一切现象世界都是刹那生灭的。刹那是梵语里面表示最短时间单位的一个词，所谓刹那生灭就是指很短暂的过程。再回头来看，一切的事情、一切的现象世界其实都是在不断的刹那生灭的过程中轮回。

当然，刹那也是相对的。比如人的一生，有的人活了很短的时间，我们说短命；有的人活了很长的时间，我们说这个人很长寿，这是跟人自身来比的。如果跟整个人类历史来比，或者跟整个地球的历史来比，再扩大一些，跟整个宇宙来比，我们的一百岁的生命历程不就是一刹那的事情吗？

所以，现象世界是没有恒常性的。现象世界中的一切事物，没有一个是不死的，都有生老病死、成住坏空的过程。

还有，既然一切事物都是因缘聚合而成的，那么对于某个事物来讲，无非就是这些因缘而已，并不具备独立的主体性，用佛教的话说就是"无我"。

一切现象世界真实的面貌就是无常和无我，这就是佛教讲的"不真""无常""无我"。"不真"是什么意思呢？就是佛教讲的"空"。"空"这个概念是在不真实的意义上来讲的，但也不是把现象世界的这种暂存的状态或者我们叫作虚幻的状态给彻底地否定掉。特别是大乘佛教发展起来以后，就强调在讲"空"的时候，不能离开它所对应的那个现象的"有"来讲，讲现象的"有"也不能脱离了其本质的"空"。现象的假"有"跟它本性的真"空"是联系在一起的，既不能用本性的真"空"来否定现象的假"有"，也不能用现象的假"有"来否定它本性的真"空"。如果只讲本性的"空"而不讲现象的"有"，这是一种偏执；反过来，只讲现象的"有"，不讲本性的"空"，也是一种偏执。

大乘佛教就强调，缘起应该是一种中道的缘起，既看到现象幻有的这一面，也要看到本来性空的这一面。这样的认识，才是一种正确的认识，才能够把原来的颠倒妄想给纠正过来。

总之，佛教的人生观或者生命观用一个字就可以概括，那就是"苦"，一切皆苦。怎么样来解决这个苦的问题呢？那就要认识到"空"，"空"也可以说是佛教的一种宇宙观、认识论；只有有了这种认识，才能不被现象世界所迷惑，才能够从现象世界中解脱出来。这是佛教最基本的教义和理论。

（3）解脱之道

佛教教义和理论的形成有一个历史的过程。在释迦牟尼创立的原始佛教中，怎样才算是解脱了生死呢？最初是从破除"我执"入手的，"我"之所以有现在这些烦恼、痛苦，就是因为"我"对外物有所执着。"我"把自己跟一切现象世界的东西分别开来，有"我"的追求，"我"想得到这个、想得到那个，可是这些东西常常给"我"

带来更大的烦恼和痛苦。"我执"不仅仅是指一种物质上的追求,还包括精神层面的追求。认为"我"比你聪明,"我"比你有更多的知识,佛教里面就叫作"我慢"。我慢也会带来很多烦恼,为什么?不虚心了嘛。释迦牟尼最初教导我们,要破除这种"我执"。如果你能够克制自己的种种欲望,进而不再去贪恋现象世界的东西,那么你就是得道了,就证到了罗汉。罗汉是离欲后的一种果位。显然,这个法门是从人自身入手的,让人从主观上不要去贪恋现象世界,从而消灭烦恼。至于现象世界本身是不是空的,在早期的佛教教义里面并没有展开,以至于还有很多的不同意见。到公元1世纪,发展到大乘佛教的时候,就把这个问题也解决了。大乘佛教认为,现象世界本身也是因缘所生之法,既然是因缘所生之法,当然也是虚幻不实的。《金刚经》是大乘佛教的代表性经典之一。《金刚经》教导我们,要认清楚现象世界的实相。实相其实就是无相、空相。但是,我们每个人生活在现象世界中,总会接触到许许多多的现象,那么应该怎样去处理这些相呢?《金刚经》提出一种方法,叫作"应无所住而生其心",相来了我们就应对,相去了我们就放下,这就叫"无住",即不能够停留在相上。

《金刚经》最后有一个偈子,叫"一切有为法,如梦幻泡影,如雾亦如电,应作如是观"。现象世界的一切都像梦幻泡影一样虚假、不实,并没有一个真实的存在,这就是无我。同时,这些现象如雾亦如电,很快就会消逝,好比闪电一闪而过;又好比晨雾,太阳一出来就消散了,这就是无常。无我和无常的现象世界,不就是空的吗?大乘佛教强调,不仅"我"是空的,而且法也是空的。

总的来说,空是佛教破除一切分别、执着的最基础理论,也是最主要的思想。把握了这一点,也就把握了佛教思想的根本。

2. 中国佛教的基本思想

佛教传入中国以后,跟中国传统文化其实也有一个很长的磨合过程。在磨合过程中，佛教开始慢慢本土化了。

（1）以出世法做入世事

佛教跟中国传统文化有很多冲突，反映出来的其实主要是儒跟佛的冲突，特别是出家、忠孝等观念之间的冲突。于是，佛教就尽量强调儒、佛的一致性，尽量强调佛教并不违背中国传统的伦理价值，强调出家其实是为了更大的忠和更大的孝，因为出家是为了解救众生，这是中国人能够接受的。因为在忠孝不能两全的情况下，中国人认为孝应该服从忠，小家要服从大家。当时，佛教反复强调，出家能使众生都得到解脱，中国人当然就很容易接受了。这样儒跟佛的冲突也就渐渐地减弱了。

在印度，佛教是比较强调苦行的，即所谓的头陀行，这也是婆罗门教的传统，是为了更严格地要求自己。一般的修行者就是三件衣服、一个钵、一张席子，生活是很清苦的。

佛教的修行也不是一世就能成功的，往往需要累世的修行。这种方式到了中国后也发生了不少变化。虽然有一些宗派也讲累世修行的问题，也讲修行有许许多多的阶梯，要一步一步地爬上去才能最终成佛，但是在中国占主流的禅宗强调的是顿悟，强调的是一世就有可能成佛。这也可以说是佛教传到中国后发生的一大变化。

还有一点，早期佛教在印度应该说是一种出世的宗教，特别强调通过个人独处的修行来悟道。到了大乘佛教时期，才开始强调出世和入世的一致性，《维摩诘经》里面有一品叫《不二法门》，专门强调"世、出世不二"。所谓的"世、出世不二"，就是不能离开世间来求出世间，出世其实就是在世间的生活中实现的。烦恼和菩提不是两个世界的东西，生死和涅槃也不是两个世界的问题，即所谓"烦恼即菩提，生死即涅槃"。

大乘佛教的思想到了中国以后得到了进一步的发挥。禅宗的

《六祖坛经》里面就讲道:"佛法在世间,不离世间觉,离世觅菩提,恰如求兔角。"特别强调在现实世间来求得解脱。

所以,在印度出世性格比较强烈的佛教到了中国后就变得不那么极端了,更强调只有入世才能够真正出世。中国佛教的入世精神是非常强的,或者说世俗性格非常强。为什么呢?因为佛教的宗旨是要度尽众生,它的志向就像地藏菩萨大愿所表述的:"地狱不空,誓不成佛;众生度尽,方证菩提。"要救众生,不入世怎么救?强调这种慈悲精神就使得中国佛教跟印度佛教相比,有了很大的变化,就是强调了入世的这一面。

那么,怎样解决入世后面临的污染呢?如何保持出世的品格,做到既入世又不跟世俗同流合污呢?中国佛教的宗旨是:以出世法做入世事。这样就把二者调和了。

(2)万法归禅

佛教大约在公元1世纪左右(两汉之际)传入我国,其中主要是大乘佛教。佛教传入我国后,经过与我国传统思想和宗教的冲突和融合,以及理论上与形式上的自我调整,自公元4世纪(东晋)起,就在中国社会中,特别是思想文化方面,产生了广泛的影响。同时,中国佛教也就开始创造性地发展理论,探索建立适合于在中国土壤上扎根、生长、光大的佛教。

到了隋唐时期,形成了许多具有中国特色的佛教宗派和理论。此时,佛教已在中华大地上生了根,开了花,结了果,已与中华本土文化融为一体,成为中华文化的一个有机组成部分了。其中如天台宗、华严宗、禅宗、净土宗、密宗等,在我国文化史、哲学思想史、文化艺术史上,都曾产生过重大影响。佛教在我国发展的过程中,同样也涌现出了一大批杰出的思想家、理论家。近代著名史学家梁启超曾说:"六朝、三唐数百年中,志高行洁、学渊识拔之士,悉相率而入于佛教之范围。"(梁启超:《论中国学术思想变迁之大势》) 其间如道安、鸠摩罗什、慧远、僧肇、道生、吉藏、法藏、玄奘、澄观、慧能、宗密等,他们的成就,比起创立佛教的印度高僧来,一点也不逊色。没有隋唐时期佛学的理论成就,也就不会有宋明理学在理论上的成就。可以毫不夸张地说,自东晋南北朝以来,离开佛教是不可能真正理解和把握中华历史、文化的精神的。即使在近代,佛教哲学对一大批资产阶级思想家也仍有极深的影响。而时至今日,中华大地上也还有数不胜数的名山大川、文物古迹和民俗风尚等,是与佛教文化紧密联系在一起的。中国佛教与印度佛教相比较,有许多不同的特点,而其中最重要的一点,就是中国佛教不断地向简易方向发展。

《周易·系辞》说,"易简之善配至德","易简而天下之理得"。崇尚简易,这大概是中国人理论思维上的一大特点。因此,烦琐的佛教理论如果不进行一番简化的话,是不易为中国人所接受的。唐玄奘企图尽量恢复和保存印度佛教的原貌,他的佛经翻译忠实于原著,他所创立的法相宗,也力求保持大乘瑜伽行派的特色。但结果是,同一原典的汉译本,他的译本不如鸠摩罗什的译本流行,他所创立的法相宗两传以后就式微了。天台宗和华严宗在理论上都是融合了大乘空有二宗,通过综合简化,发展了大乘的哲学思想,但总的来讲,其理论体系也还是相当庞大和烦琐的,不易为一般信仰者所把握。所以,唐以后这二宗的传承也仅能不绝如缕而已。相反,以简易著称的禅宗和净土宗,在我国则得到了充分的发展。唐五代以后的佛教,主要是禅宗,或禅净合一者。由是,宋以后,禅学成了与佛教(学)含义相同的概念,谈禅也就是谈佛。

禅宗是中国佛教创造性的发展。从理论上讲,中国禅宗的产生,就是为了反对佛教的烦琐哲学的。他们提倡以实修为主,不落言筌,不立文字。相传为中国禅宗创始人六祖慧能说法的记录,以后被禅宗奉作经典的《坛经》，就是综合了大乘空有二宗最基本的观点，以极其简练的语言（全文仅1万余字）表达出来的也是唯一被称为"经"的中国著作。而在实修上，中国禅宗也改变了那种脱离现实世界，尤其是脱离现实自我的静坐求净的方法。他们认为，人人具有的佛性本来就是清净无为的，没有烦恼缠缚（即所谓"本来无一物，何处惹尘埃"）。因此，人们一旦觉悟到自己的本性本来清净无为，也就得到了彻底的解脱。

  禅宗在开导人时，特别强调个人的主动性。他们认为，自性只能自觉，他人的觉悟不能替代自己的觉悟，别人至多只能引导一下。因此，禅宗大师从不告诉弟子们现成的结论，而总是用各种方法和手段去启发弟子们自己去思考，想出解决问题的办法，得出自己的结论。这些方法和手段中，就有人们熟知的"棒喝""参公案""看话头"等。这里面虽有不少神秘主义的色彩，但也有一定的启发智力的作用。另外，禅宗要求人们做自家主人，不迷信权威（包括佛陀、祖师和佛典），这对解放思想也是有积极意义的。至今，禅宗思想在东西方社会中，还有着很大的吸引力，不少学者对之有浓厚的兴趣。

第二讲
中国传统文化的百年命运

我为什么要讲传统文化呢？因为我认为，自五四新文化运动以来，在文化问题上，从理论到实践，"传统文化"这个问题一直困扰着人们。无论是持否定意见者，还是持肯定意见者，无不在传统文化问题上大做文章，以论证其否定或肯定的理由。同时，"五四"以后尽管对吸收西方文化问题还存在着种种分歧，但已很难找到根本否定或完全拒绝吸收西方文化的观点了；相反，彻底否定我国传统文化的论调倒是不绝于"文"。因此，从这一角度来看，"五四"以来的东西（或中西）文化之争、传统文化与现代化之争，其关键似乎更在于如何对待传统文化。传统文化问题已成了新文化建设过程中的一个症结。

一、从"五四"说起

毛泽东在《新民主主义论》中，对五四新文化运动做过如下的论述："五四运动所进行的文化革命则是彻底地反对封建文化的运动，自有中国历史以来，还没有过这样伟大而彻底的文化革命。当时以反对旧道德提倡新道德、反对旧文学提倡新文学，为文化革命的两大旗帜，立下了伟大的功劳。"如今也有学者说，"五四精神"就是彻底的"反传统"。然而,在当今中国的社会现实中,人们在许多方面却仍然感受到封建主义和传统文化的深刻影响。面对这一社会现实,有人就认为,"五四"以来在文化领域里的反封建,或者说对传统的清算(在一些人的心目中封建文化与传统之间往往是画等号的)还远不够彻底。于是,他们说,中国的许多事情似乎都必须从"五四"重新开始。一些人甚至断言,中国的传统文化从其发生的根源上,就决定了它不可能生长出当今社会发展所需的东西,或经过调整而适应于现代工业社会。因此,近年来伴随文化论上的"全盘西化"而来的彻底否定传统文化的调子也越唱越高了。我认为,这些看法是值得商榷的。

我们讲文化问题不能离开所处的历史环境。"五四"时期的历史环境是:辛亥革命后封建势力在政治上的复辟,封建生产方式还是社会经济的主体,封建的旧道德、旧文学是社会文化的主流。今天,尽管在现实的社会、经济、文化生活中还残留着不少封建的东西,但从整个历史环境来讲,已与"五四"时期有了根本的不同,封建的东西不再是社会、经济、文化的主体和主流了。而且我们还应当看到,某些封建的东西之所以得以残留至今,是由于它已与"五四"以来输入的西方文化中的那些腐朽东西结合在一起。因此,无视"五四"以来,特别是中华人民共和国成立后,我国在政治、经济、文化等方面的巨大变化,而笼统地提出"必须从'五四'重新开始"是不甚恰当的。

同时,传统是一个历史的概念,它是在历史的延续中积淀起来的,又是随着历史的发展而变迁的。没有延续和积淀就谈不上传统,同样没有发展和变迁也就没有传统,因此,不同历史时期的传统,其内涵是有发展变化的。如果我们对传统做一历史考察的话,那么将会看到,随着历史的发展,一些传统会成为历史的陈迹而被送进博物馆，另一些传统则在经过调整（批判旧义、开发新义）以后，与新生的文化因素和社会环境相结合而被继承下来，并发展为新的传统。因此，如果从今天的社会现实来检讨传统的话，那么我们的眼光应当主要放在"五四"以后，甚至新中国成立以来所形成的某些"传统"上。正如同20世纪40年代初，中国共产党人在"整风运动"中把注意力集中于检讨"五四"以后新出现的"洋八股""洋教条"，而不是把眼光停留在"五四"时期已经检讨过的老传统上面。那时，毛泽东在《反对党八股》的讲演中说："'五四'时期的生动活泼的、前进的、革命的、反对封建主义的老八股、老教条的运动，后来被一些人发展到了它的反对方面，产生了新八股、新教条。""这种新八股、新教条，在我们许多同志的头脑中根深蒂固，使我们今天要进行改造工作还要费很大的气力。"他又说："如果我们今天不反对新八股和新教条主义，则中国人民的思想又将受另一个形式主义的束缚。"这些论述，在我们今天检讨传统问题时，还是振聋发聩的。同样，如果说有某种传统的东西在阻碍着我国当前的现代化进程，那么它也主要是在近几十年来所形成的某种新八股、新教条传统，而不是"五四"以前的老八股、老教条传统，当然更不需远责于鸿蒙初开时期的先民文化传统了。

"五四"以来，从某些方面讲，确实也存在着对传统文化的检讨不够彻底的情况，但是我认为，更不够的倒可能是对传统文化缺乏全面科学的研究、理智的分析，以及在现实生活中对它做实际的转换工作等。总观"五四"时期直至20世纪80年代有关文化问题论争的文章，其中议及传统文化处（无论其持否定观点，还是持肯定观点），可以说绝大部分的论述是感情用事胜过理智分析，并以各取所需代替了全面的科学研究。在一部分人中，"五四"时期那种好就一切皆好、坏就一切皆坏的形式主义遗风仍甚盛行。今天，我们如果尚不能摆脱这种思维模式的话，那么再过几十年，问题也依然如故。传统文化的问题既是一个理论问题，更是一个实际问题。日本的马克思主义史学家永田广志在其《日本哲学思想史》一书的序中说："过去的文化既不可一概否定，也不应一味地赞美。不论我们如何想唾弃它，而它也是现代有着血肉的联系；另一方面，不论我们如何想赞美它，而它已经不能按照原来的样子复活。"我是很赞同他的意见的。

　　有一些人总是把传统文化与现代化截然对立起来，认为不斩断与传统的联系，就无法实现现代化。这种说法在理论上是没有说服力的，在实际上则不仅行不通，而且是有害的。如果说只有中国传统文化与现代工业文明不可协调，那么我认为，在今天下这样肯定的结论也似乎还为时过早。一则，近代中国存在着接受现代工业文明的事实，尽管这种接受在很大程度上是被动的、是有限的、是不彻底的，或者如有人所说的那样，是严重走了样的，然而它毕竟是被接受了的。而且，正因为有这种因素的进入，才发生了文化上、观念上中外古今的矛盾冲突，这完全是一种正常的现象。不管此种矛盾冲突尖锐到什么程度，也只能说明我们暂时没有调整好，而无法直接推断出中国传统文化不可能与现代工业文明协调的结论。再则，结合亚洲其他一批与中国有相似传统文化的现代工业国家的现实状况，更得不出中国传统文化不可能与现代工业文明协调的结论。

　　既然传统与现代的血肉联系是不依人们主观意愿而客观存在着的，那对于传统文化就不能只有否定的一面，而应当有肯定的一面。需要说明的是，这里所说的否定和肯定，既不是指简单的抛弃，也不是指原封不动的保存，而是从现代社会的实际出发，按照需要和可能，对传统文化择其善者而调整之，使其适应新的社会机制，为现代社会服务。关于有没有必要对传统文化进行调整，使其适应现代社会机制，以及传统文化有没有可能实现向现代社会的转变，人们是有不同看法的。如持上述传统文化与现代化根本对立观点的人当然认为传统文化根本不可能实现向现代的转变，因而也就根本不需要对传统文化进行什么调整。此外，也有一些人由于过分强调文化的所谓整体性，认为对传统文化要抛弃就只能全部抛弃（同样，他们认为对西方文化要接受也只能全盘接受），从而否定了传统文化有继承的可能性和必要性。其实，传统文化既有其整体性的一面，也有其可分解的一面；既有其固定性的一面，也有其可再塑造的一面。正因为传统文化有这样一些共存的两面特性，才表现为历史过程中传统的阶段性和连续性。如果只能整体接受、整体抛弃，那么历史就只有跳跃而没有连续，还有什么传统可言？

中国传统文化是有可能实现向现代社会转变的，而且对传统文化进行调整，使其适应现代社会机制也是十分必要的。这里，现代人对于传统文化的自觉和主动的择善调整是问题的关键。然而，在这个问题上，长期以来理论上的混乱，致使人们在实践上无所适从。而在现实社会生活中，我们如果不能主动地用优秀传统文化去迎接和吸收外来的优秀文化，并从中调整和发展传统文化、建设新文化，那么传统文化中腐朽落后的东西就有可能在吸收外来文化招牌的掩盖下沉渣泛起，或者与外来文化中的糟粕结合起来，影响社会。因此，只是一味地否定传统、批判传统，而不去发展传统、利用传统，不仅在理论上是偏激的，而且对社会也是不负责任的。

二、"马克思主义中国化"给我们的启示

马克思主义传入我国后，作为一种外来文化，它同样遇到如何对待中国传统文化的问题。在民主革命时期，由于历史环境的影响，我国一些早期马克思主义者和中国共产党的领导人，对于传统文化也是

持全盘否定态度的。陈独秀主张彻底否定传统文化的观点是人们所熟知的。如他在"五四"时期写的《今日中国之政治问题》中曾十分明确地说:"无论政治、学术、道德、文章,西洋的法子和中国的法子,绝对是两样,断断不可调和迁就的。""若是决计革新,一切都应该采用西洋的新法子,不必拿什么国粹,什么国情的鬼话来捣乱。"其后,王明等人奉行教条主义,一切照搬外国经验,言必称希腊,其否定传统文化尤为激烈。抗日战争时期,在清算王明等人的教条主义时,毛泽东等提出了必须将马克思主义的普遍真理和中国革命的具体实践相结合的观点,注意到正确对待民族传统文化的重要性。1940年,他在《新民主主义论》一文中总结说:"所谓'全盘西化'的主张,乃是一种错误的观点。形式主义地吸收外国的东西,在中国过去是吃过大亏的。""中国文化应有自己的形式,这就是民族形式。""中国的长期封建社会中,创造了灿烂的古代文化。清理古代文化的发展过程,剔除其封建性的糟粕,吸收其民主性的精华,是发展民族新文化提高民族自信心的必要条件。""中国现时的新政治新经济是从古代的旧政治旧经济发展而来的,中国现时的新文化也是从古代的旧文化发展而来,因此,我们必须尊重自己的历史,决不能割断历史。"1945年,他在《论联合政府》一文中又一次强调说:"对于外国文化,排外主义的方针是错误的,应当尽量吸收进步的外国文化,以为发展中国新文化的借镜;盲目搬用的方针也是错误的,应当以中国人民的实际需要为基础,批判地吸收外国文化。……对于中国古代文化,同样,既不是一概排斥,也不是盲目搬用,而是批判地接收它,以利于推进中国的新文化。"这些对民族传统文化的认识和理论,在当时产生了广泛的社会影响,对于中国共产党领导新民主主义革命取得胜利,起了不可低估的作用。这个历史经验是值得我们记取的。

马克思主义在我国新民主主义革命时期能够取得胜利的主要原因之一是，中国共产党人经过多次生死挫折后，从思想上认识到必须将马克思主义的普遍真理和中国革命的具体实践相结合。马克思主义要在我国社会主义建设时期取得胜利，更离不开和中国社会具体实践相结合。今天，我们提出要建设具有中国特色的社会主义，同样也是在经历了相当的坎坷之后，才获得这一认识的。然而，怎样才算是具有中国特色的社会主义呢？还有待于从理论和实践两个方面做进一步的探讨。但既然叫作中国特色，则当然不能是与中国的传统毫无联系的。因此，要建设具有中国特色的社会主义，正确对待和积极吸收传统文化显然是其中一个极其重要的方面。有人认为，中国传统文化的同化力十分强大，什么文化传入中国都会被同化，或者被浸染而变味。由是认为，马克思主义传入中国后也变了样。我认为，这种说法是不妥当的。首先，两种不同文化相遇后，必然会互相影响，因此，任何一种文化传入其他文化地区后，发生走样的现象是完全正常的，原封不动反倒是不正常的。其次，所谓"同化"只是一个相对的概念，正当你说某种文化被你同化了的同时，你也正在被你同化的某种文化所同化，而且从另一个角度看，所谓的被同化又何尝不可以说是一种适应环境的变更和发展呢？例如，印度佛教传入中国后发展为中国佛教，从一个角度讲，也可以说佛教被中国传统文化所同化了，但从另一个角度讲，更应当说是佛教为适应中国的环境而进行的变更和发展。人们之所以称之为"中国佛教"，是因为其理论中具有了中国的特色，而其理论的主体则依然保持着佛教的基调。因此，佛教还是佛教，并没有因其吸收了中国传统文化，就改称它为儒家或道教。同时，也正是由于中国佛教融入了中国传统文化之中，促进了儒家和道教的发展，才产生了宋明时期的新儒家。

马克思主义如果不能积极融合、吸收中国传统文化的精华，要想真正在中国扎下根也是不可能的。我们需要的是"中国的马克思主义",而不是"在中国的外国马克思主义"(或教条式的马克思主义)。然而,一段时期以来由于理论上的不明确,以及理论与现实之间的矛盾,我们并没有能够处理好马克思主义与我国传统文化之间的关系。一些人从否定"封建主义"传统发展到了否定"马克思主义"传统,从而完全丧失了对中华民族传统文化的信念,精神失去了依托,思想出现了空白;而另一部分人则认为,既然"封建主义"传统与"马克思主义"传统都不灵了,那么理所当然地,只有现代西方资本主义的传统和文化才能救今日之中国。上述情况充分表明,由于盲目地反传统,致使一些人丧失了民族的自我主体意识,失去了对民族文化自新自强能力的根本信心。这是应当引起中国马克思主义者的深刻反省的。我们必须加紧社会主义新文化的建设,以充实人们的精神世界,增强人们的民族自我主体意识。人们很难期望一个彻底鄙弃自己民族传统文化的人,能为民族的兴旺和发展做出什么贡献。因此,在新文化的建设中,我们要以博大的胸怀、深远的眼光,认真吸收全人类创造的一切有价值的文化遗产,包括外国的和中国的优秀传统文化遗产,以充实和发展中国的马克思主义。

在马克思主义的指导下,实现传统的文化向现代化转化,其方法和途径应当是多样的。除了为马克思主义所吸收和发扬者外,也应当允许传统文化在某种旧形式下进行自我更新。这也就是说,在不违法的前提下,应当允许不同形式、不同理论的学派的存在,为建设和丰富社会主义精神文明做出各自的贡献。我认为,包括像儒家有没有可能自我更新、实现向现代化转化、为现代社会服务这样的问题也是可以探讨的。比如,对于海外一些华裔学者所探讨的"儒家第三期发展"问题,尽管有许多提法是我们不能同意的(如"儒学复兴"等),但也应当看到其中包含着某些合理的方面,而不应当简单地加以否定。有人认为，现在在中国来谈论儒家文化问题是不合社会潮流的，是对新文化运动方向的否定。其实不然。"五四"时期的批儒批孔，是把儒家作为封建专制主义、吃人礼教的代表者来加以否定的，这是完全正确的。然而，儒家文化是不是仅仅只有这消极的一面呢？几十年的社会实践证明，显然不是这样的。我们今天处在一些西方发达国家在实现高度工业化后产生了一系列的社会问题，转而向东方文化寻求某种思想理论（其中包括儒家的思想理论）的这一大环境下，来探讨儒家文化有没有可能实现向现代化转化，为现代社会服务的问题，正是时候。它不仅不是对新文化运动方向的否定，反而是对新文运动的补充和发展。如果儒家的某些思想理论经过调整和转化后，在某些领域或某些人的行为规范中，为现代社会的发展起了积极的推动作用，那我们为什么一定要拒绝它呢？对于我国丰富的传统文化中的一切优秀的东西，只要经过认真的发掘和整理，被赋予新的意义，能在今天社会中起积极作用的，我们都应该欢迎。

有人说传统是包袱，有人说传统是财富；有人说传统是实现现代化的阻力，有人说传统是实现现代化的动力。这些说法都有一定的道理，但都是片面的。如果现代人能正确认识到历史是不能割断的，传统与现代是有着血肉联系的，从而主动地去改造和吸收传统，使其实现自我更新，以适应时代，为时代服务，则传统决不会成为包袱，而只能是宝贵的财富；绝不会是阻力，而只能是积极的动力。相反，如果不能正视时代的发展而故步自封、抱残守缺，或者无视传统与现代的血肉联系而一心只想割断历史、抛掉传统，那么，传统也确实会成为一种沉重的包袱，成为前进的阻力。总之，对于传统文化既不能盲目地崇拜和搬用，也不能简单地否定和排斥。我们应当从"五四"以来的历史经验中认识到，正确地对待传统文化遗产，做好传统文化的转化工作，是新文化建设中不可或缺的一个关键部分。

三、文化振兴才能让国家真正强大

本节要从宏观方面来阐述优秀传统文化对中华民族复兴、实现我们的中国梦,具有什么样的意义。其实一个国家的强大,并不只是看它有多少财富、国防力量有多强大,更不只是看它的公共设施有多华丽。国家要想实现真正的强大,文化的强大、国民素质也是主要因素。文化对于一个国家的复兴,实际上也很关键。文化让我们的国民都走进一个高度文明的时代,也有助于我们的国家自立于世界民族之林。中国过去受到世界人民的尊重,就在于我们是一个礼仪之邦。礼仪就代表文化发展的高度和深度。怎么样创造性转化,怎么样创新性发展,怎么样树立起文化的自信?有多少国民对我们的文化足够自信,有多少国民能够真正地坚持我们的文化主体意识?我觉得这都可能需要打个问号。

文明是相对于野蛮来讲的,人类脱离野蛮,走上了文明的道路,那是一段很漫长的过程。而真正地走向文明,用"文"来阐明人类,这才叫文明,"文"就是"纹饰",人类经过了自我的觉悟、自我的装饰脱离了野蛮,所以文明就是以文来明。文化就是以文来化,用人类自己觉悟到的东西来提升自己,不让自己像动物一样野蛮。

文化是一项软实力,但其实它恰恰是一项最硬的实力,是一个国家强大的基石之一。儒家文化在中国传统文化中处于主体地位。那么,如何将儒家文化跟社会问题相结合?儒家文化深深地扎根在我们日常的生活中,特别是跟政治制度的构建息息相关,所以当我们想要改变政治制度的时候,首先碰到的问题就是如何来理解儒家的政治理念。戊戌变法失败,辛亥革命也没有能够真正成功,都需要反思阻挡政治制度革新、革命的根源。新文化运动就追溯到了这个根源,把矛头直接指向儒家文化，因为它是构建制度文明的一个基础，其根本理念是血缘宗法，这个理念跟西方文化中的生命理念是完全不同的。中国文化是按照自然血缘的关系来构建伦理道德的，所以要彻底否定这种血缘的联系，就要彻底地破除儒家文化，因为儒家文化是构建社会制度的理论依据。最著名的论断就是礼教是"吃人"的。礼教之所以"吃人"，就是因为它让每个人安分守己，不能超越各自的身份。但是儒家礼教如果被否定了，人们就没有约束了，可以想怎么样说就怎么样说，想怎么样做就怎么样做，这也是不行的。在今天，如何评价儒家文化在社会生活中所起到的正面作用和社会意义，是值得深思的问题。

我们今天要重新来认识礼教。首先要知道，礼是因何而产生的。孔子提出的仁学，它的根本就是要恢复礼。孔子说："克己复礼为仁。"他倡导的仁，不是简单的爱人、恻隐之心等，最根本的问题是要能够管住自己，让自己的视听言动都合乎礼仪，"非礼勿视，非礼勿听，非礼勿言，非礼勿动"（《论语·颜渊》），这才是仁，是孔子提倡的仁学的核心。复礼的核心可以说有多方面，其中之一就是要自制，自己认识自己，自己克制自己，自己管理好自己。孔子提出的仁，最基本的、最重要的是自爱，不要做违背礼的事情。那么，礼是因何而起？礼里边究竟包含了哪些方面的内容？荀子的《礼论》做了阐释。文章认为，"人生而有欲"，人生来就是有欲望、欲求的；"欲而不得，则不能无求"，人的欲望得不到满足，就要去求；"求而无度量分界，则不能不争"，在求的过程中如果没有限度的话，就会贪得无厌。所以"争则乱，乱则穷"，人若无限度地追求欲望，这个社会就不安定了，礼就是因此而被提出的。

礼要解决的问题荀子讲得很明白。礼是"养人之欲，给人之求"，满足人们的欲望和需求。荀子讲得很深刻了，礼的这种规定，要达到一种什么结果,"使欲必不穷乎物",让人的欲望不至于穷尽了物。"使欲必不穷乎物,物必不屈于欲",所以礼的作用是使物和欲、欲和物达到平衡。物、欲处于一个强劲的对抗关系,而礼的制定,就是要"使欲必不穷乎物,物必不屈于欲",把物和欲这两个关系处理好,这才是礼的根本。它不是一个简单的伦理说教、道德说教,而是要解决现实的社会问题。所以荀子对礼的起源的考察以及对其意义的深刻分析,我认为非常重要。这是儒家文化对当今世界的一大贡献。礼是"养人之欲,给人之求",能够让我们每个人的欲求都得到适量的、合乎身份的满足,它并不是一个我们想象中的一种抽象的道德说教,所有的道德设计、伦理关系的设计,都是为了让整个社会的资源、财富,能够有一个持久的延续,来满足人类的需求。所以荀子反复强调,人对于自然资源一定要开源节流,对于自然资源的利用一定要有长虑后顾,不能只看到眼前,人们要长久地思考,要顾及以后的情况。这些思想,我认为相当深刻,我们今天读来都有很大的启发。"礼者,表也",礼是一个标杆;"礼者,履也",礼是要人去践行的。礼起着各方面的作用,特别是起着维护社会和谐、有序、稳定的作用。

因此,礼的核心就是每个人要认识自己的身份,叫作明分。荀子有个非常重要的概念叫作"明分使群",明了分,这个群的力量就发挥出来了。所以,礼就是要我们每个人能够认识到自己的身份。礼教也往往会被叫作名教。儒家礼教里边一个重要的部分就是分定身份以后,大家按照自己的身份去尽自己的职责,所以儒家的思想体现了一种担当的精神。在礼的文化里,就是要调配好各个不同的身份,然后再来分配好各种各样的资源,让大家能够合理地、恰如其分地满足欲求,而要做到这一点,就要明分,每个人要有对自己的认识和认同。

在礼文化中,还有很多的内容。《礼记》里边讲,"礼也者,报也"。礼，要用来报本，做人不能忘本。《礼记》《荀子》明确告诉我们，礼有三本。第一，天地："天地者，生之本也。"天地是一切生命的本，是中国文化的根本。在中国文化中，天地万物和人都是自然而然生的，是"天地合气，万物自生"的。天地生万物，各从其类，我们认同的是一种群体的生命，每一类生命又都有它自己的源头与前后承继，所以绝对不能忘记你这一类的源头，那就是祖先。"先祖者，类之本也。"先祖是我们这一族类的本，这是第二个本。第三个本是"君师者，治之本也"。君和师是让人类自己懂得怎么管理好自己的根本，简单来讲，就是通过教育认识到自己是一种什么样的生命。《礼记》里面的《学记》，一开头就告诉我们——"建国君民，教学为先"。我们建立一个国家来治理民众，要把教育放在第一位。这就形成了传统文化中的最核心的信仰观，甚至于信仰对象——"天地君亲师"。概括起来，就是八个字：敬天法祖，尊师重道。所以中国人敬畏天地，敬畏国家，敬畏祖先，敬畏师长，我们用各种各样的仪式、各种各样的祭祀来表达我们的不忘本，我们强调的是人在做天在看，我们做什么事情都要对得起祖宗、对得起子孙，中间还要对得起自己的良心，也就是"天地良心"。儒家文化在建立我们的信念方面体现得非常坚定，让我们坚信这个世界是自然而然生成的，这个世界是靠人自己去维系的。

从野蛮走向文明是要很长的历史过程的，文明的力量也就体现在文化的力量上，文化能像春风化雨似的，润泽万物，让文明慢慢受到滋养以后，茁壮成长起来。我们要对中国的传统文化中最核心的思想有清醒的认知，然后才能够对它有信心，才能够坚守这样的文化主体，才能够广泛地接纳各种各样外来的文化来滋养自己、丰富自己、发展自己。

儒家思想包含了深刻的报本思想、敬畏思想。礼者，敬也。敬是要尊敬他人、敬畏他人，也要尊敬自己、敬畏自己，还要尊敬你的事业、敬畏你的事业。孔子在《论语》里面讲"祭如在，祭神如神在"。所以中国人的敬是出于内心的敬，"敬以直内，义以方外"，用敬来规范自己的内心，用义去规范外在的行为，这是《周易》里边的话。中国人的敬是强调内心的敬，外在的形式只是用来表达内心敬的。所以儒家文化都是向内的，反躬自问的，为仁由己的，它不用外在的东西来要求人。

礼是言行的规范，只不过它不是强迫性的，它是人们在生活中习以为常的，在西方的法律理论里边被称为习惯法、自然法。生活中自然而然地形成的习惯确确实实是一种规矩，它要求我们自觉地去做，而且因为它在生活中已经成为习惯了，所以大家做起来并不知道自己是在遵守某一种法，因为它不是强制性的。《论语》里面还有一句重要的话，叫作"礼乐不兴则刑罚不中"，意思是如果大家连一点自觉遵守的理念都没有，那么强制性的法就会有各种各样的漏洞可以钻。这就是"道之以政，齐之以刑，民免而无耻"，而"道之以德，齐之以礼，有耻且格"。人人都有羞耻心，人人都知道这个不该做，那个不该做，而且行为都规规矩矩的、方方正正的，这就是礼和法的差别，这个法是刑法，不是礼法。礼也有法，所以我们叫作礼法。我们现在所说的法，是刑法。我们过去讲刑德并用，礼法跟刑法是不同的，我们讲的礼法，是各种规矩，所以礼里边包含了法的内容，需要我们遵守。清代学者陆世仪针对当时的家庭教育重法不重礼的问题，发表了一番言论，他说"法使人遵"，法是让人去遵守的；"礼使人化"，礼会使人发生变化；"法使人畏"，法使人畏惧；"礼使人亲"，当我们每个人都明白了要自觉遵守这些规矩时，人与人之间的关系一定是会非常亲密的。所以我们不要忘记礼里边的重要内容，除了宗教信仰的问题，还有非常重要的我们日常生活中的习惯法、自然法。更重要的是，通过礼的教育，能形成一种良好的社会风气，大家都懂得要尊老爱幼、童叟无欺、诚信做人。通过礼教，形成了一种良好的社会习俗。法国启蒙运动思想家孟德斯鸠有一句话："有良好习俗的社会，它的法律是简单的。"这句话是真理，一个有良好习俗的社会，它的法律必定是简单的。这是礼里边的又一个重要内容。

再有，礼告诉我们很多仪式性的东西。礼教的内容是十分丰富的，有宗教信仰，有法律内容，有社会习俗的内容，还有礼仪形式的内容。荀子还分析了礼里边最核心的精神就是人的自我认识，人在天地之间、在万物之间，只有人是能够跟天地相并列的、能参与天地变化的，其他万物都没有这个能力。他有一句话，叫"天有其时，地有其财，人有其治，夫是之谓能参"。所以人跟天地可以并列。人有其治，管理万物，治理万物，人有这个能动性、主动性，所以人就可以跟天地并参。人如果认识到这个位置的话，就必须管住自己。荀子反复强调，人不能够代替天职、天功。"明天人之分"，你的身份是可以参与治理，但你不是生万物、养万物的，你只是参与治理。掌握了天地运行的规则、天地运行的趋势，然后去管理它、推动它，让万物能够得到更好的发展。过去我们为了迎合西方的文化，说中国文化里边也有人定胜天，就拿出荀子的话，这是不对的。荀子是让我们明白天的职能和人的职能。人不能去代替天的职能，但是人可以去了解天的职能，去帮助它向好的方面发展。在《礼记》的《礼运篇》里面，有这么一句话："人者，天地之心也。"人就是天地的那颗心，人心一动，天地就跟着变化，因此张载"四句教"里面第一句话就叫作"为天地立心"。

儒家的文化首先让我们认识到人自身，人应该有分辨的能力，应当明白自己的身份，按照自己的身份要求去做，这样才能够达到社会的平衡、和谐，所以礼教不是简单地限制我们。中国的文化恰恰告诉我们，人与人之间是脱离不了关系的，种种关系把人跟人联系在一起。我们做什么事情都不能只为自己考虑，而要在一个群体中考虑，特别是要为子孙后代考虑。礼教内容丰富，我们今天要重新来认识，礼不是一种简单抽象的伦理说教，它能帮助我们维护社会秩序，维护社会各人群之间需求和欲求的平衡，维护人跟自然万物的和谐关系。礼教力量是非常强大的，孟德斯鸠讲，在世界历史上能看到一种现象，就是征服者改变了被征服者。可是在中国，我们看到的不是这样。我们看中国的历史，往往是征服者被被征服者所改变。如果梳理一下中国历史，我们的文明就是在这样一种环境下不断地提升。今天重新认识儒家文化，有很多丰富的资料和资源值得我们吸取。所以，坚持文化的主体精神，坚持文化的自信，非常重要。我们要真正强大，就要重新振兴文化，让世界人民看到我们是一个礼仪之邦，这样才能够使我们的国家真正强大起来。

第三讲
儒家修养论

一、伦理道德：人与动物的本质区别

人与动物的本质区别究竟在什么地方？古今中外的前贤硕儒，从不同的角度进行过大量的探讨和论述。有的以人具智识理性与动物区分，有的以人不能离群（社会组织、人际关系）作为有别于动物的标志，有的将人的行为的自觉性和目的性视为与动物的本质不同，有的以人有伦理观念、道德意志为与动物的根本区别，等等。这些论点虽说有深浅的不同，有本质和非本质的区别，但并不是互不相容的。如果人们能够正确地理解这些从不同角度说明人与动物区别的论述，则对于其全面把握人的本质很有帮助。

中国古贤们在上述各种理论中，更强调的是把是否具有伦理观念和道德意志作为区别人与动物的根本标志。如孟子说，人与禽兽的差别只有那么一点点，一般人常常轻易地丢弃它，而君子则牢牢地保住它。这一点点的差别就在于人是具有伦理意识、道德情感的。所以，孟子又说，没有恻隐之心，没有羞恶之心，没有辞让之心，没有是非之心，是不能被称作人的。荀子在论述人与万物区别时也特别强调，人是因为具有了礼义，才成为天下万物中最尊贵者的。他还说，天上最明亮的是日月，地上最明亮的是水火，万物中最明亮的是珠玉，而对于人类来说，最明亮的则应当说是礼义了。孟荀以上的论述，代表了中国传统文化对于人与天地万物本质区别的最基本观点。《礼记》归纳说，人如果不讲礼义，即使能说话，那也还是禽兽之心。禽兽没有礼义，父子可同与一雌性发生关系。因此，圣人出来制定礼义以教化人，使人因有礼义而自觉地与禽兽区别开来。以后各时代、各学派学者的有关论述，虽说也有不少发展和丰富，但从总体上讲，都没有超过这一基本观点。

基于以上对于人的本质的理解，中国传统文化，尤其是儒家文化，把人格的确立（以区别于禽兽）和提升（以区别于一般人）放在第一位，因而也就特别强调伦理观念、道德规范的教育和养成。儒者们十分推崇孔子"学而不厌，诲人不倦"的精神，重视个人的学习和对他人的教育。而在他们的心目中，学和教的首要内容是完全相同的，即学习和教人如何做人（为人），亦即确立和提升人格的问题。孔子曾说："古之学者为己，今之学者为人。"（《论语·宪问》）所谓的"为己""为人"，可以用孟子的一段话来作说明。孟子说："有天爵者，有人爵者。仁义忠信，乐善不倦，此天爵也；公卿大夫，此人爵也。古之人，修其天爵而人爵从之；今之人，修其天爵以要人爵，既得人爵而弃其天爵。"（《孟子·告子上》）荀子的解释则是："古之学者为己，今之学者为人。君子之学也，以美其身；小人之学也，以为禽犊。"（《荀子·劝学》）这里的"美其身"，就是"为己"，相当于孟子讲的"修天爵"，指人格的提升；而所谓的"为禽犊"，就是"为人"，相当于孟子讲的"要人爵"，即把"学"作为追求名利的手段，这是儒家大师们最为反对的。我们还可举出南宋两位不同学派的著名学者的论述来说明这一点。心学大家陆九渊说：人们学习究竟为了什么？人生在天地之间，做人就应当尽其为人之道。因此，人们之所以求学，就是学如何为人而已，没有其他的目的。理学大家朱熹则在他的《白鹿洞书院揭示》中说道：考察以往圣贤之所以教人，无非让人们探求明白做人的道理，修己之身，然后推以及人，并不是教人们广闻博记，写漂亮文章，以便去沽名钓誉，追求利禄。

在中国传统文化中，关于建立人的伦理道德的根据问题，有着各种不同的甚至相反的观点。如有的以性善论为建立人的伦理道德的根据（如孟子等），有的则以性恶论为建立人的伦理道德的根据（如荀子等）。此外，也还有性无善无恶、性有善有恶、性可善可恶等种种理论。尽管在建立人的伦理道德的根据上有如此众多的分歧，然而在如何才能建立起人的伦理道德，或者说如何才能成为一个真正的人这一方面，则几乎是完全一致的，即都认为必须通过教育、学习和修养。孟子认为，人人都具有"亲亲""敬长"的"良知""良能"，人人都具有"恻隐""羞恶""辞让""是非"之心，是为为善之端。所以，从根本上来说，人的本性是善的。但是，由于环境的影响和个人的懈怠，这些善的本性在不断地丧失，如果没有教育、学习和修养，这些"良知""良能"和为善之端，是不会自动地发展为符合仁义礼智等准则的道德行为的，当然人也不会成为具有完善人格的人的。所以他说："学问之道无他，求其放心（放逸、放失之心）而已矣！"荀子认为，人生而好逸恶劳，好利恶害，有好利心、疾恶心和耳目之欲求等，如果任其发展，必然走向争夺与暴乱。所以，从根本上来说，人的本性是恶的，必须通过教育、学习和自我修养，才能成为一个有伦理观念、遵守道德规范的人。因此，荀子所著之书，首篇即题为"劝学"。他说，从学的意义来讲，就是要从学做一个懂礼义的人开始，最终成就为一个圣人。从这一意义来讲，学是一刻也不能停止的。学了就能成为一个人，不学就会沦为禽兽。

总观历代儒家学者的有关论述，我们可以看到，在基本人格的确立、基本伦理观念、基本道德规范的养成方面，他们着重强调的是社会良好环境的创造，以及师友、父母的身传言教。而在人格的提升，伦理观念的深明和道德规范的自觉、道德境界的提升方面，则着重强调的是个人的学习和修养。孔子说，实践仁的品德，完全是自己的事，难道还要靠别人？又说，仁的品德离我们很远？不，我想要得到它，它就会来到。孟子也说，君子遵循正确的道理和方法去不断地提高，主要是要求他自觉地有所得。正确的道理和方法，就像大路一样一目了然，哪有什么难以了解的？所怕的是人们不去求罢了。这些话都强调了个人修养在提升道德人格方面的决定性作用。毫无疑问，社会环境对于人格品德的形成和提升是有着巨大影响的，但同时显而易见的事实又是，生活在大致相同的社会环境中的人们，在人格、品德等各个方面却往往存在着极大的差异。这说明，同样的社会环境对于不同的人，所发生的影响和效果是很不相同的。究其原因，主要与每个人的主观努力和接受程度直接相关。而从理论上讲，也就是今天人们常说的，外因必须通过内因起作用。这就是个人修养既必要又重要的现实根据和理论根据之所在。

　　近代以来，人们对于儒家的修养论有许多十分严厉的批判，其中不少是缺乏科学性的，但如果把它放在近代反封建的历史背景下去考察，这些严厉的批判也还是可以理解的。然而，在"文革"期间，却掀起了这种对传统文化的不科学的批判运动。它首先把传统文化中儒家的修养论定为封建地主剥削阶级的、唯心主义的货色，然后去批判刘少奇的《论共产党员的修养》。因为刘少奇在该书中充分肯定并强调了共产党员自我修养的必要性和重要性，同时也认为在中国儒家中有许多修养身心的方法是可以借鉴利用的。而通过对刘少奇《论共产党员的修养》的批判，不仅进一步否定了传统文化中儒家的修养论，甚至完全否定了一般的自我修养的必要性。应当指出，"文革"期间的这种完全否定自我修养的谬论，曾一度给社会的道德教育带来了极大的冲击、极坏的影响。至今，人们也不应当忽视其在理论上和思想上所造成的混乱，而应当予以必要的澄清。事实上，随着物质文明的高速发展和与世界交往的日益频繁，社会对于现代人的品质要求是越来越高了。所以，对于现代社会的每一个成员来说，不是要不要自我修养的问题，而是如何加强自我修养以适应现代化社会的问题。古语说得好："玉不琢不成器，人不学不知道。"这是一个朴实无华、颠扑不破的真理。

二、儒家修养的范围

我国古代哲人们在修养问题上有着极其丰富的理论阐发和实践原则。对于这些理论和原则，我们不仅要进行整理和研究，而且要根据时代的需要，"择其善者而明用之"，即选择其精华，阐明其现代意义，把它运用到现代人的修养生活中来。

儒家所讲的修养主要是道德方面的修养，但他们所讲的道德是一种广义上的道德，它包括了作为一个社会的人所应具备的各方面的基本品质。因此，儒家讲的修养范围，实际上包括了一个人的文化、艺术、性格、品德等多方面的修养。儒家在这方面有许多论述是相当深刻的，很值得我们择其善者而明用之。

文化修养，首先当然是指对一般文化知识的接受。由于儒家着重强调的是道德修养，所以许多人认为，儒家轻视一般文化知识的教育。其实，这种印象是不对的。在中国历史上，儒家是以从事社会国民教育为主要职业的一个学派。他们的教育对象，从幼儿开始到各种专门人才都有。他们的教育内容从童蒙识字开始到各种专门知识。《论语》记载，孔子以四个方面的内容教育学生，首先教的是历史文献。他认为,通过学习《诗经》,不仅可以学到许多做人的道理,同时也可以掌握许多关于鸟兽草木方面的知识。孔子非常注意"因材施教",在他的学生中既有以德行著称的颜渊、闵子骞等,也有专长于政事的冉有、季路等;同时还有语言方面的专家,如宰我、子贡等,文学方面的专家,如子游、子夏等。可见,儒家对于文化知识教育是相当重视的。他们反对的只是为了知识而学知识的倾向,强调学知识要有助于提高人的道德品质。在今天新知识层出不穷、瞬息万变的信息时代,人们如果在文化知识方面不能不断地提高和更新,则必将被时代所淘汰。但是,在人们不断提高和更新文化知识时,也不能回避这样一个问题:这些高、新、精、尖的知识,在迅速提高人们的物质生活水平的同时,是否有利于改善人的整体生存环境,是否有助于人的精神境界的提升?目前世界上日益热门的研究课题,如新兴的生态伦理学(我以为还应当提出科技伦理学),以及古老的人生价值论,等等,正是由此而提出来的。这样,儒家把一般文化知识与伦理联系起来的传统观念,对以上今天人们所关心和思考的热点问题,不也还是有某种启发意义吗?

儒家所讲的文化修养,不单单是指知识的高低多少,同时也表现在一个人的礼仪风度方面。这一点在今天似乎很有必要特别提出来。今天,我们许多人似乎特别欣赏那些在礼仪上不拘小节的人,认为这样才是"潇洒"。而在对中小学青少年的一般文化教育中,也主要偏重于知识的传授,而对他们的基本礼仪规范的养成教育是很不够的。更令人担忧的是,今天有一些"小皇帝",在"二"(父母)加"四"(祖父母、外祖父母)的百般溺爱下,不知礼貌仪表为何物,而孔子特别主张"席不正不坐""割不正不食""食不语,寝不言"(《论语·乡党》)。并不是说要我们今天还要完全照孔子的样子去做。但是,一个坐没有坐相,站没有站相,吃没有吃相,穿着邋遢以及见了尊长连个招呼都不打，麻烦了别人连句感谢话也不说，在公共场所目无他人、肆意而为的人，总不能说是一个有文化教养的人吧？礼貌、仪表、风度是反映一个人文化素质高低的重要方面。在儒家经典《仪礼》《礼记》等著作以及许多著名学者的"家训""学规"中，有大量的关于日常衣食住行、待人接物等方面的礼仪规范。其中有相当一部分，在经过新的解释后，是可以作为今日礼仪教育或修养之用的。而且，不仅可以作为青少年基本品德养成教育和修养之用，甚至也可以作为成人职业礼仪教育和修养之用。

人们常说中国传统文化是一种富于伦理精神的文化，殊不知中国传统文化还是一种具有丰富艺术精神的文化。可以毫不夸张地说，在中国传统文化中，伦理精神与艺术精神犹如车之两轮、鸟之两翼，两者相辅相成，相得益彰。儒家对艺术教育和修养的重视，丝毫不亚于对伦理道德教育和修养的重视。在他们看来，艺术修养有助于道德修养，它同样是完美人格中不可或缺的一个基本组成部分。在先秦儒家那里，艺术教育和修养的主要内容是"诗教"与"乐教"。孔子教训他的儿子伯鱼，"不学《诗》，无以言"（《论语·季氏》），意思是说，不学习《诗经》，就不会应对酬答。他认为，认真地学习《诗经》，可以感发人的心志，提高人的观察能力，培养人的合群性，使人学得感情的表达方法；而且诗歌中所讲述的道理，近则可以用于侍奉父母，远则可以用于服侍君上。对于音乐，儒家尤为重视，总是把它与礼相提并论。他们认为，音乐体现了一种和谐精神，最能深刻感动人心，最能迅速改变人的性情，从而起到移风易俗的作用。孔、孟、荀诸子，都注意到了不同的音乐会对人产生不同的影响，进而产生不同的社会效果，有的使人哀伤，有的使人悲怆，有的使人淫荡，有的使人端庄。所以，儒家十分重视音乐的格调和品位，认为一首好的乐曲应当是美与善的统一。随着时代的发展，艺术的样式和内容越来越丰富多样,书法、绘画、戏剧、小说等,也都成为人们表达情感、陶冶性情、提升格调的手段与方式。

在魏晋玄学崇尚自然、得意忘象等理论和思维方式的影响下,中国艺术形成了以"立意""传神""求韵味"为上的重要特点和根本精神。中国的艺术作品内涵丰富,具有深邃的哲理性。它寄托了创作者深层的感情,又启发欣赏者无限的情思。艺术活动,无论是创作还是欣赏,都是一个人内心感情最直接的表露,反映了他对于自然、社会、人生的理解和追求。艺术创作中立意的正邪、欣赏趣味中格调的高低,也会反映出或影响到一个人的品格或境界的正邪与高低。因此,通过艺术修养培养起高尚的艺术欣赏趣味来,对于塑造高尚人格、追求理想人生境界有重要的意义。追求艺术的完美与追求人生的完美,在其终极处是相通的、一致的,这就是中国传统文化中艺术精神的体现。

通过艺术修养,人们不仅能培养起高尚的创作或欣赏趣味,而且还能够从中体悟到自然、社会、人生的不少哲理。艺术修养不但能提升人的精神生活,同时也能提高人的实际理事处世能力。艺术的完美离不开和谐,艺术家们对于诗句的平仄对仗、乐章的高低缓急、画面的经营布置、舞台的人物调度,无不煞费苦心,其目的无非求得某种完美的和谐。艺术作品的和谐与否,反映了一位艺术家水平的高低。推而广之,一切通过经营布置以达到完美和谐的活动,都可称之为艺术创作活动。因此,一个真正领会和把握了中国艺术精神的人一定能够巧妙地运用艺术的手法去经营处理好各种自然、社会以及人与人之间的复杂关系,使之达到某种合理的、最佳的和谐与协调状态。艺术修养对于人生的重要性,于此可见一斑。

儒家在修养论中还提出了一个"变化气质"的问题。所谓"气质",一些儒者都把它说成是与生俱来的,而另一些学者则认为是后天习染所成。从现代科学的观点看,所谓"气质",与个人某些先天的生理特征有一定的关系,但最主要的还是在后天环境的影响下形成的,它大致相当于我们今天所讲的"习性"。变化气质,改变习性,也就是上文所提到的性格修养。北宋著名哲学家张载十分重视变化气质的问题。他认为,求学最大的益处在于能使人自觉地改变自己的气质,否则的话,学问反而会对人有害。而变化气质与能否虚心是互为表里的。由此看来,儒家所讲的"气质"含有某种贬义,是与心浮气躁、骄傲自满等习性联系在一起的。所以,儒家强调的"变化气质"如果从正面来讲,主要是指涵养与意志等方面的修养和锻炼。

一个趾高气扬、自以为是、指手画脚、高谈阔论的人,人们一定会说他是一个缺少涵养的人。所以,变化气质而使自己成为一个有涵养的人,其关键就在于虚心地待人接物,这也就是人们所说的涵养功夫。在孔子的弟子中,曾参是特别注重修养的人,他所说的"吾日三省吾身",是早为人们熟知的名言。此外,他还大力提倡要向在才能上、学问上不如自己的人请教,而自己则应当表现得像是一个没有学问、腹中空空的人;即使是受到了别人的欺侮,也不要与人计较。他说,他从前的一个朋友(指颜渊)就是这样行事的。一个人要做到时时事事都能够谦虚谨慎并非易事,尤其是要做到如曾子所说的不耻下问,更是需要经过长期的自我修养才有可能达到的。汉末思想家徐幹曾说,人的品德就如同一个器皿,器皿是空的才能装进东西,满了就装不进东西了。所以,一个人应当经常保持虚心和恭敬,不要因自己有超群之才而凌驾于别人之上。要处处看到别人的优点,而时时看到自己的不足,这样别人才会愿意帮助你、教导你。古语说:"人道恶盈而好谦。""满招损,谦受益。""君子以虚受人。"这些都是儒家学者所推崇的人生哲理,至今读来也仍然不失为为人处世的至理名言。

汉代著名儒者刘向，在他编撰的《说苑》一书中，记载了孔子观欹器的故事。欹器是古代的一种盛水器，注水少则倾，注水一半则持平，注水过了就倾覆，孔子由此感叹"恶有满而不覆者"，并借子路之问，进一步引发出"持满之道"当"挹而损之"和如何"损之"的议论。所谓"挹而损之"，就是从灌满水的器皿中舀出一些来，使它不致倾覆。以人的修养来讲，"损之"之道的具体内容则如孔子所说，当是"高而能下，满而能虚，富而能俭，贵而能卑，智而能愚，勇而能怯，辩而能讷，博而能浅，明而能暗"，这就叫作"损而不极"，即保持一定的空虚，而不是满到了极点。最后，孔子十分肯定地说："能行此道，唯至德者及之。"今天，我们以这个故事和孔子所论述的"持满之道""损之"之道来作为个人修养的教材，也还是相当生动而深刻的。

孟子为他心目中的"大丈夫"（真正的人）立了三条标准，即"富贵不能淫，贫贱不能移，威武不能屈"（《孟子·滕文公下》）。确实，一个人如果真能做到这三条，那他就是无愧于天地、具有高尚品德的人。然而，一个人要真正做到这三条又谈何容易。他需要长期进行品德方面的修养，才有可能树立起正确的人生观和价值观。在这方面，儒家以"义利""公私""苦乐""生死"等这些人生面临的最现实的价值选择问题，对人们进行基本的品德修养教育，这是很值得今人注意的，因为现代人的品德修养教育同样也离不开这些基本的人生价值选择。而儒家学者在这方面的许多精辟论述，无疑也还是可以作为今天人们品德修养的指导的。

讲到"义利"问题，儒家总的倾向是重义而轻利、先义而后利，主张以义制利、见利思义。在当今这个以功利为上的世界里，如果有人按汉代大儒董仲舒所提倡的"正其谊，不谋其利；明其道，不计其功"的训条去做，则将被人们视为迂腐。其实，无论哪一个社会，也总是有这么一些只问耕耘不计功利的"迂腐"者,他们的真诚和高尚值得我们仰视。我们并不要求每个社会成员都要达到这样的境界。但是,我们总不会希望社会每个成员凡事都斤斤计较于功利吧!当然,我们更不会希望人人唯利是图,见利而忘义。清初大儒颜元对董仲舒之言进行了修正:"正其谊以谋其利,明其道而计其功。"希望人们达到这种水平应该不能说是过分的要求。在"公私"问题上,儒家一贯强调大公无私、先公后私,提倡公而忘私,反对假公济私。随着时代的发展,"公"和"私"的具体对象和要求都已发生了根本的变化,但是,在处理公与私两者之间的关系上,儒家所强调的这些原则至今仍然是正确而有效的。

在"苦乐"问题上,儒家历来不以物质生活的贫富论苦乐,而是以精神生活的充实与否论苦乐;又认为个人之苦乐算不了什么,众人的苦乐才是真正的、最大的苦乐。历史上儒者所称道的"孔颜乐处"就是一种安于物质生活的贫困,而去追求充实的精神生活的"乐"。孟子则反对"独乐",强调要"与民同乐"。他曾以欣赏音乐为例说,一个人乐,不如与他人一起乐;与少数人乐,不如与所有人一起乐。北宋大政治家范仲淹的名言"先天下之忧而忧,后天下之乐而乐",可以说集中地表达了儒家的"苦乐"观。

至于"生死"问题,孔子说的"死生有命",代表了儒家对待自然生死问题的基本态度。而对于来自社会原因的生死问题,儒家则总是将之与"义利""公私"等问题联系在一起,始终提倡"杀身成仁""舍生取义",而反对"苟且偷生"。儒家这些有关"苦乐""生死"方面的基本观念和精神,至今也还是值得肯定和效法的。

三、儒家修养的方法

儒家在修养论上十分强调"知行合一",也就是说,既要弄清道理,又要身体力行。由此,他们在"求知"和"力行"方面,提出了许多具体的修养方法,其中也不乏可供今人择而用之的东西。

儒家讲修养,首先讲立志。所谓"立志",就是要确立宏大的、坚定的志向,明确自身的责任和奋斗的目标。孟子讲:"故天将降大任于是人也,必先苦其心志,劳其筋骨,饿其体肤,空乏其身,行拂乱其所为,所以动心忍性,曾(增)益其所不能。"(《孟子·告子下》)这是大家都很熟悉的一段话,他在这里指出了一个事实,即一个要承担天下重任的人,必定要受到种种艰难困苦的磨炼。由此也可知,只有那些有宏大志向且意志坚定的人,才会自觉地去修养,主动地接受种种艰难困苦的磨炼。孔子的弟子子夏说:广博地学习而且意志坚定不移,诚恳地讨教并且联系实际思考,这样仁德就在其中了。宋儒程颐在解释第一句话时说:"学不博则不能守约,志不笃则不能力行。"明确地指出了坚定的意志对于修养实践的重要性。反过来说,一个意志不坚定的人,他的修养不可能是很高的;而一个志向不宏大的人,他的修养至多也只能达到一个独善其身的水平。

儒家以"反求诸己""改过迁善""见贤思齐"为修养之要旨。孔子说:"君子求诸己,小人求诸人。"所以他总是强调"不患人之不己知,患其不能也",而从来"不怨天,不尤人"。孟子则更具体而明确地说:如果你爱别人而别人并不亲近你,那就应当反思你的仁爱是否真诚;如果你治理别人而别人并不服从你,那就应当反思你的智慧是否足够;如果你礼貌待人而别人并不敬重你,那就应当反思你的礼貌是否虔诚。总之,一切行为如果在实现中达不到预期效果的,都应当"反求诸己"。反求诸己就是要能发现自己的不足或过错,不足者补足之,有过错则不讳言且勇于改过。儒家是允许人们犯过错的,只是要求人们知错必改。诚如孔子所说,"过则勿惮改","过而不改,是谓过矣"。程颐在解释这一思想时,进一步发挥说:"学问之道无他也,知其不善,则速改以从善而已。"又说:"君子自修之道当如是也。"朱熹也说:"自治不勇,则恶日长,故有过则当速改,不可畏难而苟安也。"不足者补足之,就要善于发现别人的长处,积极主动地学习别人的长处,这就是儒家常说的"见贤思齐"。如果你见到别人身上"不贤"的方面,则应当赶紧反思一下,自己是不是也存在这方面的问题,以便一并改过。修养就是要通过平时长期的自我锻炼、自我改造以适应环境、改造环境。所以,儒家在修养中强调的"严以律己""反求诸己""见贤思齐""改过迁善"等,仍然是我们今天提升修养的有效方法。

在"严以律己"方面,儒家还提出了一个"慎独"的修养方法。所谓"慎独"是指一个人独处,无人注意,也要谨慎而不轻率随便,也即洁身自好。如孟子所说:古时候的人,得志时则普施恩惠于百姓,不得志时则修品德以显于世。一个人不通达时应当"独善其身",而当其通达之时则应当"兼善天下"。孟子所谓的"独善其身",也就是"洁身自好"的意思。荀子最早提出"慎其独"这个命题,并把它与"诚"(诚实不欺)的概念联系在一起。他认为,一个人的修养,最重要的就是要做到"诚"。君子有至德,所以为人们理解、亲近与尊敬,这都是因为他能慎其独的缘故。然而,只有做到诚,才能慎其独;只有慎其独,才能显示出至高的品德,才能支配万物、教化百姓。儒家的重要经典《大学》《中庸》也都讲"慎其独",进一步发挥了荀子所强调的"诚"的思想。如把"慎其独"解释为"诚其意",而"诚其意"就是"毋自欺";或者说,在人们看不到、听不见的地方要格外谨慎，不可做出亏心事来。后人引申此意，有所谓"不欺暗室"之说。宋明理学家大都十分赞赏"慎独"的修养方法，因此近代以来也常常受到人们的批评和否定。不过，我以为朱熹在讲解《大学》"慎其独"一句时说的"独者，人所不知而己所独知之地也。言欲自修者知为善以去其恶，则当实用其力，而禁止其自欺"，还是很有道理的。试问，一个连"毋自欺"都做不到的人，还谈得上什么修养？

与做其他事一样，进行自我修养也要从一点一滴做起，要能专心一志、持之以恒地去做，否则是达不到修养目的的。荀子曾说：路虽然很近，不走是到不了的；事虽然很小，不做是成不了的。一个经常无所事事的人，是不会有什么大成就的。所以，荀子说："不积跬步，无以至千里，不积小流，无以成江海。"荀子还认为，人们在修养方面应当有明确的目标，目标确定之后，只要坚持不懈地去做，那么不管什么样的人，或快或慢，或先或后，总是可能达到的。"骐骥一跃，不能十步；驽马十驾，功在不舍。"持之以恒与专心一志也是分不开的。孟子《弈秋》中的故事是人们十分熟悉的。而孟子举这个例子，正是为了批评那种"一日暴之，十日寒之"，即不能持之以恒的现象的。是否拥有决心、专心和恒心，是修养者能否达到修养目标的关键所在。荀子有两句话可以作为我们修养时的座右铭："锲而舍之，朽木不折；锲而不舍，金石可镂"，"无冥冥之志者，无昭昭之明；无惛惛之事者，无赫赫之功"。

俗话说："近朱者赤，近墨者黑。"环境和师友对一个人的影响是不容忽视的。所以，孔子以能与仁者相邻为美事，认为不能选择仁者做邻居，就不能算是有智慧的人。而荀子则反复强调"隆师而亲友"。他认为，一个人不管他原有的资质如何好、如何聪慧，也必须"求贤师而事之，择贤友而友之"，然后才能不断地进步。假如整天与不良的人处在一起，那么到最后身陷囹圄时还糊里糊涂呢！所以说"不知其子视其友"。他还说，所谓的朋友，就是在拥有共同理想的基础上互相帮助的人。如果没有共同的理想，又怎么能互相帮助呢？因此，荀子告诫说："不可以不慎取友。"这是人们在修养中决不可忽视的一个方面，否则或将因师从不当、交友不慎而使自己长期修养的成果毁于一旦。

在儒家看来，言行不一是最为人所不齿的。孔子说，古人不轻易说话，就是怕自己在行动上做不到。他又说，君子以说得多、做得少为羞耻。这些都要求人们在修养中做到言行一致。一个人的志向固然要宏大，但如果他是言而不行的人，反而不如那些志向虽不宏大，却能说一点就做到一点的人。

以上所提到的儒家关于修养的这些方法和要求，只是儒家有关修养方法和要求中的一小部分而已。这些修养方法和要求，经过现代阐释后，是可以供今人修养时参考和采用的。

儒家认为，修身是做人的根本，要达到"齐家""治国""平天下"，都要从"修身"做起，所以曾子说："自天子以至于庶人，壹是皆以修身为本。"我并不认为修身有如此之大的作用，因为社会经济这种决定性力量大大超过道德的教化力量。但是，我也不认为因此就可以放弃道德教化方面的努力、否定自我修养的必要性。人不应沦为单纯的经济动物，把自己变成自己创造的物质文明的奴隶；人应当用自己创造的物质经济成果来为净化人的生活环境、提升人的道德品格服务。修养将使人自己察觉到这一点。物质文明越发达，精神文明就越重要，自我修养也就越不可缺少。所以，今天在小学、中学、大学都应当设立一门"修身课"，作为青少年养成教育的一个重要内容；而在广大职工中也应当广泛地、经常地展开各种与职业有关的"修身"活动，作为成人终身教育的一个重要内容。

第四讲
儒家伦理

一、近代以来对儒家伦理的批判

关于儒家伦理，在中国是一个很有争议的问题。而这种争议是有其深刻的历史原因的。

中国在由传统农耕社会向近现代工商社会转变的过程中，在一个相当长的历史时期里，在绝大多数社会改革家和进步思想家的头脑里，儒家伦理都被看作社会改革、社会进步的主要障碍。因此，在中国近百年的历史上，对传统伦理观念，主要是儒家伦理观念，发起了一次又一次，而且是一次比一次更为激烈的社会性的批判运动。

中国近代史一般以1840年鸦片战争作为起点，然而如果以思想文化上的觉醒为分界，则当以1894年中日甲午海战后掀起的变法维新运动为起点。从那时开始，西方的立宪、共和等思想观念、政治理念被大量地介绍到中国来，与此同时，对中国传统政治理念和伦理观念的深刻检讨与严厉批判也开始了。在变法维新运动的领袖中，对传统政治理念和伦理观念批判得最激烈的是谭嗣同。他大声号召人们去"冲决罗网"，而他所谓的"罗网"就是传统伦理观念的核心——三纲五常。

民主主义革命时期发生的新文化运动，更是把批判传统伦理，特别是儒家伦理作为根本的任务。新文化运动的正面口号是高举"德先生"（民主）和"赛先生"（科学）两面大旗，而其反面的口号就是"打倒孔家店"。在当时那些新文化运动健将们的头脑里，以儒家为代表的传统文化，特别是它的伦理观念，是与以"民主""科学"为标志的新文化绝不相容的，不彻底打倒"孔家店"，就不可能建设起"民主""科学"的新文化。所以，与维新运动的领袖们相比，新文化运动健将们对传统文化的批判要尖锐得多、深刻得多。新文化运动的领袖人物，如陈独秀、胡适、鲁迅、李大钊等，无不致力于对传统文化和传统伦理观念的批判。鲁迅通过小说的形式，把中国两千多年封建社会的历史，描绘成一部"吃人的历史"，把传统儒家伦理称之为"吃人的礼教"；而以历史论文形式痛斥宗法制度与儒家伦理的吴虞，亦被胡适赞誉为"只手打孔家店的老英雄"。他们的批判在社会上有着极其深远的影响。

如果说新文化运动健将们对传统文化、儒家伦理批判主要是在理论层面，其影响也主要在知识阶层的话，那么以后在中国共产党领导下进行的新民主主义革命，则又把这种批判发展为广大民众的社会实践活动。受到毛泽东高度赞扬的湖南农民运动，其重要意义就在于把对传统文化和伦理的理论批判变成了行动的批判。毛泽东把传统伦理概括为套在广大民众头上的"四大绳索"，即"神权""政权""族权"和"夫权"，农民运动则把它们彻底打翻在地。他认为，只有经过这样的实践批判，广大民众才有可能获得精神上、肉体上的真正解放。

变法维新运动以来对于传统文化和儒家伦理的批判，应当说都是有其历史的必要性和合理性的，没有这种冲击，中国社会向近现代的转化可能要困难得多。然而，同时我们也不能不看到，从变法维新运动，尤其是1915年以来的新文化运动对传统文化和儒家伦理的批判带有严重的偏激情绪和全盘否定的倾向，而这种对传统文化特别是传统伦理的否定式思维方式，其影响是极为深远的，以至于在相当长的一个时期里，人们不能从正面来议论继承和发扬传统文化和伦理的问题。

20世纪50年代末60年代初，一些学者曾从不同学科、不同角度提出了历史、文化、道德的继承问题，结果是遭到了严厉的批判和彻底的否定。十年"文革"中，在大破"四旧"（即破除"旧思想""旧观念""旧风俗""旧习惯"）、"狠批封资修"、"横扫一切牛鬼蛇神"等口号下，传统文化和儒家伦理再一次遭到了"史无前例"的批判与否定。尤其在"九一三"事件发生以后，更把"批孔""批儒"运动推广到了家家户户，传统文化、伦理观念问题变成了最现实的政治斗争问题。在这样的社会政治环境下，人们根本不可能对传统文化、伦理，特别是儒家伦理，做出客观、公允和正面的评价。

"文革"以后，否定一切的思维方式得到了纠正。不少知识界人士对于近百年来我们民族在对待传统文化上的偏激情绪和片面态度等问题进行了认真的反思和检讨。因此，对于传统文化、伦理，包括儒家伦理在内，大多数人开始能用比较客观、公允的态度去进行分析研究。大家认为，继承与发扬其中的优秀部分，对于建设现代中国新文化是极其重要和必不可少的。当然，也有一些人对传统文化、伦理抱有很深的成见，他们仍然把传统文化，主要是儒家伦理，看作封建意识和封建道德，因而予以根本的否定。不过，我个人认为，现阶段是中国近百年来对待传统文化和儒家伦理问题最为正常的时期。

经过这么长时间对儒家伦理的批判和清算，儒家伦理在中国当前社会现实中究竟还有多大的影响呢？对于这个问题，人们也是有不同认识和估计的。

一些人认为，儒家传统伦理根深蒂固，尽管经过这么长时间的激烈批判，但在社会生活的各个方面仍然有着很深的影响，尤其是在那些深层的人际关系中，以及在比较闭塞、落后的农村里。他们认为，清除儒家传统伦理中那些不符合现代社会生活原则的观念和规范，仍然是当前思想文化方面的一项重要任务。

另一些人则认为，儒家传统伦理在中国现实社会生活中已经没有多少影响可言，无论在家庭中，还是在社会生活中，有多少人脑子里还有"孝悌""忠信"等伦理观念？由于以往的过分否定儒家传统伦理，以至于在一般人的头脑中，特别是青年中，连最起码的家庭、社会伦常观念都不清楚。更有一些人在模糊不清的"自由""平等"等观念的驱使下，甚至连在正常社会分工下如何恪尽个人职守的伦理观念都丧失殆尽。因此，当前很有必要强调一下继承和发扬中华民族的传统美德，并且认真地汲取儒家传统伦理观念中那些合理的内容，建立起符合时代精神和需要的伦理观念和社会伦序。

以上两种不同的认识和估计，主要是由两者观察问题的角度不同造成的，应当说都符合中国社会现阶段的实际情况。当前的问题是"破"和"立"哪个更迫切，哪个应当放在第一位。其实，"破"和"立"是既有联系而又不能互相代替的。"破旧"只是为"立新"创造了条件，但并不能替代"立新"。"新"如果"立"不起来，或长期不"立"起来的话，除了会造成上面所说的人们思想上的混乱、迷茫、空白和无所适从之外，已"破"的"旧"还可能会死灰复燃、卷土重来。就这一意义上来说，"立"比"破"更显重要，而且通过"立"，人们将全面地检讨此前的"破"，因而也能减少继续再"破"时的盲目性和片面性。

基于以上认识，我认为当前中国社会最迫切的需要是要强调继承和发扬中华民族的传统美德，并且认真地研究和吸取儒家传统伦理观念中那些合理的内容，建立起符合时代精神的伦理观念、道德规范和社会伦序。我相信，通过建立和倡导这些新的符合时代精神需要的伦理观念、道德规范和社会伦序，我们可以更有力和有效地继续清除那些残留的、不合时代需要的旧道德规范和伦理观念。

二、剥离"政统"，廓清本来面目

在现代社会谈论儒家伦理，一是不能忽视儒家伦理曾长期与封建专制政治制度结合在一起的事实，其中确实包含着许多为封建专制政治制度服务的规范和不再符合时代潮流的内容，前者如"三纲"等，后者如"女子无才便是德"等；二是不能无视近百年来对传统伦理严厉批判的事实，因为这一历史的批判是有其广泛的社会群众基础的，是有其历史的必要性和合理性的；三是在当今世界文化日益趋向多元综合的整体环境下，必须打破儒家思想文化和伦理一统或独尊的传统思维模式。因此，在现代社会提复兴儒学或儒家伦理，乃至于笼统地提复兴传统文化都是不适宜的。

20世纪60年代初，港台一批知名学者感叹于中华文化的"花果飘零"，国人在文化意识上的漂泊无根，奋起疾呼复兴中华传统文化。他们口宣笔述，大力阐发中华传统文化，主要是宋明理学和儒家伦理的丰富内涵及其现代意义，其影响延续至今，学术界称之为"当代新儒家"。应当肯定的是，这批"当代新儒家"学者发扬中华传统文化的精神是可嘉的，他们的著述成果对于中国传统文化和哲学的研究也产生了不小的影响。然而，由于他们中的一部分人有较强烈的"儒家情结"，因而不自觉地陷入了儒家文化和伦理一统或独尊的传统思维模式。他们不满足于仅仅从儒家文化、伦理中汲取和发扬那些有助于现代社会文明建设的内容，不甘心于儒家文化、伦理仅仅作为"一元"而与现代社会的多元文化相统合。因此，他们中的一部分人总是想着从传统儒家的政治理念和心性学说中开发出现代"民主"理念和"科学"知识,并以此为"第三期儒学"的文化使命。如"第三期儒学""当代新儒家"的主要代表牟宗三就曾明确宣称:

> 自孔、孟、荀至董仲舒,为儒学第一期,宋明儒为第二期,今则进入第三期。儒家第三期文化使命,应为"三统并建",即重开生命的学问以光大道统,完成民主政体建国以继续政统,开出科学知识以建立学统。(《重振鹅湖书院缘起》)

以上的"三统并建"说,是牟宗三在 1948 年讲的,以后的"当代新儒家"则强调要从传统儒家"内圣外王"之学中,重兴"内圣之学",开出新的"外王事功"来,然其具体内容并没有变化。这可以从 1979 年牟宗三的一次讲演中得到证明。他在那次讲演中说:

> 儒家学术第三期的发展,所应负的责任即是要开这个时代所需要的外王,亦即开新的外王。……今天这个时代所要求的新外王,即是科学与民主政治。(《从儒家的当前使命说中国文化的现代意义》,见《时代与感受》)

毫无疑问,科学与民主是今天这个时代所要求的,儒学也必须适应科学与民主的要求才有可能在当今社会中存在下去和得以发展,然而这并不是说要从传统儒学中去开发出科学与民主来。把"开这个时代所需要的外王"和"三统并建"作为"儒家第三期文化使命",说穿了就是认为儒学只要经过"当代新儒家"们的重振和发明,就可以将现代民主政治理念、现代科学知识和生命伦理学问都统括在内。这也就是说,儒学仍然可以去一统社会的"道统""政统"和

"学统"。"当代新儒家"们主观上可能并没有"独尊儒术"的想法，可是他们赋予"儒家第三期""三统并建"的文化使命，则不能不在客观上给人们以"独尊儒术"的观感。正因为如此，"当代新儒家"们的努力，虽然赢得了一些知识分子的回应，同时也招来了不少的批评，而对具体社会生活和文化观念也没有发生多少实际的作用。相反，那些借助部分儒家伦理以阐发现代企事业管理、经营之道的做法，倒是在现代企事业文化的建设中发挥了不少的实际作用，而且不仅成了东亚儒家文化圈中国家的共识，更为为世界所瞩目的趋势。这种反差是很值得人们思考的。

贺麟在20世纪40年代谈及"建设新儒家"和"儒家思想新开展"问题时，曾特别指出：

> 我们既不必求儒化的科学，也无须科学化儒家思想。

我认为，贺麟的这句话是很有道理的。需要说明的是，贺麟在这里并不是说不要用科学的态度去对待和研究儒家思想，而是反对当时有些人简单比附儒学与科学的做法。他说：

> 因科学以研究自然界的法则为目的，有其独立的领域。一个科学家在精神生活方面，也许信仰基督教，也许皈依佛法，也许尊崇孔孟，但他所发明的科学，乃属于独立的公共的科学范围，无所谓基督教化的科学，或儒化、佛化的科学。反之，儒家思想也有其指导人生、提高精神生活、发扬道德价值的特殊效准和独立领域，亦无须求其科学化。换言之，即无须附会科学原则以发挥儒家思想。（《五伦思想的新检讨》）

第四讲 儒家伦理

我想在贺麟的话上再加一句话，即"我们既不必求儒化的政治，也无需政治化儒家思想"。这句话的意思是说，在今天这个时代，我们已没有必要，也没有可能以儒家的理念去规范政治，也没有必要继续把儒家学说摆在为"政统"作证的地位上。这仅是有感于牟宗三等把"继续政统"作为"儒家第三期"的文化使命而发的。

有些学者主张把传统儒家伦理大体分为两个层面：一是与封建专制政治制度有着密切关系的那些理念和道德规范的层面，另一则是一般社会公共伦理观念和道德规范，以及个人心性修养学说的层面。他们认为，当今时代讨论儒家伦理问题，首先应当厘清上述两个层面，然后扬弃前者，继承和发扬后者。这也是有鉴于在两千年的历史中，传统儒家伦理中的那些与封建专制政治制度有密切关联的理念和规范，确实有着严重的负面影响，且与当今的时代潮流相背离，所以务必扬弃。这也就是说，应当把儒家学说从"政统"中剥离出来，还它以一般学术思想的本来面貌。

这一点非常重要。儒家学说本来只是一般的学术思想，是百家中的一家，只是在汉代以后才成为与"政统"联系在一起的、具有特殊身份的官方学术。唐宋以后，理学家们又为儒家学说编造出了一个"道统"，并进一步将之与"政统"捆绑在一起。正因为如此，它也就成了近代社会变革时期思想观念上首当其冲的批判对象。因此，剥去其"独尊"的特殊身份，扬弃其为特定历史时期"政统"服务的层面，恢复其一般学术思想的普通身份，是使儒家思想与伦理在现时代得以正确发挥其应有社会作用的先决条件。

需要说明的是，我这样说时，并不是说儒家学说中就没有可被现代政治和科学汲取的理论成分。相反，我一直认为，儒家学说中有许多思维方法对克服西方实证科学思维方法中的某些片面性有着重要的启发意义；同样，儒家学说中的一些政治理想、治国原则、官僚人格等理论对改善当前的政治制度和政治环境等,也是不乏可借鉴之处的。然而,这一切对于儒家学说的继承和新的阐发,完全是凭借其自身学理上的深刻去影响社会的,是与其他东西方各家学说一样的一种平等的参与。

三、儒家伦理对当今社会的意义

就现代中国来讲,传统文化(包括儒家伦理)参与现代社会文明建设具有特别重要的意义。

由于近百年来对于传统文化与伦理的激烈批判与否定,传统的伦理价值观念在社会上已所剩无几,在人们的头脑里也已非常淡薄。因此,当各种各样的西方文化和伦理价值观念涌进来以后,人们一方面深感其与本土国情民俗有甚多相违之处,不应任其自由泛滥,另一方面又因于传统伦理价值观的长期被我们自己否定,难以理直气壮地去面对和回应西方伦理价值观的挑战。这一历史的和现实的严酷教训,终于使人们有所省悟而开始认识到:传统文化和传统伦理价值观念不应全盘否定,传统文化是建设和发展现代文化的根基,现代伦理价值观应当在与传统伦理价值观的整合中确立。

20世纪90年代以来,政府部门对优秀传统文化的大力倡导和弘扬,社会上广大群众对传统美德的肯定和召唤,以及教育界、理论界乃至许多企事业管理部门对传统伦理价值观念和道德规范的热烈讨论,可以说都是在上述背景下萌发出来的。现在可以这样说了:在中国,传统伦理,主要是儒家伦理,在新的视角下重新受到了政府、社会和民众的关注与重视。

近年来,人们对儒家伦理学说中的心性修养理论、家庭孝悌之道、仁爱待人之心、见利思义之理等问题展开了广泛的讨论。大部分意见认为，儒家在这些问题上的许多论述，对于纠正我们当前社会现实生活中存在的问题是很有启发的，应当积极继承与发扬，并通过新的、通俗的阐发，普及于广大民众。

儒家的心性修养学说，是新文化运动以来被批判的旧道德的重点内容之一。在相当长的一个历史时期里，在我国大中小学的思想教育课程中是不讲"修身养性"问题的，即使在专门的伦理学教科书中也没有关于"心性修养"的内容。继而在西方个人主义理论的侵袭下，许多人在根本没有全面弄清西方个人主义含义的情况下，更是将一般的个人身心修养也看成一种否定个性、泯灭自我的愚人行为和理论而予以否定。多年来，我们在教育方针上虽然一再强调德、智、体、美、劳全面发展，而且明确要求把德育放在第一位，然而在实际执行中却是把智力开发、知识教育放在了压倒一切的位子上，而在德育方面也只是把重点放在抓所谓的"政治方向"这一点上。可以这样说，在广大青少年中，很少有人能正确认识个人心性修养的意义，更谈不上去实践了。这是我国文化建设、教育实践中存在的一个严重问题。

随着我国社会经济、文化、政治改革的深入发展和国际交流的广泛开展，人们越来越感觉到我国国民素质亟待提高，而且人们也越来越意识到这种国民素质的提高，应当是一种全面的提高。也就是说，它不仅是指现代科技知识的提高，而且包括一般人文知识的提高，以及为人之道的提高。从某种意义上来说，或从广大民众的角度来说，为人之道的提高，亦即基本做人准则、伦理观念、道德规范的确立和提高。在国民素质的养成和提高中，这些都具有更为根本、更为重要的意义。而为人之道的养成和提高，主要靠教育（社会教育、学校教育、家庭教育）和自我修养。教育是外在的、被动的，自我修养则是内在的、主动的。伦理道德的践行既需要外在的他律约束，更需要靠内在的自律自觉。自我心性修养既是主动养成正确伦理观念和不断提升人格境界的途径，更是在行为上自觉实践伦常义务、道德规范的自律功夫。可以这样说，有没有自我修养是检验一个人是不是一个自觉的人的根本标志。于是，自我修养的问题在理论上、实践上重新引起了社会的关注，人们开始为"修养论"恢复名誉。同时，对儒家伦理中丰富的心性修养理论和实践经验，人们也开始敢于如实地肯定其中所包含的各种合理因素，以及值得我们今天继承和借鉴的东西。

1993年，我在东方传统伦理与当代青少年教育的国际讨论会上，发表了论文《儒家修养论今说》，探讨了儒家伦理中修养学说的理论价值和它对当今社会的现实意义。论文的部分论点在《人民日报》的一篇报道中被摘引后，引起了社会上不少人的共鸣。他们写信给《人民日报》编辑部表达对论文观点的支持，呼吁社会重视和加强修养教育；也有许多人写信给我，希望得到论文全文。可见，面对社会现实中的种种问题，人们在深刻的反思中呼唤优秀传统的归来。

儒家的修养学说是建立在他们对人的本质的认识基础上的。儒家认为，人的本质就在于具有伦理观念和道德规范，这是人与禽兽根本区别之所在。而能不能自觉地培养、遵循伦理观念和道德规范，能不能不断提升人格境界，则是圣贤与一般人的区别之所在。儒家十分重视教育在基本伦理观念和道德规范养成方面的作用，但是在培养伦理观念和道德规范的自觉，以及不断提升人格境界方面，则更为强调自我的修养功夫。孔子说："为仁由己，而由人乎哉？"也就是强调道德的自觉自律。

人们一般把儒家的修养论仅仅理解为道德方面的修养，其实儒家所讲的修养，是以道德为中心的一个人的全面素质的修养。儒家学者认为，道德修养不是孤立的，而是与一个人整体素质的提高密不可分的。因此，儒家所讲的修养论中，同时也包括了文化知识、文学艺术、职业技能，乃至日常生活中的礼仪规范等的养成和提高在内。孔子说，人之为学应当"志于道，据于德，依于仁，游于艺"。这里所谓的"艺"，就是传统所说的礼、乐、射、御、书、数等"六艺"。儒家学者把日常生活中的各种礼仪规范，如洒扫、应对等，也看成进德成业不可或缺的修养内容。这是很有道理的。试想，一个连生活中最起码的礼仪都不愿意做或做不好的人，怎么可能期望他会成为一个有高尚品德和能成就大事业的人呢？

事实上，现代社会对每一个人的素质要求更高。科学越发展，人类驾驭和支配自然资源的力量就越强大，同时也就要求人们能更自觉地约束自己，节制自己的欲求，而且要学会尊重自然，爱惜资源，树立起一种"生态伦理"观念来。在这方面，儒家伦理中强调"不违天时""节用""御欲"，反对不以时砍伐、渔猎，讨伐"暴殄天物"等思想是很值得我们今天借鉴的。同样，民主发展程度越高，个人越自由，同时也就要求每个人都能更加自觉地约束自己，更加懂得尊重他人，树立起一种真正能使人人平等自由的"人际伦理"观念来。在这方面，孔子说的"己所不欲，勿施于人"的"恕"道，即使在今天也不失为一条有益的教训和人际伦理准则。可以说，我们今天还真没有多少人能达到这样的修养功夫。多数人正在逞人类高科技的威风，向自然资源进行掠夺性的攫取，沉湎于挥霍浪费型的"现代生活方式"之中。多数人以为民主、自由就是无拘无束的任性所为，殊不知当你要求的自由与他人所要求的自由发生矛盾时，双方各自所要求的自由，同时也就成了对方获得自由的阻碍。这样，每个人的自由度越大，相互间发生矛盾的概率也就越大，制约也就越多。更何况还有各种团体的、社会的、政府及国家的守则、制度、法律等约束着你。所以，一个人如果不能自觉自律，而滥用民主、自由，我相信即使在一个再民主的制度下,他也会"动则得咎"的。

值得一提的是,在 1995 年纪念五四运动 76 周年的日子里,北京大学的研究生会发起了一项以自我修养为中心的继承发扬传统美德、树立新一代大学生精神风貌的道德建设工程。这一消息在报纸和电视台发布后,得到了全国许多高等院校的热烈响应,他们也纷纷开展了道德建设工程。这是一件十分可喜的事,它完全是学生们自动发起的,是他们从时代、社会的要求和自身形象塑造中体会出来的,所以让人感觉既亲切又真实。在他们所制订的工程计划中,学习传统伦理学说是重要内容之一。这就充分说明,即使是青年也已认识到传统伦理,包括儒家伦理,在建设现代社会文明中还是有它重要意义的。

在儒家伦理中,"忠""孝"这两个概念也是一直受到激烈批判的,而其中对孝道的否定,长期以来更是使人不敢正面议论这个题目。然而,近年来社会上弃老不养,乃至虐待亲生父母的事情时有发生,至于对尊长缺少礼貌,甚至连尊老敬长这一基本的礼貌都不清楚,则更是一个相当普遍的现象。家庭是社会的细胞,是最基础的社会结构,家庭伦理习惯的养成,是个体走向社会、接受社会伦理的准备。孟子曾说:"老吾老,以及人之老;幼吾幼,以及人之幼。"一个在家庭中不知孝敬父母长辈的人很难想象他在社会上能敬重师长。因此,目前社会上伦序失常的现象,并不比家庭伦常失序的现象好多少。而社会伦序的失常,除了表现在对尊长缺少礼貌外,更表现在大量的职务职责上的失伦失序,即不能在各自的职位上尽伦尽职。

有鉴于此,近年来一些有识之士不断呼吁社会重视家庭伦理的建设和教育。特别是一些伦理学学者,提出了对孝道的重新检讨,认为在当前社会环境下,在家庭伦理中只提倡一般的"尊老爱幼"是不够的,还应当强调子女对父母的孝敬之道,因为父母对子女有直接养育之恩。这种亲情之间的孝慈关系,与对一般尊长的敬重关系是不完全相同的。提倡孝敬父母,正是要人们增强这种亲情方面的天伦观念,而且要人们懂得对家庭尽伦也就是对社会尽职的道理。

理论的讨论坚定了行动的决心。现在"孝敬父母"的条文已被正式列入了"小学生守则",成为国民基础教育的一项内容。如果结合上面提到的背景来看,这一变化在中国来讲,应当说是十分巨大的,甚至可以说是近百年来在对待传统文化,特别是传统伦理问题上,价值观念的一个根本性转变。随着对传统文化、儒家伦理种种偏见和误解的消除,那些不应当再由儒家伦理来担负的责任被卸下,我相信,儒家伦理是能够为现代中国的经济建设和文化建设做出积极贡献的。

第五讲
道家"无为"思想

一、"无为"中"有为"

崇尚自然，倡导无为，这是中国道家哲学最主要的思想。

中国一些古籍中说，崇尚自然无为的思想在远古时代即已有之，相传为中华民族始祖的黄帝就是自然无为理论的倡导者和实践者。所以，之后的道家或道教学者也常常把黄帝奉为道家或道教的创始者。然而，就现存史料和典籍看，道家思想当奠基于《道德经》一书。《道德经》的作者相传为老子，所以《道德经》亦称《老子》。可老子究竟是谁，汉代人已搞不清楚了。司马迁在《史记·老庄申韩列传》中就列举了三位名叫老子的人，而他的意见倾向于：生活在春秋晚期、略早于孔子、孔子向他问过礼的李耳为作《道德经》的老子，并概括其思想的要点说："李耳无为自化，清静自正。"之后，学术界大都以此说为是，奉李耳（老聃）为道家学说的创始者。

老子以后，传扬道家思想的学者有很多，如列子、关尹、文子、田骈、慎到等，然其中最有名、最有影响者当数战国中期的庄周。司马迁在《史记·老庄申韩列传》中说，庄周"其学无所不窥，然其要本归于老子之言"。现存《庄子》一书，既记述了庄周的思想，同时也保存了不少战国时期的其他一些道家学者的思想资料。所以，

《庄子》一书并不是一部由单一作者创作的书,各篇形成的时期不同,其思想理论也不完全一致。其中究竟哪些篇目代表了庄周思想,学界至今也还存在着很不相同的看法。然而《庄子》一书从总体上来讲是承继并发挥了《道德经》自然无为思想的,并在中国的思想史、文化史上有着极大的影响。魏晋以来,《道德经》与《庄子》一直并称,是为道家学派的两部基本经典。所以,在中国的思想史、文化史上,《老子》《庄子》二书的思想也就成了道家思想的同义语。

道家思想的核心是"无为",主张顺自然、因物性;而儒家思想的核心是"有为",强调建立名(礼)教、规范人性。这两种类型思想的不同和对立是显而易见的,而两者在历史上相互补充、相互吸收以构成中国文化的基本格局、中华民族的主要精神,同样也是显而易见的。诚如班固所说,"其言虽殊,辟犹水火,相灭亦相生也","相反而皆相成也"。同时必须说明的是,儒道二家的核心思想并非绝对不可调和的,也并非不可相互融摄的。

人们经常把道家的"无为"理解为一种消极逃避、什么都不去做的主张。其实,这是很不全面,也不十分准确的。应当指出,在道家内部存在着消极"无为"和积极"无为"两种不同的学说,他们对于"无为"思想的理解是很不相同的。总的来说,道家的庄子学派比较偏向于消极的无为,他们追求一种"堕肢体,黜聪明"的"坐忘"(《庄子·大宗师》)状态和"形如槁木""心如死灰",即"吾丧我"(《庄子·齐物论》)的自我陶醉的精神境界。而道家的老子学派所说的"无为"就不完全是消极的了。老子所谓的"无为",主要是"辅万物之自然而不敢为"(《老子》六十四章)。他强调的是"生而不有,为而不恃,长而不宰"(《老子》五十一章),和"不自见""不自是""不自伐""不自矜"(《老子》二十二章),即不自作聪明、不自以为是、不自居功劳、不自我夸耀。所以,老子的"无为"并不是什么也不为,而是主张为而不恃,是要以退为进、以曲求全、以柔胜刚。荀子在批评庄老二家学说时,一则说"庄子蔽于天而不知人"(《荀子·解蔽》),一则说"老子有见于诎(曲),无见于信(伸)"(《荀子·天论》),对于二者思想精神的不同之处,抓得相当准确,点得十分明白。

韩非在吸收老子"无为"思想时,强调的只是君道的"无为",而臣道是应当"有为"的。韩非认为,君主的任务主要是把握原则、任用百官,如果事必躬亲,不仅忙不过来,也做不好,而更严重的是,它将极大地妨碍臣下百官的工作,打击其工作的积极性和主动性。所以,君道的"无为"可以更好地发挥臣下的积极性和主动性。

汉初黄老之学所强调的"无为而治",又进一步表彰臣道的"无为"。汉初的主要政治经济政策是与民休养生息,强调尽可能少地扰民,充分调动和发挥百姓们的积极性和主动性,以利于社会秩序的稳定和经济的复苏。汉初黄老之学同时表彰臣道"无为",正是出于这样的背景。今存《淮南子》一书中,保存了不少汉初黄老的学说,其中论及"无为"思想处,有许多积极的方面,如其说:"无为者,非谓其凝滞而不动也,以其言莫从己出也。"总而言之,"所谓无为者,不先物为也;所谓无不为者,因物之所为也。所谓无治者,不易自然也;所谓无不治者,因物之相然也"。这里所讲的"无为",都具有相当积极的含义,是很值得我们注意的。

由此可见,道家的"无为"思想并不是与"有为"截然不相容的,而从其积极精神方面讲,道家提倡"无为"是为了能够更好地"有为",乃至于无不为。

同样,儒家的"有为"思想也不是截然排斥"无为"的。儒家主要经典《论语》也记载有孔子称颂天道自然"无为"的言论,他说:"天何言哉?四时行焉,百物生焉,天何言哉?"同时,他也赞扬效法天道"无为"的尧与舜，他说："大哉！尧之为君也。巍巍乎！唯天为大，唯尧则之。荡荡乎！民无能名焉。巍巍乎！其有成功也。焕乎！其有文章。"他又说："无为而治者，其舜也与？夫何为哉？恭己正南面而已矣！"儒家对于自然界的法则也是极为尊重的，强调人类在生产活动中一定要按自然界的法则去行动。如荀子说："养长时，则六畜育；杀生时，则草木殖。""草木荣华滋硕之时，则斧斤不入山林，不夭其生，不绝其长也。鼋鼍鱼鳖鳅鳝孕别之时，网罟毒药不入泽，不夭其生，不绝其长也。春耕、夏耘、秋收、冬藏，四者不失时，故五谷不绝，而百姓有余食也。污池、渊沼、川泽，谨其时禁，故鱼鳖优多而百姓有余用也。斩伐养长不失其时，故山林不童，而百姓有余材也。"这些防止人类有为活动的随意干预、积极尊重自然法则的无为思想，是儒道二家一致认同的。

二、天道与人道的自然无为

道家的自然无为思想，一是崇尚天道（自然界的法则）的自然无为，如《老子》说："道法自然"，"道常无为"；天地生万物，然"生而不有，为而不恃，长而不宰"等。二是提倡人道（人事的规范）的自然无为，即人类应当效法天道的自然无为，比如说，人的活动应当"辅万物之自然，而不敢为也"，"功成事遂，百姓皆谓我自然"等。在人道自然无为的主张中，又包含两层意思：一是在人与自然界的关系方面，道家强调人与天地万物之间和谐、一体的关系，认为人应当顺物之则、缘理而动，不要以人的主观意愿去胡乱行动，从而破坏自然界（包括天地万物与人类）的和谐与平衡；二是在社会人际关系方面，尤其是处于社会领导地位的统治者，要效法道的自然无为精神，尽量简化各种制度、规范，使百姓保持淳朴的民风。

道家崇尚天道的自然无为，不仅合乎自然的本来面貌，而且在理论上也有着反对神学目的论的重要意义，这已为历史所肯定。道家强调人与自然应当和谐一体，这也为越来越多的关心地球生态环境的有识之士所认同。然而，关于道家提倡人道自然的思想，则还存在着不同的看法和评价。荀子在评论道家思想时说，"老子有见于诎，无见于信"，"庄子蔽于天而不知人"，即批评他们不注重人的能动作用，使人在自然界面前陷于消极被动。这也是历史上对道家人道自然无为思想一种比较普遍的评价。无可否认，在道家（特别是庄子学派）的人道自然无为思想中，确有导致人们消极等待、无所作为、屈从环境等消极的一面，但这绝不是说道家人道自然无为的思想就一无可取了。

我认为，在人与自然的关系中，道家人道自然无为的思想，至少有两点是值得肯定和重视的。

1. 尊重客观事物的本性和法则

司马谈在《论六家要旨》中把道家人道自然无为的思想概述为"以因循为用"，这是很准确的。"因循"之意，可以从消极方面去理解它，也可以从积极方面去发挥它。《管子·心术上》中给"因"下了这样的定义："以其形，因为之名，此因之术也"，"因也者，无益无损也"，"因也者，舍己而以物为法者也"。这里的最后一句话，充分表达了道家人道自然无为思想中所包含的尊重客观事物本性和法则的精神。汉代道家就是从这方面来理解和发挥人道自然无为的积极精神的。如《淮南子·修务训》中说："若吾所谓无为者，私志不得入公道，嗜欲不得枉正术，循理而举事，因资而立功，推自然之势，而曲故（巧诈也）不得容者。故事成而身弗伐（自矜也），功立而名弗有，非谓其感而不应，攻而不动者。"这里所讲的无为，明确指的是：排除了"私志""嗜欲"的"循理而举事，因资而立功"，而不是消极地无所作为。这里提到的"推自然之势",含有因势利导之意。大禹治水的故事,一直被看作"推自然之势"而成功地治理好水灾的典范,就连积极主张人道有为的儒家,也对大禹因水之势的治水思想和业绩称颂不已。孟子就赞誉大禹说:"禹之行水也,行其所无事也。如智者亦行其所无事,则智亦大矣。"(《孟子·离娄下》)理学大家朱熹对此也评论说:"禹之行水,则因其自然之势而导之,未尝以私智穿凿而有所事,是以水得其润下之性而不为害也。"由此可见,因顺自然之势的无为,绝不是消极等待,相反倒是最积极有效的有为。

《淮南子·原道训》还说:"所谓无为者,不先物为也;所谓无不为者,因物之所为也。所谓无治者,不易自然也;所谓无不治者,因物之相然也。"由此可见,这样的"无为",比之于那种盲目的、违背物性事理的、不顾后果的、唯人类私意是求的"有为",难道不是具有更多的合理性和积极意义吗?

2. 注重事物的变化,强调随感而应、与时变化

这一点是由上述以物为法、缘理而动的思想中合理地引申出来的。司马谈在《论六家要旨》中描述道家"以因循为用"的具体特征时说,"无成势、无常形,故能究万物之情","有法无法,因时为业;有度无度,因物与合。故曰:圣人不朽,时变是守"。道家强调"因时为业""时变是守",与他们尊重事物客观法则的精神是一致的。这里有两层意思:一是要随所感之物的不同,作出不同的反应;一是要随事物的变化而变化,其中又包含着把握时机的意思。这方面的思想,甚至在积极提倡人道有为的儒家那里也得到了积极的响应。如荀子在批评人道无为,而主张有为的同时,也十分强调尊重事物的客观法则。他认为,草木在开花结果之时,不应当去砍伐;鱼鳖在怀孕产卵期间,不应当去捕捞。因此,他说:"养长时,则六畜育;杀生时,则草木殖。"

道家的自然无为思想,无疑是人类在与自然界斗争中力量低弱时期的一种反映。今天,人类改造和控制自然界的力量,在某种程度上可以说强大到了"随人意志"的地步。然而,许多有识之士很快就发现,像这样"随人意志"地去改造自然界,不仅会遭到自然界日益严重的反抗和报复,使人类生存的环境急剧恶化,而且人类也越来越受到自己创造的"人工自然环境"的制约,成了它的奴隶。因此,人类面对自然界享有的"自由意志"究竟有多大,是一个亟待研究的问题。今天,人类似乎很有必要重新学会更好地去尊重自然。在这方面,道家自然无为思想中的上述合理内容是很有启发性的。

三、"无为"中的反异化思想

道家自然无为思想中,同时也包含着相当深刻的反异化思想。

人类努力地改造自然、改造社会,是为了让自身获得更多的自由。然而,其结果往往是事与愿违。人类通过各种努力创造出来的成果,常常在给人类增加某些自由的同时,也给人类带来更多的限制和烦恼;或者只是给了一部分人更多的自由,而给另一部分人带来了更多的不自由。这种人类创造活动中的事与愿违的现象也就是哲学上所说的"异化"(alienation)现象。

人是自然界的产物,是自然界的一部分。随着人类征服自然界的能力愈强、成果愈大,人类离自然界也就愈远,人的自然本性也就丧失得愈多。同样,个人从社会中得到的权利和保障愈多,那么个人受到社会的约束和限制也就愈多。这就是人类为了生存而必须面对的一个无法避免的矛盾的现实。所以从某种意义上来讲,自然和人类的发展过程本身,就是一个不断地自我异化的过程。道家对这一点似乎有很深的体会，所以《老子》才会说"反者，道之动"，把事物向着反面发展看成"道"的一个根本特性。

历史上不同的学派对于这种自然和人类自我异化的现象及其必然性，有着不同的认识和解决方案。道家老庄对于人类与自然的异化和个人与社会的异化，都是持批判态度的。他们认为，顺其自然、因循无为是防止异化、克服异化的最好方法。所以他们倡导的自然无为的自然主义哲学，从一定意义上讲，也可以说是一种反异化的哲学。

道家认为，人也只是自然界中的普通一物，人与自然界原本是和谐一体的，即《庄子》所谓的"天地与我并生，而万物与我为一"。因此，人如果认为自己不同于或优越于其他自然物的话，则一定会被自然界看成不祥之物。《庄子·大宗师》中的一则寓言说的就是这层意思："今大冶铸金，金踊跃曰：我且必为镆铘，大冶必以为不祥之金。今一犯人之形，而曰'人耳，人耳'，夫造化者必以为不祥之人。"反过来就是说，人只有把自己放在与天地万物平等的位置上，才能与天地万物融为一体，才能防止人与自然的异化。

道家竭力反对人类把自己的意志强加给自然，反对随意干涉和改变自然界的规律。《庄子·应帝王》中讲了一个寓言，意思是说，南海之帝儵和北海之帝忽一起去拜访中央之帝混沌，混沌热情周到地款待了他们。告别之时，南海之帝与北海之帝想回报一下混沌。他们商量说，人人都有七窍（眼、耳、鼻、口等），用来看、听、吃和呼吸等，可独独混沌没有，我们来为他打开七窍吧！于是，他们一天给混沌打开一窍。七天后，七窍是开了，而混沌却因此而死去了。这个寓言告诉人们：人为地改变自然，不仅无益，甚至会置自然之物于死地。所以最好的做法是"辅万物之自然而不敢为"。

道家自然无为学说的另一要点，就是反对和防止人类社会和个人的自我异化。道家认为，社会的各种制度、道德规范，乃至人的智慧，都是人的淳朴本性的丧失、自我异化的产物。如老子讲："故失道而后德，失德而后仁，失仁而后义，失义而后礼。夫礼者，忠信之薄而乱之首也。"他又说："大道废，有仁义；智慧出，有大伪；六亲不和，有孝慈；国家昏乱，有忠臣。""人多技巧，奇物滋起，法令滋章，盗贼多有。"老子的这些言论，从表面上看是对人类社会种种进步现象的否定，不过细想起来也确实相当深刻地揭示了人类社会自我异化的现实。庄子则更明确地把"仁义"和"是非"等看成加在人的自然本性之上的一种枷锁和酷刑。如他在一则寓言中，对尧教育人们要"躬服仁义而明言是非"提出批评，认为这是"黥汝以仁义而劓汝以是非"。他还以牛马为例说："牛马四足是谓天，落马首、穿牛鼻是谓人。故曰：无以人灭天。"这是说，任牛马放开四足自由奔跑是尊重牛马的天性，给牛马套上笼头，限制它们的行动，是违背牛马天性的。

正因为如此，老子公开提出要"绝圣弃智""绝仁弃义""绝巧弃利"。他认为，这样才能"民利百倍""民复孝慈""盗贼无有"。老子还认为，人治理社会也应当像自然生养万物那样，采用自然无为的态度和方法。治理者越是无为，老百姓就越淳朴易治。他说："不尚贤，使民不争；不贵难得之货，使民不为盗；不见可欲，使民心不乱。"意思是说，治理者如果不推崇贤者，老百姓就不会去争；不看重难得的货物，老百姓就不会去抢；不用各种欲望去引诱，老百姓就不会胡思乱想。所以说，"我无为而民自化，我好静而民自正，我无事而民自富，我无欲而民自朴"。庄子则把能忘掉仁义和礼乐的人推崇为至高无上的"至人""真人"。他所向往和追求的是"不以好恶内伤其身"，不以名实是非"劳神明"的人生境界。

道家这些主张恢复人的自然本性的思想，得到了历史上许多受社会压抑的知识分子的赞赏和发挥，而其中所包含的反道德、反理智的倾向，也遭到了不少思想家的尖锐批判。从人类社会的现实来讲，任何一个社会如果没有一定的制度和道德规范来约束其成员，这个社会就无法维持下去，而且社会的发展和进步必然会使人与人之间的关系越来越密切和复杂，因而约束人的行为的制度、规范也会越来越繁多和严密。《老子》所设想的"小国寡民""邻国相望，鸡犬之声相闻，民至老死不相往来"的时代，已是一去不复返了。所以，道家所希望的完全恢复人的自然天性的理想，大概也是一种永远不能实现的理想。

不过，这并不是说，道家人生观方面的自然无为思想中一点合理成分都没有了。首先，老庄尖锐指出社会各种制度、规范中有压制人性的方面，具有重要的社会批判意义，它对于改进现有的社会制度和建立更为合理的社会制度和规范，具有一定的积极意义。其次，就个人修养方面来讲，道家的自然无为思想也有相当的价值。如《老子》说："五色令人目盲，五音令人耳聋，五味令人口爽，驰骋畋猎令人心发狂，难得之货令人行妨。"这就是说，过分的物质欲求，将使人反受其害。所以，应"见素抱朴，少私寡欲"，以保持人的清净自然本性，这也正是现代人极其需要的生活态度和修养。当今世界上，许多有识之士在为人类日益被迫地成为经济动物、物质奴隶而忧心忡忡。经济和物质的强大压力，几乎使现代人的自我丧失殆尽，人们陷于严重失落和迷惘的痛苦之中，力求人性的"返璞归真"。这也正是道家自然无为思想在当今世界日益为人们所关注的原因之一。

第六讲
佛教与中国文化

一、佛教与儒道玄的冲突

佛教是在两汉之际由印度传入的外来文化。当其传来之初，人们对它了解甚浅，把它看成与当时人们所熟悉的黄老之学、神仙方术相类似的学说。如袁宏在《后汉纪》中介绍说："佛者，汉言觉也，将以觉悟群生也。其教以修善慈心为主，不杀生，专务清净。其精者号为沙门。沙门者，汉言息心，盖息意去欲，而归于无为也。……故所贵行善修道，以炼精神而不已，以至无生而得为佛也。"汉末、三国时期，佛经已渐有翻译，迨至东晋时期，则开始了大规模佛经传译的工作。其间，著名佛经翻译家鸠摩罗什及其弟子所翻译的佛经，以译文传意达旨、译笔优美通畅而广为传诵，影响至今犹存。它对于佛教在中国的传播和发展，发挥了重要的作用。这时，东来传教的高僧日多，本土的出家僧众也激增，其间有不少的饱学大德，因此，佛教在社会上的影响迅速扩大。东晋南北朝以来，随着佛教影响的扩大，随着本土人士对佛教教义的深入了解，佛教这一外来文化与本土文化之间的差异和矛盾就暴露出来了。接着，二者之间的冲突也就不可避免地爆发了。由于当时中国本土文化以儒道为代表的格局已经形成，所以佛教与本土文化之间的矛盾冲突，也就表现为佛与道、佛与儒之间的矛盾冲突。

这里所说的佛道冲突中的道,已不单是指先秦的老庄、汉代的黄老等道家,它同时也包括了东汉末产生的道教,而且从形式上来看,二者之间的冲突更多的是佛教与道教的矛盾冲突。佛教与道教的矛盾冲突,有因教义上的不同而引起的斗争,如道教主张长生久视、肉体成仙,而佛教则宣扬诸行无常、涅槃寂灭,这样两种根本相反的解脱观,自然是会发生冲突的。但佛道二教之间的冲突,更多的却是发生在争夺社会地位上。从南北朝至五代,先后发生过四次较大规模的灭佛运动,佛教中人称之为"三武一宗法难"。这四次灭佛运动都是有其深刻的社会、政治、经济原因的,但其中前两次的灭佛运动,即北魏太武帝太平真君七年和北周武帝建德三年那两次灭佛,则是与道教争夺统治者的崇信、确立其社会的正统地位直接相关。唐武宗会昌五年的那次灭佛运动,其中也有道教人士参与劝谏。只有五代后周世宗的废佛运动,未见道教的掺入。在二教争正统的斗争中,双方都编造了不少荒诞的谎言来攻击对方,抬高自己。如道教编造《老子化胡经》等,谎称老子西行转生为释迦佛;佛教也如法炮制、伪造各种文献,或声称老子转世为佛弟子迦叶,或分派迦叶转生为老子。诸如此类,不一而足,没有什么价值。

佛教与儒家的冲突,最直接的表现是佛教的出世主义、出家制度明显有违于儒家提倡的伦理纲常等礼教。所以二家斗争的焦点也就主要集中在佛教的出世、出家是否违背了中国传统的孝道和忠道。在这一斗争中,坚持儒家立场者激烈抨击佛教的出家制度教人剃须发、不娶妻、不敬养父母等,完全违背了孝道;而出世主义主张不理民生、不事王事、不敬王者等,又完全违背了忠道。持儒家立场者因而极贬佛教为夷教胡俗,不合国情,必欲消灭之而后快。站在佛教立场者为求得佛教在中国的生存,竭力采取调和态度,辩明其不违中国礼俗之根本。如东晋著名高僧慧远就申辩说:"悦释迦之风者,辄先奉亲而敬君;变俗投簪者,必待命而顺动。若君亲有疑,则退求其志,以俟同悟。斯乃佛教之所以重资生、助王化于治道者也。"这就是说,信佛教者是把奉亲敬君放在第一位的,如果得不到君亲的同意或信任,则要退而反省自己的诚意,直到双方都觉悟。这也就是佛教对于民生、治道的裨益。他还说,出家人虽然在服饰上、行为上与在家人有所不同,但他们有益民生、孝敬君亲,与在家人没有两样。所以他说:"如令一夫全德,则道洽六亲,泽流天下,虽不处王侯之位,亦已协契皇极,在宥生民矣。是故内乖天属之重,而不违其孝;外阙奉主之恭,而不失其敬。"

　　从理论方面讲,当时佛教与儒道的斗争主要集中在神的存灭、因果报应等问题上。成佛是佛教徒的最高理想,对此问题,当时的中国佛教徒提出了一种"神明成佛"的理论。梁武帝萧衍甚至专门写了《立神明成佛义记》一文来发明此义。他在文中说:"源神明以不断为精,精神必归妙果。妙果体极常住,精神不免无常。"这里所谓的"神明",指人的灵魂;"不断",是不灭的意思;"妙果",则指成佛。这句话的意思是说,人的灵魂要修炼到不灭,才可称作"精";这种"精"的"神",最终必定成就佛果。佛果为彻悟之体,所以永恒不变;精神则尚处于过程之中,不能免于流动变迁。沈绩对这句话注解道:"神而有尽,宁谓神乎?故经云:吾见死者形坏,体化而神不灭。"他引经据典地说明了"形坏神不灭"的论点,当时的儒道学者则针锋相对地提出了"形神相即""形质神用""形死神灭"等观点。佛教讲因果报应,特别是讲三世报应,这也是与中国传统观念不一致的。佛教的业报说强调自己种下的因,自己承受其果报。有的现世受报,有的来世受报,有的则经过二生三生,乃至百生千生,然后才受果报。而在中国传统观念中,则盛行着"积善之家,必有余庆;

积不善之家，必有余殃"（《周易》）的教训。即祖先积善或积不善，皆由子孙去承受福或祸，而主要不是本人去承受。所以，晋宋齐梁时期围绕神灭、神不灭和因果报应等问题曾展开了一场激烈的斗争。

在佛教与儒道发生矛盾冲突的同时，更值得注意的是佛教与儒道之间的相互渗透和融合。这里，我们首先从佛教方面来看一下这种渗透和融合。佛教传入中国之初，为使中国人理解这一外来宗教的思想，借用了大量的儒道所用的传统名词、概念来比附译释佛教的一些名词、概念。此即所谓"格义"的方法，如以"无"释"空"，以"三畏"（畏天命、畏大人、畏圣人之言）拟"三皈"（皈依佛、法、僧），以"五常"（仁、义、礼、智、信）喻"五戒"（不杀生、不偷盗、不邪淫、不妄语、不饮酒）等。这种借用现象，在对外来文化进行传译的初期是不可避免的。然而，由于佛教传入初期，人们对其了解不深，这种名词、概念的借用，也就给一般人带来了不少的误解。而这种误解也就使儒道的思想渗入了佛教之中。陈寅恪在其所著《支愍度学说考》一文中，举出《世说新语》刘孝标注所引当时般若学中的心无义曰："种智之体，豁如太虚。虚而能知，无而能应。居宗至极，其唯无乎？"然后评论说："此正与上引《老子》（"天地之间，其犹橐籥乎？虚而不屈，动而愈出"）、《易·系辞》（"易无思也，无为也。寂然不动，感而遂通天下之故。非天下之至神，其孰能与于此"）之旨相符合，而非般若空宗之义也。"陈先生的评论是很深刻、很正确的。

如果说这种初期的融合尚是不自觉的话，那么后来佛教为了在中国扎下根来，则进行了自觉的、主动的融合。首先在译事方面，佛教学者总结了"格义"法的缺陷，以及在翻译中过分讲求文辞而忽略其思想意义等问题，主动积极地吸收和提倡玄学"得意忘象（言）"的方法，以领会佛典所传达的根本宗旨和思想精神。正如东晋名僧道生所说的:"夫象以尽意,得意则象忘。言以诠理,入理则言息。自经典东流,译人重阻,多守滞文,鲜见圆义。若忘筌取鱼,始可与言道矣!"又如,东晋名僧僧肇深通老庄和玄学,他的著作《肇论》借老庄玄学的词语、风格来论说般若性空中观思想,在使用中国传统名词和文辞来表达佛教理论方面,达到了相当高妙的境地,深契"忘言得意"之旨。所以说,玄学对佛教的影响是很深的,它在连接佛教与中国传统文化方面起了重要的桥梁作用。当然,反过来,佛教对玄学的影响也是十分巨大的。两晋之际,玄学家以佛教义理为清谈之言助,已在在皆是,所以玄佛融合成为东晋玄学发展的一个重要趋势。

在中国儒道玄思想的影响下,原印度佛教的许多特性发生了重大的变化。譬如,印度佛教杂多而烦琐的名相分析,逐渐为简约和忘言得意的传统思维方式所取代;印度佛教强调苦行累修的解脱方法则转变为以智解顿悟为主的解脱方法;印度佛教的出世精神,更多地为世、出世不二,乃至积极的入世精神所取代;等等。在理论上,佛教则更是广泛地吸收了儒家的心性、中庸,道家的自然无为,甚至阴阳五行等各种思想学说。正是经过这些众多的变化,至隋唐时期,佛教完成了形式上和理论上的自我调整,取得了与中国传统文化的基本协调,形成了一批富有中国特色的佛教宗派,如:天台宗、华严宗、禅宗、净土宗等。佛教终于在中国扎下了根,开出了花,结出了果。与此同时,佛教的影响也不断地深入人们的日常衣食、语言、思想、文学、艺术、建筑,乃至医学、天文等各个方面。至此,佛教文化已成为整个中国文化中可以与儒道鼎足而立的一个有机组成部分。唐宋以来的知识分子,不论是崇信佛老的,还是反对佛老的,无一不出入佛老。也就是说,这时的佛教文化已成为一般知识分子知识结构中不可或缺的一个部分。可以毫不夸张地说,要想真正了解和把握东晋南北朝以后，尤其是隋唐以后的中国历史、文化，离开了佛教是根本不可能的。

二、佛教促进了儒道思想的更新

佛教文化在中国的生根和发展，对于中国传统的儒道思想也发生了深刻的影响，促使它们在形式上和理论上进行自我调整和发展更新。

由于汉末道教的创立和发展，此后道家的问题变得复杂起来了。道教是在杂糅原始宗教、神仙方术、民间信仰等基础上，附会道家老子思想并以此为理论依托而建立起来的。后来受到佛教的影响，道教仿效佛教的戒律仪轨、经典组织等，使自己不断地完善起来。道教尊奉老子为其教主，以老、庄、文、列诸子的著作为最根本的经典，如尊《老子》为《道德真经》，尊《庄子》为《南华真经》，尊《文子》为《通玄真经》，尊《列子》为《冲虚至德真经》等。所以，就这方面来讲，道教与道家是密不可分的，因而人们平时所称的儒释道中的道，一般都是含混的，并不严格限定它是专指道家还是道教。

其实，道家与道教是有根本区别的。简而言之，道家是一个学术流派，而道教则是一种宗教。先秦道家，尤其是老子倡导的自然无为主义，在描述道的情况时说："道冲而用之或不盈，渊兮似万物之宗。……湛兮似或存，吾不知谁之子，象帝之先"（《老子》四章）；而在称颂道的崇高品德时则说："辅万物之自然而不敢为"（《老子》六十四章），"生而不有，为而不恃，长而不宰"（《老子》五十一章）；等等。这些论述在当时来讲更是具有一定的反宗教意义的。道家与道教无论在形式上还是在理论上都是有区别的。如魏晋玄学家王弼、嵇康、阮籍、郭象、张湛等人所发挥的老庄列思想，人们绝不会说他们讲的是道教，而必定把他们归入道家范畴。反之，对葛洪、陶弘景、寇谦之等人所阐发的老庄思想，则一定说他们是道教，而不会说他们是道家。这倒并不是因为葛洪等人具有道士的身份，而主要是由于他们把老庄思想宗教化了。具体来说，就是把老庄思想与天尊信仰、诸神崇拜、修炼内外丹、尸解成仙等道教的种种宗教寄托和目标融合在一起了，而这些在玄学家所发挥的道家思想中是找不到的。以此为基准去判别汉末以后的数以千计的老、庄、文、列的注解释义著作，哪些应归入道家，哪些应归入道教，应当是十分清楚明白的。当然，这种分辨并不涉及这些著作的理论价值的高低评价问题。事实上，在佛教理论的刺激和影响下，道教理论从广度上和深度上都得到了极大的发展，不少道教著作在一些方面对道家思想有很多的丰富和发展，有的甚至对整个中国传统文化的发展也是有贡献的。

总之，所谓儒释道中的道，包括了道家和道教。即使当人们把儒释道称为"三教"时，其中的道也不是单指道教。这里需要附带说明的是，中国传统上所谓"三教"的"教"，其含义是教化的教，而不是宗教的教。所以，当我们总论"三教"中的"道"时，既要注意道家，也要注意道教，不可偏执；而当我们研究和把握某一具体的著作或思想家时，则应当分清它究竟是道教还是道家，不可笼统。

儒家思想理论在佛教的冲击和影响下，也有很大的变化和发展。东晋以后佛教思想就深入社会生活的各个领域，尤其是宋元以后的知识分子无一不出入于佛老，这些都还只是现象上的描绘。其实，佛教对儒家最主要的影响在于它促使儒家对发展和建立形上理论进行深入探讨。与佛教相比，原始儒家在理论上更注重实践原则的探讨与确立，其中虽也有一些形上学的命题，但并没有着意去发挥。所以在形上理论方面，原始儒家甚至还不如道家。佛教传入后，它那丰富深奥的形上理论，给儒家以极大的冲击和刺激，一度还吸引了大批的优秀知识分子深入佛门,去探其奥秘。而且,确实也由此涌现出一批积极探讨形上理论的儒家学者。唐代著名学者柳宗元在评论韩愈的排佛论时说,韩愈给佛教所列的罪状,都是佛教中的一些表面东西,至于佛教所蕴含的精华,他根本不了解。所以说,韩愈完全是"忿其外而遗其中,是知石而不知韫玉也"。实际上,"浮图诚有不可斥者,往往与《易》《论语》合,诚乐之,其于性情奭然,不与孔子异道"(《送僧浩初序》)。这段话表明,柳宗元透过儒佛表面的矛盾,看到了佛教理论有与儒家思想相合之处,其见地显然高出韩愈一筹。其实,韩愈虽强烈排佛,但也不能完全摆脱佛教的影响。他所标举的儒家道统说,与佛教的判教和传灯思想不能说全无关系。

人们常把宋明理学的萌发,推求于韩愈及其弟子李翱。韩愈对宋明理学的影响,主要在于他所标举的儒家道统说。而李翱对宋明理学的贡献,则在于他指出了一条探讨儒家心性形上理论的途径。在韩愈那里,还是遵循比较传统的儒家思路的,即更注重于具体道德原则的探讨。如他在《原道》一文中说,"仁与义为定名,道与德为虚位",对佛老的去仁义而言道德大加批评,流露出了他对探讨形上问题的不感兴趣。然而,他的弟子李翱则对探讨形上理论表现出极大的兴趣。他受佛教的影响,作《复性书》三篇,以探求儒家的形上理论。他在说明他作此文的意图时说:"性命之书虽存,学者莫能明,是故皆入于庄、列、老、释。不知者谓夫子之徒不足以穷性命之道,信之者皆是也。有问于我,我以吾之所知而传焉。遂书于书,以开诚明之源,而缺绝废弃不扬之道,几可以传于时。"那么,他所发掘出来的发挥儒家性命之道的书,是些什么书呢?从他在《复性书》中所征引和列举的看,主要是《易》和《中庸》。以后,宋明理学发挥儒家性理之学以与佛教抗衡,其所依据的基本经典主要也就是《易》和《中庸》等。开创理学的北宋"五子"(周敦颐、张载、邵雍、程颢、程颐)无一例外都是借阐发《易》理来建立自己的理论。理学的集大成者朱熹，则进一步通过系统的阐发，把"四书"（《大学》《中庸》《论语》《孟子》）也纳入儒家阐发"性命之道"的基本典籍之列。所以把宋明理学的萌发追溯到唐代的韩愈、李翱是很有道理的。

理学以承继尧、舜、禹、汤、文、武、周公、孔、孟的道统和复兴儒学为己任。然而，他们所复兴的儒学，已不完全是先秦的原始儒学了。一方面，理学的形上理论受玄学影响极深，如玄学所提倡的"自然合理"的理论形态，为理学所积极接受和发展；另一方面，理学受佛教理论的影响也甚多，如理学大谈特谈的"主静""性体""体用一源，显微无间""理一分殊"等，无一不与佛教思想有着密切的关系。所以，理学所代表的儒学，在理论形态上与先秦原始儒学存在着不同。先秦原始儒学的许多具体道德规范，到了理学家手中就平添了许多形上学的道理。如，关于"仁"，孔子所论不下数十条，但都是十分具体的。他答颜渊问仁，曰"克己复礼为仁"；答仲弓问仁，曰"出门如见大宾，使民如承大祭。己所不欲，勿施于人。在邦无怨，在家无怨"；答司马牛问仁，曰"仁者其言也讱"；答樊迟问仁，曰"爱人"，曰"仁者先难而后获"；答子张问仁，曰"能行五者于天下，为仁矣。……曰：恭、宽、信、敏、惠"。此外，又说："夫仁者，己欲立而立人，己欲达而达人"，"刚、毅、木、讷，近仁"，等等，无一不是具体践行的条目。孟子论仁则除了讲"仁者爱人"外，更推及于"爱物"，并与"义"并提，强调"居仁由义"，最终具体落实到推行"仁政"，等等。可是，到了理学家那里，情况就大不一样了。如朱熹释"仁"，一则说"仁者，爱之理，心之德也"，再则说："为仁者，所以全其心之德也。盖心之全德，莫非天理，而亦不能不坏于人欲。故为仁者，必有以胜私欲而复于礼，则事皆天理，而本心之德复全于我矣。"这里一变而为主要是对"仁"的形上理论的阐发了。这种理论上的判别，也是我们特别需要注意的。

本来在文化、思想、学术领域中，各派之间互相影响、渗透、取长补短，是一种正常的现象和规律。然而，那些正统的理学家为了争正统，非得否认这一点不可，这是很不高明的做法。当然，也有不少理学家和思想家是不否认对佛老的吸收的，有的还公开提倡对佛老进行研究。比如元真德秀作《心经注》，明王夫之作《相宗络索》等，对佛学都有相当的研究。又如清代中期的汪缙、罗有高、彭绍升等人，也毫不隐讳地一面讲儒、一面讲佛，其影响且延及龚自珍、魏源，以至近代的谭嗣同、梁启超、章太炎等人。

三、"三教合一"的文化格局

儒释道三教并立的文化格局，在隋唐时期基本形成，其标志性事件就是唐玄宗亲自选注了三本书。第一本是《孝经》，它是儒家的经典，百善孝为先，孝是构建儒家思想的一个核心的概念。第二本是《道德经》，老子的《道德经》是道家的经典著作。第三本是《金刚经》，这是佛教的经典著作。这些使中国社会形成了以三教为基础和核心的中国传统文化结构格局。自唐以后，这三本著作组成了中国文化中相互配合的一个结构，同时也说明了中国文化始终是多元包容的一种文化。

在传统文化中，儒释道三教"你中有我，我中有你"，各自都吸收了其他两者的很多精华来丰富自己、发展自己，同时又都保持了自己文化里的根本基因，各自的特色基因又可以相互配合。南宋孝宗皇帝赵昚说："以佛治心，以道治身，以儒治世。"这三句话其实分别阐述的是人自身的身心关系、人与自然的关系、人与社会的关系。以道治身，是要我们认识到解决人跟生存环境，也就是自然的关系问题，要多尊重自然、多顺应自然，才能够处理好人跟生存环境之间的关系。儒家的文化强调人与人之间的关系，实际上也是在处理人和社会的关系问题。佛教构建了一套学术系统，被称为戒定慧三学，来调治人心中的贪嗔痴，来调解人身心之间的矛盾。

经过一千多年的发展，到19世纪中叶以前，中国文化一直延续着儒释道三家共存并进的格局。历代统治者推行的文化政策，绝大多数时期也都强调"三教"并用。即使在"五四"新文化运动之后，融合儒释道"三教"思想，将其作为构筑新哲学思想体系的基础，是一股不可忽视的思潮，致力于此者不乏其人。当然，由于时代环境的不同，这时的"三教"融合，往往还渗入了某些西方哲学流派的思想因素。在"五四"以后的思想家中，诸如梁漱溟（著有《东西文化及其哲学》等）、马一浮（著有《复性书院讲录》《宜山会语》等）、熊十力（著有《新唯识论》《原儒》《十力语要》等），都是这一思潮的代表人物。其中尤以熊十力最为典型。他那以"体用不二"为主干的哲学体系，就是在糅合《易传》、"陆王"、王夫之，以及佛教华严、禅宗等各家理论，采用法相的分析法构筑起来的。他的体系可以说是：以儒释佛道，以佛道补充儒。用他自己的话来说，是"取精用弘""入乎众家，出乎众家，圆融无碍"。在近现代的一些哲学体系中，熊十力是具有较丰富特色的，也产生了相当大的社会影响。

综上所述，中国文化中的儒释道三家（或称"三教"），在相互冲突中相互吸收和融合。在此过程中，既没有发生某一家把另一家吃掉的现象，更没有造成三家归一家的结局。而是通过相互渗透、融合，从生硬的捏合到有机的化合，使各家的思想都得到不同程度的丰富和提高。与此同时，也就促使整个中华传统文化得到了丰富和提高。我们说，中华人文精神是在儒释道"三教"的共同培育下形成的，这话绝无夸张之意。

第七讲
中国的禅宗

一、禅宗与中国文化精神

佛教作为外来宗教，为什么能和中国本土文化很好地融合，并孕育出极有生命力的宗派——禅宗呢？

要弄清这一问题，先必须讲清楚禅宗的精神。而要讲清楚禅宗的精神，又必须交代清楚禅宗和禅的关系。

禅是印度古代宗教中相当普遍的修行方法，不是佛教独有的，佛教只不过继承并发展了这一方法。佛教有很多修行法门，常称"八万四千法门"，禅修是最普通、最重要的修行法门之一。禅常称定，要求修行者保持头脑的专一、清净、安宁，这种专一可以使人产生智慧，故又称"静虑""思维修"。修禅者在安静的意识状态下，发挥想象，思考人生的根本问题，对各种现象背后之本质进行观照，后来还发展为对西方极乐世界、净土的观想。禅修者最后要获得一种认识现象本质的智慧，佛教称这种智慧为般若，即阿耨多罗三藐三菩提，即无上正等正觉，是一种平等的、无分别的智慧。这种智慧在不同宗派里，有不同的说法，有的强调觉，有的强调悟。总之，是通过定来发慧，禅或定只是达到慧的方法、途径、工具，不过也是不可缺少的。佛教之根本可概括为戒定慧三学。首先要守戒，在此基础上坐禅、入定，最后达到慧，即正确认识到现象世界是平等的、无差别的、因缘和合而成的，是假象、幻象，没有独立自性。

佛教各宗派都重视禅修，但各派之间对禅修的认识却不同。禅宗强调的不是一般的禅，是最上乘禅。慧能在《坛经》中把禅分为四个不同的层次。小乘禅是"见闻转诵"，只知道念经，生吞活剥，不能很好地理解经文的意义。中乘禅是"悟法解义"，能领悟佛法，把握佛法的意义，不过也只是对佛教表面意义的一种了解。大乘禅是"依法修行"，能按照正法进行修行，很多大乘禅师都是这样做的。最上乘禅则是"万法尽通，万法具备，一切不染，离诸法相，一无所得"。最上乘禅实质上是一种对佛教根本精神的全面把握，"万法尽通，万法具备"就说明了这一点。再说"一切不染，离诸法相"。一般修行求解脱的人，大多以分别见设想有一个彼岸、菩提、涅槃在那儿，因此就想求得菩提、涅槃，到彼岸去。但是大乘般若经和《维摩诘经》等经认为，一切法的实相都是空，色即是空，空即是色，即空即色，非色非空，强调不离烦恼而得菩提，不离生死而得涅槃，要在烦恼里求得菩提，在生死中证得涅槃。"一无所得"是指求菩提没有得到菩提，求涅槃没有得到涅槃，一切无所著。我们可以看出，和前三种禅相比，慧能所标榜的最上乘禅已有很大的改变。慧能的弟子神会进一步发挥了最上乘禅的思想。《荷泽神会禅师语录》载，（有人）问（神会）曰："大乘、最上乘有何差别？"（神会）答曰："言大乘者，如菩萨行檀波罗蜜，观三事体空，乃至六波罗蜜，亦复如是，故名大乘。最上乘者，但见本自性空寂，即知三事本来自性空，更不复起观，乃至六度亦然，是名最上乘。"这是对慧能最上乘思想的较准确把握。

大乘禅要观，最上乘禅连观也不要。大乘禅要观察分析：某个东西依赖各种条件，条件一旦不存在，它就不存在。最上乘禅则直接去把握：一切本来自性空寂。慧能有一位师兄叫神秀，他修的就是大乘禅，他写的得法偈是："身是菩提树，心如明镜台；时时勤拂拭，莫使惹尘埃。"慧能认为神秀对禅的根本精神没有真正把握，误把尘埃和清净看成两物，没有达到不二境界，是一种起心看净，不是最上乘禅。他自己的得法偈为："菩提本无树，明镜亦非台；佛性常清净，何处有尘埃？"（敦煌本《坛经》）或为："菩提本无树，明镜亦非台；本来无一物，何处惹尘埃？"（见宗宝本《坛经》，这一偈讲"本来无一物"，对空表达得更彻底、明白了。）慧能认为，清净和尘埃是两个相对的东西，不是绝对分别的，它们是二而不二的关系。这是最上乘禅的主张。《荷泽神会禅师语录》载，崇远法师问（神会）："云何为空？若道有空，还同质碍；若说无空，即何所归依？"（神会）答曰："只为未见性，是以说空。若见本性，空亦不有。如此见者，是名归依。"这个道理，还可用一个比方再加以说明。比如，我们说一件衣服脏，这是相对干净来讲的。如果把脏东西洗掉，此时干净也就无从说起了。神会说："我心本空寂，不觉妄念起；若觉妄念者，觉妄自俱灭。"（《荷泽神会禅师语录》）这说的也是同样的道理。

总之，禅宗把大乘佛教的自性空、本性空思想发展到了极致，强调对空的本性的自我体悟，因此他们不拘泥于具体的禅的外在形式，这是一个非常大的变化。禅作为佛教宗派及印度很多宗教的重要修行方法，非常强调形式。禅宗着重强调领会禅的根本精神（诸法皆空，一切现象自性本空），从注重禅的践履形式的追求过渡到对禅的根本精神的把握。永嘉玄觉据此提出："行亦禅，坐亦禅，语默动静体安然。"正是基于这种根本精神，禅宗发展出了其他的丰富内涵：禅是智慧的象征，禅是对心性的把握，禅是生命的安顿，禅是自我的超越。

现在回到禅宗与中国传统文化精神融合这一主题上来。禅宗对禅的理解，对佛教的宗教性有很大的超越。大乘佛教的发展有两个路向，一个路向就是把佛神化。原始佛教只承认一位佛，即释迦牟尼，并且佛主要是一位导师形象。后来大乘佛教主张十方有无数的佛，而且诸佛都被神化了。佛教的许多理念也具形化了，如智慧具形为文殊菩萨，大慈具形为观音菩萨，大愿具形为地藏菩萨，大行具形为普贤菩萨等。西方极乐世界也由一种理想发展为一种非常具体的净土，净土经对那里的环境和众生都做了非常具体而美妙的描写。大乘佛教还有另一路向，即把原始佛教"空"的思想充分发展。原始佛教在兴起时就反对婆罗门教的有神论。原始佛教和部派佛教通过对四谛、十二因缘道理的认识，以及通过八正道、三十七道品的修行，达到涅槃寂静的境界。大乘佛教有"空""有"两系（通俗地说），空系（般若和中观）主张色即是空，空即是色，诸法实相是毕竟空，诸法自性本来空寂，领悟及此，就证得实相涅槃。大乘有系主要是瑜伽行派，要求信仰者通过缘起的道理，领会到一切唯识所起，都是八识的显现，本质上无我无法，我法皆空。还要领会三性学说：以"依他起性"为核心，不把虚幻的妄想当成实有的，去除"遍计所执性"；认识到诸法皆缘起而生，诸法皆空，从而达到"圆成实性"。"空""有"二系目的皆是一样，都是要证空，只不过方法不同，空系用的是实相理论，有系用的是缘起理论。佛教本来有这两种路向，禅宗把空这一路向发展到了极致。因此，禅宗主张直接把握世界的实相，对事物本质要有透彻的了解，从而能够自我把握、自我解脱、自我主宰。这样，一方面就破除了对权威、对神的崇拜、迷信和依赖，另一方面也破除了对一种形式化的净土的执着。因此，禅宗主张自作主宰、自性自度，又主张心净土净、唯心净土。

禅宗向自我的回归，某种程度上是对宗教的超越，走上了人文化的道路，这就和中国传统文化中重要的人文精神吻合了。禅宗能在中国获得成功发展，此为主要原因之一。中国传统文化，不管是儒还是道，都富有人文精神，既不为神役，也不为物役。中国传统文化的这种人文精神，在西方两度被重视。一次是在启蒙运动时期，当时伏尔泰、狄德罗等都推崇儒家的人本道德，并据此来批判神本主义。第二次是在20世纪，如海德格尔等发现西方文明在摆脱神本主义以后，又过分地被技术、知性、物所统治，因此他们又到中国传统文化中寻找摆脱物役的文化资源。主张不为神役、不为物役的禅因此也就格外地受重视。在未来的现代和传统的整合中，佛教特别是禅宗的发展机遇很大。

二、何谓"禅"

禅本来很朴实、简单。禅的本意是静虑、思维修、冥想，通过禅的修行可以产生神通，可以生起四无量心。禅在印度是比较普遍的一种修行方法。

禅宗对禅的精神和方法有特殊的理解和特殊的实践，并作了大量发挥，因此出现很多稀奇古怪的行为和做法。传说禅宗产生于世尊拈花示众，迦叶会心微笑，这已很离奇。《景德传灯录》所载的一千七百多则公案中也包含了大量离奇古怪的行为和做法。这些公案很多讲不清楚，讲清楚就不是它了，要自己去体会，和一般的思维方式截然不同。禅宗强调言语道断，心行路绝，认为真正的理会不是语言文字所能表达的，也不是知性分析所能达到的，否定知解，强调用生命直接证会。

正是在这种意义上，禅被很多人称作东方的神秘主义。其实这是一种误解。禅宗虽然表现得很稀奇古怪，但其基本宗旨和佛教总的精神是一致的，不过在修行方法和悟道目的上有所侧重，正是这种侧重才将其与其他宗派区分开来。在原始佛教阶段，佛教主要表现为一种伦理要求和实践修行。以后部派佛教、大乘中观学派和瑜伽行派，以及密教对佛教提出了种种不同理解。但这些派别总的精神有一致性、一贯性，只不过人们理解时侧重点不一样。禅宗也是这样，其一方面是佛教的一个宗派，体现了佛教一贯的精神，另一方面也有自己的侧重点和特殊性。

关于禅，我认为应从三个方面去理解和把握：

一、禅是一种修行方法，禅宗是一个佛教宗派。

二、禅是一种人生哲学，是一种超越自我、回归自我的人生境界。

三、禅是一种生命的体悟，是一种审美的情趣和艺术的意境。

这里我主要讲前两点。

1. 禅是一种修行方法，禅宗是一个佛教宗派

判断某些义理是否符合佛教教义有一个标准，即三法印：诸行无常，诸法无我，涅槃寂静。如果加上一切皆苦，就是四法印。这是佛教最基本的理论和判断。这是从对生命的体悟发展起来的，而不是抽象的理论。如果不能切实体悟到一切皆苦、一切无常，就会产生追求（贪、嗔、痴）。贪指生理上的欲求，嗔指心理上和别人攀比，痴指在理智上对什么问题都要问到底，其实很多问题不需要问到底，也问不到底，并不能彻底分清是非黑白。贪嗔是烦恼障，痴是所知障。这三者归根到底是源于人的无明和颠倒妄想。这个道理对现代人仍有意义，贪嗔痴很难避免掉。由贪导致的病可以用生理治疗的办法解决，心理咨询一定程度上可以治嗔所导致的病，要治痴病就只有依靠人文学科了。自然科学总是要打破砂锅问到底。但人世间有很多问题，却是打不破砂锅，也问不到底。因此仅靠自然科学的方法是解决不了所有问题的，是破除不了虚妄分别的。佛教的根本思想就是认为，人生的一切烦恼都是自寻的，都来自虚妄分别，都来自无明之火，都来自颠倒妄想。

要解决人生的痛苦，就要解决三毒问题。要用戒定慧三学去对治贪嗔痴三毒，以戒去贪，以定去嗔，以慧去痴。慧就是般若智慧。般若智慧的特点是无分别，恰好针对痴，痴就是要分别。戒定慧三学中，戒是基础，定是关键，是核心。由定生慧。禅的形式是静坐，在静坐中冥想，就产生一种智慧。

禅宗起始也是以禅定为根本，一般佛教在这一点上没有太大差别。禅宗祖师菩提达摩主要是讲禅定，他在嵩山少林寺面壁九年。禅宗在其后的发展过程中同样强调以定生慧，一直到神秀还是这样。从达摩到神秀一直重静坐、禅定，所以神秀也强调由定生慧。慧能在这点上对神秀提出批评。他说："又见有人教人坐，看心看净，不动不起，从此置功。迷人不悟，便执成颠，即有数百般以如此教道者，故知大错。"禅宗发生变化是从慧能开始的，他改变了禅宗的修行传统。他说："学道之人作意，莫言先定发慧，先慧发定，定慧各别。作此见者，法有二相，口说善，心不善，慧定不等。"他强调说："定慧体一不二，即定是慧体，即慧是定用。即慧之时定在慧，即定之时慧在定。"慧能强调定慧等学，定慧不二。他的弟子神会进一步发挥慧能的思想。神会说："若有坐者，凝心入定，住心看净，起心外照，摄心内证者，此是障菩提，未与菩提相应，何由可得解脱？"后来，慧能和神秀分为南宗、北宗。北宗主张渐修渐悟，南宗主张顿修顿悟。后来，宗密师从神会，调和南北宗，提出渐修顿悟。这反映出禅宗由重视静坐定心向重视禅的精神之把握的转变。禅定不是孤立的，是和慧密切联系的，定中有慧。而形式上的静坐不是最根本的，不管行住坐卧都可以是禅。这就形成了禅宗在理论和实践上的特色。

禅宗还有其他的特色，禅宗把佛教世俗化、生活化、简易化了。

禅宗强调人的地位。一般的宗教往往崇拜和依赖外在的救世主，佛教不完全是这样。佛教也有依靠外力的理论，比如阿弥陀佛信仰。不过，和一般的宗教不同，佛教强调人的自我地位，自心是佛，即心即佛，自性弥陀，自性自度，自己的烦恼自己解决。

在禅宗那里，佛、菩萨的神圣性和绝对权威降低了。有些禅师呵佛骂祖，不把佛祖看成绝对的神圣。与此相联系，表明禅宗解脱目标有变化，不是到彼岸求解脱，而在此岸得解脱。这些观点在印度佛典中都能找到源头，如《维摩诘经》说，不离烦恼求菩提，不离生死求涅槃。这些都表明人的自我地位得到了突出。

禅宗对佛教戒律在形式上也有突破。戒律对维持僧团很重要，但是如果拘泥、死守戒律，也得不到佛教的精神。慧能强调自性戒，主张一种完全自觉遵守的戒律。戒无非一种形式、手段，对上根人来说，戒定慧三学都是手段、形式。

禅宗对佛教修证方法进行了简化和多样化。修证是佛教最根本的内容，要悟理就要修。不过，禅宗主张"不立文字，教外别传"，认为悟道证道不由经教，不主张教条式地背诵教典。

黄檗希运说："三乘教网，只是应机之药，随宜所说，临时施设，各各不同。"中国传统哲学的精神也是这样。孔子回答学生什么是仁的提问，学生不同，他给的回答也不一样。有僧问大珠慧海："何故不许诵经，唤作客语？"大珠慧海曰："如鹦鹉只学人言，不得人意。经传佛意，不得佛意，而但诵，是学语人，是以不许。"他还说："得意者越于浮言，悟理者超于文字，法过语言文字，何向数句中求？"

禅宗在修证上主张顿悟顿修，不由阶渐，不是一步一步地证悟。神会经常举例子说明这一点，他说顿悟就像平民百姓一下子被提升为宰相一样。人们由此一般把顿悟看成和突然提升或灵感突然到来一样。确实，顿悟有这样的含义。但实际上，顿悟最主要的意义是对一个道理的整体把握，而不是分散地去分析它。

神会又曾举例说，顿悟就像把一团乱丝编织在一起一刀斩断，即要整体地把握事物的理。理是整体的，万物全部具有这个整体的理。永嘉玄觉《证道歌》曰："一月普现一切水，一切水月一月摄。"天上只有一个月亮，照在千万条河上有千万个月亮。这是从《华严经》思想中吸收过来的。整体在每个部分中完整地体现，部分不是整体的一部分，而是完整地体现整体。顿悟就要悟这个整体。后来的宋明理学很欣赏这一点，提出理一分殊。朱熹讲"万物一太极，物物一太极"，万物不是分有一部分太极，而是体现完整的太极。

中国思维不是讨论这个物是什么，那个物是什么。中国思维的特征，不是区分不同，而是着重研究关系。而关系不可分，离开关系就没有此物。这个关系在每个物上都有体现，离开整体无法讲关系，每个物随着关系变化而变化性质。要想顿悟很重要的一点是完整地领会，分开理解永远不会悟。

2. 禅是一种人生哲学，是一种超越自我、回归自我的人生境界

禅宗阐发的很多人生哲理，时至今日还有强大的生命力。禅宗语录公案里常提到"什么是人的本来面目"，常讲"本地风光"，这些都是强调对自我的认识。人在现实中间，受环境的逼迫，常感到迷茫，进而丧失了自我，烦恼也就由此而来。当今社会，随着科技和物质的发展，自我的丧失越来越厉害，自己作不了自己的主，就拜神，或拜物。现代社会科技发展了，自己不能作主的地方比过去有过之而无不及，处处受到自己创造物的制约，这是人类的自我异化。我们对自己创造的环境依赖越多，自我丧失越多，越不明白自己原来是什么样。

佛教看到人生的苦恼都是贪、嗔、痴和无明带来的，而人的自性本来清净，但受客尘所染。从部派佛教开始，佛教就认为自性本来清净，由于受外界污染故有烦恼。佛教一般办法是扫除烦恼，恢复清净。神秀主张"时时勤拂拭，莫使惹尘埃"，以此来保持清净。慧能认为这是把清净和污染看作两个东西，是抛弃污染，去追求一个清净。慧能主张，污染和清净是一物之两面，无离开污染的清净，也没有离开清净的污染，二者是相对、相生的。清净和污染不是两个东西。后来的禅宗把这种思想进一步发挥。禅宗认为，你厌恶污染和追求清净，事实上是有了分别，也是一种执着，把追求清净也变成了一种心病。应不离污染而得清净。灰尘是因你认识错误而形成的。禅宗强调迷和悟，佛迷就是众生，众生悟就是佛。佛与众生差别在迷悟之间，而不在抛弃一个东西，求得一个东西。抛弃、追求都是执着。抛弃污染就是想离开监牢，追求清净又为自己造了一个笼子。应该什么也不执着，自我本性是清净的。清净的意思是空，空就是清净。为了避免人怕空，故改说清净，这样接受起来比较容易。黄檗希运言："忘境犹易，忘心至难。人不敢忘心，是恐落空，无捞摸处。"要悟禅宗的道理不容易，是需要相当艰苦的修行的。

　　禅宗所说的空、清净是什么意思呢？实际上是指恢复自己本来面目。清净实际上是指不生不灭。现代人认为，这是追求人生的不朽价值。佛教追求的恰恰不是这个东西。佛教认为，恰恰没有不朽这个问题，其实追求将来一无所有最对。有生就有灭，无生就无灭。这不是有永恒不朽，恰恰是对永恒不朽的否定。你执着、分别又有什么用？生不带来，死不带去，赤条条地来，赤条条地去。明白了这个道理，就可以把一切留给众生。大乘佛教大慈大悲，以救度众生为己任，就是因为看到了这个根本的道理。把一切都留给众生，把一切都留给社会，才可以安心地赤条条地来，赤条条地去。

禅宗对人生保持了一种非常平常的心态，这是在去掉了贪嗔痴以后得到的。禅宗常说，平常心是道，直心是道场，真心是道场，不做不该做的事，不想不该想的事。其实做到平常心也很不容易。

临济义玄说："佛法无用功处，只是平常无事，著衣吃饭，屙矢送尿，困来即卧，愚人笑我，智乃知焉。"这是从黄檗希运那儿来的，希运说："终日吃饭，未曾咬着一粒米；终日行，未曾踏着一片地。"有人问大珠慧海："和尚修道，还用功否？"师曰："用功。"曰："如何用功？"师曰："饥来吃饭，困来即眠。"曰："一切人总如是，同师用功否？"师曰："不同。"曰："何故不同？"师曰："他吃饭时，不肯吃饭，百种须索；睡时不肯睡，千般计较。所以不同也。"

这也就是佛教的平等心。"是法平等，无有高下。"这既指佛法，也指一切现象。有这样一种平常心态，就可以保证在行住坐卧中保持禅的人生境界。

这种禅的精神一直延续了下来，即在对现实生活的超越中回归自我。近代佛教提出人生佛教、人间佛教。近代高僧太虚法师提出："人成即佛成，是名真现实。"这又回到慧能对自性佛的解释。《坛经》说："佛法在世间，不离世间觉；离世觅菩提，恰如求兔角。"

禅宗这种人生哲学在今天仍有很多启发意义，既可从信仰角度去理解，也可从人生哲理角度去发挥。历史是过去的，书本是死的，人是活的，过去的思想关键在于如何用，不断批评祖宗是我们自己无能。祖宗的东西要我们去用，应转法华，而不要被法华转。我非常欣赏荀子的一句话："循其旧法，择其善者而明用之。"应有选择地、有所发挥地去用，而不是教条地去用。善用者无弃材。对好的工匠来说，任何一块材料都有用。运用得好的话，禅对解决我们人生与社会问题、老年人问题、青少年问题、教育问题等都会有帮助。对这种作用估计太高也不行，但至少在我们心里、在相对的社会环境中，可以有所改善。

三、禅　　悟

佛教以悟为修行的根本目的，所谓"不悟，即佛是众生；一念悟时，众生是佛"，充分道出了悟的重要性。悟，指生起真智，扫却迷妄，断除烦恼，证得佛法的真理。其中包含了两方面的意义，从开悟方面讲，是指能证的智慧，如菩提（Bodhi）等；而从证悟方面讲，是指所证的真理，如涅槃（Nirvāṇa）等。通常则是合二者而言悟。

禅宗言顿悟，也包含开悟与证悟两个方面，前者谓"顿悟菩提""知本性自有般若之智"；后者谓以此"般若之智"，"各自观心，令自本性顿悟"，即"识心见性，自成佛道"。禅宗六祖慧能反复强调，"世人性本自净"，"自性能含万法"，所以他的得法偈说："菩提本无树，明镜亦非台；佛性常清净，何处有尘埃？"同时，慧能又强调"菩提般若之智，世人本自有之"。因此，所谓悟即在于："见自性自净，自修自作，自性法身，自行佛行，自作自成佛道。"或者说："自性心地以智慧观照，内外明彻，识自本心。若识本心，即是解脱。"若以一言赅之，则禅宗顿悟的根本精神可归结为："本性自悟"或"自性自度"。

这种本性"自悟""自度"的禅悟，强调的是个人的体验和自我的直接把握。换句话说，别人的体验不能代替你的悟，自我的体验无法以概念推理来获得。在禅宗的《传灯录》中，许多禅师得悟的故事生动地说明了这一点。

如唐末香严智闲禅师，先事百丈怀海，聪明伶俐，问一答十，问十答百。百丈死后，他去大师兄沩山灵祐禅师处参禅，灵祐问了他一个问题："请你说一说生死的根本，父母未生你时是怎么回事？"谁知道这位原先问一答十、问十答百的聪明禅师，竟被问住了，而且遍查平时读过的书，也找不到可回答的话。于是，他反复要求灵祐为他说破。然而，灵祐对他说，如果我告诉了你，你将来是会骂我的。灵祐又说，"我说的是我的，终不干汝事"。后来，有一天香严智闲在田里除草时，随手把一片碎瓦扔到田边的竹子上，这时碎瓦击竹发出的声音，忽然使他有所省悟。因此，他十分感激灵祐，说：当时他如果为我说破的话，哪里还会有今天的省悟！又如，南宋著名禅师大慧宗杲的弟子开善道谦，参禅 20 年，没有个悟入处。一次，宗杲派他出远门去送信，他怕耽误了参悟，很不愿意前去。这时，他的朋友宗元说，我陪你一起去。于是，他不得已而上了路。一路上，他哭着对宗元说：我一生参禅，至今一点收获也没有，现在又要长途奔波，到什么时候才能入门啊！这时，宗元对他说：你现在暂且把从各方参来的，自己体会到的，包括宗杲给你讲的都放在一边。旅途中凡是我可以替你做的事，我全部替你去做。只有五件事我替你不得，必须你自己去做，那就是：你身上寒冷，我不能替你穿衣；你腹中饥渴，我不能替你吃喝；再有，拉屎、撒尿、驮着自己的身体走路，我也无法替你。道谦听完宗元的话后，忽然大悟，不觉手舞足蹈起来。这两则故事均说明，别人的任何悟都不能代替自己的悟，只有自己去亲身体验一番，才可能获得真正的悟。

还有一则故事讲，唐代禅师龙潭崇信有一天对他的老师天皇道悟说：自从我到了老师您这里，还没有得到过您关于禅悟要旨的指点呢！道悟回答说：哪里话，自从你到了我这里，我无时无刻不在向你指点禅悟要旨。崇信不明白地问道：您在哪里指点了？道悟说：你端茶来，我接了；你送饭来，我受了；你行礼时，我也回礼了。我哪一处不是在向你指点禅悟要旨。崇信听后，想了很久也没有领会过来。

此时，道悟又说道：如果要把握禅悟要旨，那就应该当下直接把握，若是用心去细细推敲，就完全错了。崇信于此得到解悟。这是比较明确地点明，禅悟不能用推理而只能直接把握的一例。在禅宗经典《传灯录》中，人们随处可以看到各种各样稀奇古怪的问答，而禅师们则都是在这种看起来违背常识、不合逻辑的稀奇古怪的问答中获得解悟。这些不胜枚举的例子集中起来说明一点，即禅悟不是理性分析和逻辑推理的结果，而是内心直接把握的自我体验。

正是由于禅悟的这种特性，禅悟长期以来被视作一种非理性或反理性的神秘主义（佛教中人则有自诩为超理性者），而为哲学上的理性主义者和唯物主义反映论者所否定。无可否认，禅悟作为佛教禅宗的一种解脱理论和方法，必然包含有浓厚的宗教性体验和某种神秘主义的东西。但是，随着20世纪以来人们对人类自身精神（心理）分析的深化，以及对于禅宗理论和方法了解的增加，许多学者注意到，禅宗关于禅悟的理论和方法相当充分地揭示出了那些无法用理智分析或逻辑推理给以圆满解答的人类精神（心理）活动，如潜伏在每个人意识深处的，那些突然迸发出来的，各种各样奇奇怪怪的、随意的自由联想。同时，禅悟在充分调动和发挥这种自由联想的意识的作用，来求得对天地万物和人生自我的忽然贯通、彻底了悟时，运用了各种各样不合常理的奇怪方法，其中也包含了不少有意义的心理分析和认识方法。因此，人们应当有可能透过禅悟的宗教体验和神秘主义，去把握其中的那些有意义的心理分析和认识方法。这里需要声明一下，我以上的叙述绝对没有否定佛教禅宗信仰者在禅悟中获得宗教体验方面的喜悦心情之意，而只是想让那些非佛教禅宗信仰者也能了解禅悟在心理和认识等方面的积极意义。

以下仅就禅悟中的主体实践经验和主观能动性的发挥，以及禅悟中的辩证思维方法这两方面，做一些简要的介绍。

第七讲 中国的禅宗

禅宗认为,对一个人的悟解,大善知识或老师的点拨是需要的,但从根本上来讲,"悟不由师"。因此,禅悟是一种具有强烈主体意识的自我体验,在禅悟过程中,离不开主体的实践经验和主观能动性的充分发挥。

所谓主体的实践经验,就是强调一个禅者的悟,必须通过亲身的体验去获得,而不是简单地接受或模仿他人的经验和体验。有一则故事讲,俱胝和尚向他的师父天龙和尚参问,天龙和尚向他竖起一个指头,俱胝和尚当下大悟。此后,凡有向他参问的,他都只竖起一个指头,而不说别的。他在晚年总结说:自从悟透了天龙的一指头禅,一生都受用不尽。在俱胝和尚处,有一个做杂事的童子,他每次遇到人问事时,也总是竖起一个指头作答。于是,有人告诉俱胝和尚说,您这里那个童子也参透了佛法,凡有人提问题,他总与和尚您一样,竖起一个指头。有一天,俱胝和尚在袖子里藏了一把刀,把该童子叫来问道:听说你也参透了佛法,是吗?童子回答说:是的。俱胝又问:那你给我说说,怎样才是佛?童子竖起一个指头。俱胝乘其不备,挥刀将其手指砍掉。童子痛得大叫而走。俱胝又把他叫回来,还是问他,怎样才是佛?童子又习惯地举起手准备伸指头,但一看手指没有了,于是豁然大悟。随便砍掉别人的指头是十分残忍的行为,但这则公案要想借此对俱胝和尚的竖一指与童子的竖一指,做出一种强烈鲜明的对比。前者是在经天龙和尚的指点后,有了自身的深切体验和觉悟,才以竖一指头来解答问学者的各种问题的;后者则完全是形式上的模仿,那个童子根本没有什么自身体验可言,因而在被砍去手指后,发现无指可举时,他才从自己这一痛彻心扉的切身体验中得到了觉悟。

禅悟也只有通过充分发挥主体的主观能动性,才可能获得。这类事例在禅宗公案中俯拾皆是,相传南宋著名禅师五祖法演有一天对他的徒弟们说,你们可知道我这里的禅是一种什么样的情况?打个比喻,有一个贼,他的儿子一天跟他说:"您老了以后我怎么来养家呢?我需要学点本领才行啊!"贼说:"这好办。"于是,一天夜里,贼把儿子带到一个有钱人家,撬开柜门,叫他儿子进去偷取衣物。可是他儿子刚一进去,他就把柜门锁上,并且故意弄出很大的声音,好让主人家听见,而自己则偷偷先溜回家了。这家人听到声音后,立即起床点灯找贼,然而找了半天也没找着,以为贼已逃走了。这时,贼儿子在柜子里正纳闷,心想我老子要干什么?突然,他心生一计,学老鼠咬东西的声音,这家人以为柜子里有老鼠,就打开柜子寻找。贼儿子趁此机会,推倒开门者一溜烟地逃走了。这家人一路紧追不舍,此时正路过一口井,贼儿子又心生一计,拣了一块大石头扔下井去。当这家人围着井找他时,他已逃回了家。到家后,贼让他儿子把逃出来的过程讲一遍。贼听完后说:"行了,你完全可以独立做事了。"这个教儿子做贼的故事,乍看有违常理,然而如果人们能得其意而忘其言,去领会其中所寄寓的精神,那么就会明白,它正是指示人,只有充分发挥自己的主观能动性,面对所处的现实环境开动脑筋想法子,才有可能使自己获得解脱。

  禅宗所指的顿悟,并非轻易就能达到的,而是需要经过自我的刻苦磨炼才能获得的。元代著名禅师中峰明本就说过:如果没有废寝忘食才能获得的精神,没有坚持二三十年寒冬酷暑的劳苦,是不可能获得禅悟的。他还引用了一句禅门名言来说明这种自我刻苦磨炼的精神:"不是一番寒彻骨,怎得梅花扑鼻香。"禅师们这种为了追求佛教真理而刻苦自我磨炼的精神,难道不值得一切追求真理者效法吗?

  禅悟中包含着不少的辩证思维方法。南宋黄龙派禅师青原惟信有一段叙述禅悟体会的话,是很值得回味的。他说:"老僧三十年前未参禅时,见山是山,见水是水。及至后来,亲见知识(指他的老师),有个入处,见山不是山,见水不是水。而今得个休歇处,依前见山只是山,见水只是水。"他并且问大家,这三种见解是相同的,还是有区别。在这段话中,禅悟后的"见山只是山,见水只是水"与参禅前的"见山是山,见水是水",这两种见解肯定是有所不同的,其中前者经历了一个自我否定的过程,即"见山不是山,见水不是水"的见解。为什么不同?有什么不同?禅师们根据自己的体会可以做出不同的解释。

如有的禅师从"万物一体""物我一体"的角度来体会,认为,青原惟信参禅前,只是就山见山,就水见水;当他从"万物一体"的观点去看山和水时,那么山就不再是山,水也不再是水了;再当他有了"物我一体"的体验后,领悟到山水在我之中,我也在山水之中,这时他又会认识到山是山,水是水了。这种解释,似乎艺术心理体验的味道更浓一些。

从认识论的角度看,我想可以做这样的解释:青原惟信参禅前,只是从一般的现象上来认识山和水,所以"见山是山,见水是水"。经过老师指点后,他才明白自己原有认识的肤浅,于是,对以前的认识提出了极大的疑问:我见的山是山吗?我见的水是水吗?所以,此时的青原惟信是"见山不是山,见水不是水"。等到他真正领悟了佛法后再去看山水时,虽说"依前见山只是山,见水只是水",然此时所见到的不再是山水的外在形象了,而是它们的"实相"(本质)了。这种通过否定的过程,而达到认识的深化,是一种辩证的思维方法。

再有,对这个例子似乎也可以有另一种体会和解释。比如说,禅宗认为一切事物原本都是十分平常的,因此,人们也只需用平常心去对待它。可是,要以平常心去对待一切事物谈何容易,一般人的智慧总是把那些本来极平常的事物看得很复杂,结果是"见山不是山,见水不是水"。而当他走过这段曲折的探求之路后,突然发现山和水并没有什么特别的地方,一切也还是它们平常的本来面目,于是当下落到实处,"依前见山只是山,见水只是水",从而悟到"平常心"的意义。"平常心是道",这是禅悟的又一个重要观点。从普通人的"平常心"(有分别心)上升为禅悟的"平常心"(无分别心)同样也是一个通过自我否定,而达到一个更高层次认识的一种辩证思维方法。

禅宗大师们常以"饥来吃饭,困来即眠"来教导参禅者,来比喻平常心,来作为参禅的一种修养功夫。在一般人看来,"饥来吃饭,困来即眠"人人都能做到,算什么功夫?当一个和尚以此问题请教大珠慧海禅师时,他果然告诉这个和尚说,这两者是根本不相同的。他说,一般人吃饭的时候不吃饭,睡觉的时候不睡觉,总是东思西想,要这要那的,这和我不用其心、顺其自然的"饥来吃饭,困来即眠"是完全不同的。世界上有许多事物本来是很简单而平常的,可是常常被人为地搞得复杂而神奇。人们要认识表面的平常是比较容易的,要认识事物本来(内在)的平常则殊非易事,禅宗提倡"平常心是道",在强调按事物的本来面目来认识事物方面,是有积极意义的。

此外,禅悟最忌执着、认死理。如南岳怀让参六祖慧能八年后,一日忽然有悟,于是就告诉六祖说:我有个省悟的地方。六祖问道:你所说的省悟是个什么样的?怀让说:要说它像个什么就错了。这是最为典型的反执着的问答。又如,德山缘密圆明禅师(云门文偃法嗣),就明确强调要"但参活句,莫参死句"。大珠慧海禅师也说:"经有明文,我所说者,义语非文,众生说者,文语非义。得意者越于浮言,悟理者超于文字。法过语言文字,何向数句中求。是以发菩提者,得意而忘言,悟理而遗教,亦犹得鱼忘筌,得兔忘蹄也。"总之，禅师们认为，任何的执着或参死句，都可能成为一种错用心，即使像追求"悟明见性""成佛做祖"，或者把"平常心"的"行住坐卧""吃粥吃饭"存之于心，那也是会妨碍人的参禅的。

还有，禅师们对同一个问题常常有许许多多不同的回答，如关于"祖师西来意""佛法大意"等问题，自古以来可能有不下百十种答案。这些都是禅师针对当时不同问话对象的认识水平或所处环境的具体情况作出的随机应答。另一方面，禅师们对同一问题或许多很不相同的问题却又常常给予同一个答案，但禅师们是绝不允许参问者以同一个意思去体会它的，而是要带着你自己的疑问去体会它。于是，表面上相同的语言，会有很不相同的体会和解释。马祖道一说过这样一番话，他说："我有时教伊扬眉瞬目，有时不教伊扬眉瞬目，有时扬眉瞬目者是，有时扬眉瞬目者不是。"石头希迁的嗣法弟子，药山惟俨禅师就在马祖这番话的启发下得到了契悟。这些地方也都表明，禅悟中有着极大的灵活性的丰富的辩证法，是值得人们去用心探讨的。

第八讲
中国文化中的人文精神

一、"惟人,万物之灵"

中国传统文化源远流长,博大精深。然在其久远博大之中,却是"统之有宗,会之有元"。若由著述典籍而论,经史子集,万亿卷帙,概以"三玄"(《周易》《老子》《庄子》)、"四书"(《大学》《中庸》《论语》《孟子》)、"五经"(《周易》《诗经》《尚书》《礼记》《春秋》)为其渊薮;如由学术统绪而言,三教九流,百家争鸣,则以儒道两家为其归致。东晋以后,历南北朝隋唐,由印度传入的佛教文化逐步融入中国传统文化,释氏之典籍〔佛教典籍浩如烟海,就其中对中国传统文化影响最深远,约可与"三玄""四书""五经"之地位相当者,当数以下"三论":《中论》、《成唯识论》、《大乘起信论》(此论为疑伪论);"九经":《金刚经》(附《心经》)、《法华经》、《华严经》、《阿弥陀经》、《维摩诘经》、《涅槃经》、《楞严经》、《圆觉经》(以上二经为疑伪经)、《坛经》;"一录":《景德传灯录》〕也就成了中国传统文化中的一个有机组成部分。儒释道三家,鼎足而立,相辅相成,构成了唐宋以降中国文化的基本格局。所谓"以佛治心,以道治身,以儒治世"(南宋孝宗皇帝语),明白地道出了中国传统文化的这种基本结构特征。

第八讲　中国文化中的人文精神

中国传统文化的根本特点之一是观念上的"和而不同"、实践中的整体会通。具体地说，在中国传统文化中，无论是儒释道三家，还是文史哲三科、天地人三学，虽有其各自不同的探究领域、表述方法和理论特征，却又是互相渗透，互相吸收，"你中有我，我中有你"，难分难析。这也就是说，人们既需要分别研究"三家""三科""三学"各自的特点，更需要会通地把握它们的共同精神。此外，如果说儒释道三家、文史哲三科、天地人三学等构成了中国传统文化的有机整体，那么对于这个文化整体来讲，其中的任何一家、一科、一学都是不可或缺的，否则这一文化整体的特性将发生变异，或者说就不再是原来那个文化整体了；而对于其中的每一家、每一科、每一学来讲，则都是这一文化整体中的一家、一科、一学，且每一家、每一科、每一学又都体现着这一文化整体的整体特性。唯其如是，对于中国传统文化的研究，不管是研究哪一家、哪一科、哪一学，我认为，首先是要把握住中国传统文化的整体精神之所在，否则将难入其堂奥，难得其精义。

中国传统文化如果从整体上来把握的话，那么人文精神可说是它的最主要和最鲜明的特征。需要说明的是，这里所说的中国传统文化的人文精神与现在所谓的"人文主义"或"人本主义"等概念不完全相同。在中国传统文化中，"人文"一词最早见于《周易》。《贲卦·象传》曰："[刚柔交错]，天文也；文明以止，人文也。观乎天文，以察时变；观乎人文，以化成天下。"

魏王弼对此解释说："刚柔交错而成文焉，天之文也；止物不以威武，而以文明，人之文也。观天之文，则时变可知也；观人之文，则化成可为也。"

唐孔颖达补充解释说："'观乎天文，以察时变'者，言圣人当观视天文，刚柔交错，相饰成文，以察四时变化。……'观乎人文，以化成天下'者，言圣人观察人文，则诗书礼乐之谓，当法此教而化成天下也。"

宋程颐的解释则是："天文，天之理也；人文，人之道也。天文，谓日月星辰之错列，寒暑阴阳之代变，观其运行，以察四时之迁改也。人文，人理之伦序，观人文以教化天下，天下成其礼俗，乃圣人用贲之道也。"

由以上各家的解释可见，"人文"一词在中国传统文化中，原是与"天文"一词对举为文的。"天文"指的是自然界的运行法则，"人文"则是指人类社会的运行法则。具体地说，"人文"的主要内涵是指一种以礼乐为教化天下之本，以及由此建立起来的一个人伦有序的理想文明社会。这里有两点需要加以说明：一是人们所讲的"人文精神"一语，无疑与上述"人文"一词有关，抑或是其词源。但"人文精神"一语的含义，又显然要比《周易》中"人文"一词的含义丰富得多。二是中国传统文化中人文精神的出现和展开显然要比"人文"一词的出现早得多，《周易·象传》的面世不会早于战国末，而中国传统文化中的人文精神，远则可以追溯至中国文化的源头，近也至少可以推溯到殷末周初。

中国典籍中，很早就有"人"是天地所生，万物中最灵、最贵者的思想。如《尚书·泰誓》中说："惟天地，万物父母；惟人，万物之灵。"

《孝经》中则借孔子的名义说："天地之性，人为贵。"这句话中的"性"字，是"生"的意思。宋人邢昺解释说："性，生也。言天地之所生，惟人最贵也。……夫称贵者，是殊异可重之名。"

其实，在《孝经》面世之前，荀子也已提出了人最为天下贵的观点了。他说："水火有气而无生，草木有生而无知，禽兽有知而无义，人有气有生有知亦且有义，故最为天下贵也。"荀子用比较的方法，从现象上说明了为什么天地万物中人最为贵的道理。其后，在《礼记·礼运》篇中，人们又进一步对人之所以异于万物的道理做了理论上的说明，比如："故人者，其天地之德，阴阳之交，鬼神之会，五行之秀气也。……故人者，天地之心也，五行之端也，食味、别声、被色而生者也。"这句话中"鬼神之会"的意思，是指形体与精神的会合。唐孔颖达解释说："鬼谓形体，神谓精灵。《祭义》云'气也者，神之盛也；魄也者，鬼之盛也'，必形体、精灵相会，然后物生，故云'鬼神之会'。"

以后，汉儒、宋儒如董仲舒、周敦颐、邵雍、朱熹等，也都不断地发挥这些思想。如董仲舒说："天地之精，所以生物者，莫贵于人。人受命乎天也，故超然有以倚。"周敦颐说："二气交感，化生万物。万物生生，而变化无穷焉。唯人也，得其秀而最灵。"邵雍说："唯人兼乎万物，而为万物之灵。如禽兽之声，以其类而各能其一，无所不能者人也。推之他事亦莫不然。唯人得天地日月交之用，他类则不能也。人之生，真可谓之贵矣。"正是有鉴于此，中国古代思想家们认为，人虽是天地所生万物之一，然可与天地并列为三。如《老子》一书中就有所谓"故道大，天大，地大，王亦大。域中有四大，而王（或作"人"字）居其一焉"的说法，把人与道、天、地并列。不过，在《老子》中，道还是最贵的。所以，《老子》接着说的是："人法地，地法天，天法道，道法自然。"与老子相比，荀子对人在天地中的地位强调得更为突出，论述得也更为明晰。他曾说："天有其时，地有其财，人有其治，夫是之谓能参。"这里的"参"字就是"叁（三）"的意思，整句话的意思是说，人以其能治天时地财而用之，因而与天地并列为三。对此，荀子又进一步解释说："天能生物，不能辨物也；地能载人，不能治人也；宇中万物、生人之属，待圣人然后分也。""分"是分位的意思。在荀子看来，"明分"（确定每个人的分位）是"使群"（充分发挥人类整体力量）、"役物"（合理利用天时地财）的根本，所以他所谓的"人有其治"的"治"，也正是指人的"辨物""治人"的"明分"能力。同样的意思在《礼记·中庸》中也有表达，其文云："唯天下至诚，为能尽其性；能尽其性，则能尽人之性；能尽人之性，则能尽物之性；能尽物之性，则可以赞天地之化育；可以赞天地之化育，则可以与天地参矣。"按照传统的解释，"至诚"是圣人之德。《孟子》和《中庸》中都说过："诚者，天之道也；思诚者（《中庸》作"诚之者"），人之道也。"这也就是说，人以其至诚而辨明人、物之性，尽其人、物之用，参与天地生养万物的活动，因而与天地并列为三。

汉儒董仲舒继承荀子思想，亦极言人与天地并为万物之根本。他说："天地人，万物之本也。天生之，地养之，人成之。""人，下长万物，上参天地。""唯人独能偶天地。""唯人道为可以参天。"

荀子、《中庸》和董仲舒等人的论述中，应当说都蕴涵着这样一层意思，即在天地人三者中，人处于一种能动的主动的地位。从生养人与万物来讲，当然天地是其根本，然而从治理人与万物来讲，则人是能动的，操有主动权。就这方面说，人在天地万物之中可说处于一种核心的地位。中国传统文化的人文精神把人的道德情操的自我提升与超越放在首位，注重人的伦理精神和艺术精神的养成等，正是由对人在天地万物中这种能动、主动的核心地位的确认而确立起来的。

由此又形成了中国传统文化中的两个十分显著的特点：一是高扬君权师教、淡化神权，宗教绝对神圣的观念相对比较淡薄；一是高扬明道正谊、节制物欲，人格自我完善的观念广泛深入人心。这也就是说，在中国传统文化的人文精神中，包含着一种上薄拜神教、下防拜物教的现代理性精神。

二、天 人 合 一

中国传统文化中的这种人文精神，根植于远古的原始文化之中。人们常把"天人合一"视作中国文化的主要特征之一，而考其起源，则与中国原始文化中的自然（天地）崇拜，以天地为万物之本，以及祖先崇拜，以先祖为监临人世的上帝（此亦为天，天命之天）等观念，不能说毫无关系。由此可见，"天人合一"中"天"的含义是合自然之天与天命（先祖上帝）之天而言的。之后，宋明理学讲的天理之天，即自然之天与天命之天的统合体。

1. 与自然之天合一：顺自然

人与自然之天合一的中心是"顺自然"（这里的"自然"一词，不是指"自然界"，而是指自然界的"本然"法则与状态）。道家思想中强调顺自然，这是人们所熟知的。如《老子》中就明确说过这样的话："辅万物之自然而不敢为。"也正是《老子》中的这句话，道家的自然无为思想长期以来被看成一种消极被动、因循等待的思想。其实，《老子》中的道家顺自然而不敢为（无为）的思想，有其相当积极合理的一面，这在其后的道家著作中有着充分的展开。如《淮南子》一书，对道家的无为思想就有相当积极合理的论述。《淮南子》说："无为者，非谓其凝滞而不动也，以其言莫从己出也。""所谓无为者，不先物为也；所谓无不为者，因物之所为也。所谓无治者，不易自然也；所谓无不治者，因物之相然也。""若吾所谓无为者，私志不得入公道，嗜欲不得枉正术。循理而举事，因资而立功，推自然之势，而曲故不得容者。故事成而身弗伐，功立而名弗有，非谓其感而不应，攻而不动者。"这三段话从不同角度说明了道家自然无为思想绝不是什么消极被动、因循等待，而是在排除主观、私意的前提下，主动地因势利导，即所谓"循理""因资"地去举事立功。这也就是《老子》所追求的理想："功成事遂，百姓皆谓我自然。"

这种顺自然而不违天时的思想，在传统儒家文化中也是十分丰富且极受重视的。前面我们曾提到荀子关于人与天地参的思想，以往人们都以此来强调荀子的"人定胜天"思想，殊不知荀子的人与天地参的思想，恰恰是建立在他的顺自然而不违天时的认识基础之上的。所以，他在得出"天有其时，地有其财，人有其治，夫是之谓能参"的结论之前是这样来分析的："不为而成，不求而得，夫是之谓天职。如是者，虽深，其人不加虑焉；虽大，不加能焉；虽精，不加察焉。夫是之谓不与天争职。"而紧接着"夫是之谓能参"后，他又再强调说："舍其所以参而愿其所参，则惑矣。列星随旋，日月递炤，四时代御，阴阳大化，风雨博施，万物各得其和以生，各得其养以成。不见其事而见其功，夫是之谓神。皆知其所以成，莫知其无形，夫是之谓天〔功〕。唯圣人为不求知天。"最后，荀子总结说："圣人清其天君（心居中虚，以治五官，夫是之谓天君），正其天官（耳目鼻口形能各有接而不相能也，夫是之谓天官），备其天养（财非其类以养其类，夫是之谓天养），顺其天政（顺其类者谓之福，逆其类者谓之祸，夫是之谓天政），养其天情（形具而神生，好恶喜怒哀乐臧焉，夫是之谓天情），以全其天功（皆知其所以成，莫知其无形，夫是之谓天〔功〕）。如是，则知其所为，知其所不为矣，则天地官而万物役矣！"（《荀子·天论》）这里一连串的"天"字，都是强调其为"自然"之意。荀子认为，人只有顺其自然，才会懂得什么应当去做，什么不应当去做，才能掌握天时地财，利用万物。儒家把大禹治水的智慧看成顺自然的典范，充分体现了"有为"和"无为"在顺自然原则中的统一。孟子对这一问题的论述是极有启迪意义的，他说：

> 天下之言性也，则故而已矣。故者以利为本。所恶于智者，为其凿也。如智者若禹之行水也，则无恶于智矣。禹之行水也，行其所无事也。如智者亦行其所无事，则智亦大矣。天之高也，星辰之远也，苟求其故，千岁之日至，可坐而致也。（《孟子·离娄下》）

朱熹非常赞赏孟子的这一论述，他的注释发挥了孟子的思想，且有助于我们了解孟子这段话的精义之所在。他说："性者，人物所得以生之理也。故者，其已然之迹，若所谓天下之故者也。利，犹顺也，语其自然之势也。言事物之理，虽若无形而难知，然其发见之已然，则必有迹而易见。……然其所谓故者，又必本其自然之势。……禹之行水，则因其自然之势而导之，未尝以私智穿凿而有所事，是以水得其润下之性而不为害也。……愚谓，事物之理，莫非自然。顺而循之，则为大智，若用小智而凿以自私，则害于性而反为不智。"

这些都十分明确而概括地表达了儒家"顺自然"且与自然之天"合一"的基本观点。

2. 与天命之天合一：疾敬德

人与天命之天"合一"的中心是"疾敬德"。这一观念，大概源于殷末周初。《尚书·召诰》中有一段告诫周王要牢记夏、殷亡国教训的文字，很能说明这一点，其文曰："王敬作所，不可不敬德。我不可不监于有夏，亦不可不监于有殷。我不敢知曰，有夏服天命，惟有历年。我不敢知曰，不其延，惟不敬厥德，乃早坠厥命。我不敢知曰，有殷受天命，惟有历年。我不敢知曰，不其延，惟不敬厥德，乃早坠厥命。……肆惟王其疾敬德，王其德之用，祈天永命。"

这是说，夏殷之所以灭亡，主要是由于他们"不敬德"，因此，周王如要永保天命的话，就一定要"疾敬德"。所谓"皇天无亲，惟德是辅"（《尚书·蔡仲之命》），是周初人的一种共识，也是以后儒家论述天人合一的一个中心命题。我们在《尚书》一书中，随处都可以翻检出有关于因"不敬德"而失天下的记述。诸如说：

禹乃会群后，誓于师曰："济济有众，咸听朕命。蠢兹有苗，昏迷不恭，侮慢自贤，反道败德。君子在野，小人在位，民弃不保，天降之咎。肆予以尔众士，奉辞伐罪，尔尚一乃心力，其克有勋。"（《尚书·大禹谟》）

"反道败德"，这是有苗失天下的缘由。

有夏昏德，民坠涂炭，天乃锡王勇智，表正万邦，缵禹旧服。兹率厥典，奉若天命。（《尚书·仲虺之诰》）

夏王灭德作威，以敷虐于尔万方百姓，尔万方百姓罹其凶害，弗忍荼毒。并告无辜于上下神祇。天道福善祸淫，降灾于夏，以彰厥罪。肆台小子，将天命明威，不敢赦，敢用玄牡，敢昭告于上天神后，请罪有夏。（《尚书·汤诰》）

伊尹既复政厥辟，将告归，乃陈戒于德。曰：呜呼！天难谌，命靡常。常厥德，保厥位，厥德匪常；九有以亡。夏王弗克庸德，慢神虐民，皇天弗保，监于万方，启迪有命。眷求一德，俾作神主。惟尹躬暨汤，咸有一德，克享天心，受天明命，以有九有之师，爰革夏正。非天私我有商，惟天佑于一德；非商求于

下民，惟民归于一德。德惟一，动罔不吉；德二三，动罔不凶。惟吉凶不僭，在人；惟天降灾祥，在德。（《尚书·咸有一德》）

"有夏昏德""夏王灭德作威""夏王弗克庸德"，这是夏失天下的缘由。

今商王受，弗敬上天，降灾下民，沉湎冒色，敢行暴虐……皇天震怒，命我文考，肃将天威，大勋未集。肆予小子发，以尔友邦冢君，观政于商……受有臣亿万，惟亿万心。予有臣三千，惟一心。商罪贯盈，天命诛之。予弗顺天，厥罪惟钧。（《尚书·泰誓上》）

今商王受，狎侮五常，荒怠弗敬，自绝于天，结怨于民，斫朝涉之胫，剖贤人之心，作威杀戮，毒痡四海……古人有言曰："抚我则后，虐我则仇。"独夫受，洪惟作威，乃汝世仇。树德务滋，除恶务本。肆予小子，诞以尔众士，殄歼乃仇。（《尚书·泰誓下》）

曰："惟有道曾孙周王发，将有大正于商。"今商王受无道，暴殄天物，害虐烝民，为天下逋逃主，萃渊薮。予小子既获仁人，敢祗承上帝，以遏乱略。华夏蛮貊，罔不率俾。（《尚书·武成》）

"弗敬上天，降灾下民""自绝于天，结怨于民""暴殄天物，害虐烝民"，这是殷商失天下的缘由。这种自周初以来形成的"以德配天"的天人合一观中，其伦理道德色彩无疑大大超过其宗教色彩。

天子受命于天，然只有有德者方能受此天命。何谓有德者？孟子在其弟子万章问及尧舜相传一事时，有一段论述是很值得思考的。孟子认为，天子是不能私自把天下传给他人的，舜之有天下，是天命授予的，尧只是起了推荐的作用。那么，天又是如何来表达它的意向的呢？孟子说，天不是用说话来表达的，而是通过对舜的行为和事迹的接受来表示其意向的。具体地讲，就是："使之主祭而百神享之，是天受之；使之主事而事治，百姓安之，是民受之也。天与之，人与之，故曰：天子不能以天下与人。……《泰誓》曰：'天视自我民视，天听自我民听。'此之谓也。"（《孟子·万章上》）

这里所谓"使之主祭而百神享之，是天受之"，显然只具有外在的礼仪形式的意义，而"使之主事而事治，百姓安之，是民受之"，才具有实质的意义。由孟子所引《泰誓》一语可见，"人意"是"天命"的实在根据，"天命"则是体现"人意"的一种礼仪文饰。

这种"天命"取决于"人""民"之意愿，"人""民"是比鬼神更根本的观念，发生于周初，至春秋时期而有极大的发展。《泰誓》中，除孟子所引那一句外，也还说过这样的话："天矜于民，民之所欲，天必从之。"（《尚书·泰誓上》）而《尚书·皋陶谟》说："天聪明，自我民聪明；天明畏，自我民明威。"

孔安国释此句之义，最能体现天命以民意为根据的观念。他说："言天因民而降之福，民所归者，天命之。天视听人君之行，用民为聪明。天明可畏，亦用民成其威。民所叛者，天讨之，是天明可畏之效。"

至春秋时期，这方面的思想得到了极大的发展。

由此，人事急于神事，民意重于神意的观念深植于中国传统文化之中，并成为历代圣贤、明君无时不以为诫的教训。《礼记·表记》中尝借孔子之口，比较了夏商周三代文化的不同特色，其中在述及周文化特色时说："周人尊礼尚施，事鬼敬神而远之，近人而忠焉，其赏罚用爵列，亲而不尊。其民之敝：利而巧，文而不惭，贼而蔽。"

周文化这一近人而远鬼神的特色影响深远,以至于当季路向孔子问"事鬼神"之事时,孔子相当严厉地斥责说:"未能事人,焉能事鬼!"(《论语·先进》)

而当孔子在回答樊迟问"知"时,则又表示说:"务民之义,敬鬼神而远之,可谓知矣。"(《论语·雍也》)

"务民之义"是"人有其治"的具体体现,人之治如果搞不好,鬼神也是无能为力的。因此说,只有懂得近人而远鬼神,把人事放在第一位,切实做好它,才能称之为"知"。这也许就是为什么在中国传统中,把政权看得比神权更重的文化上的根源。

三、"礼":人文精神的载体

"礼"源于祭祀,与原始宗教有着密切的关系,这是毫无疑问的。然而"礼"在中国传统文化的发展历程中,则是越来越富于人文的内涵,乃至最终成为体现中国传统文化人文精神的主要载体之一。"礼"通过祭祀而体现,从消极方面来讲,是为了祈福禳灾;而从积极方面来讲,则是为了报本。"报"什么"本"?荀子的论述是十分值得注意的。他说:"礼有三本:天地者,生之本也;先祖者,类之本也;君师者,治之本也。无天地,恶生?无先祖,恶出?无君师,恶治?三者偏亡,焉无安人。故礼,上事天,下事地,尊先祖而隆君师,是礼之三本也。"(《荀子·礼论》)

把君师之治作为礼之本,一方面是以礼制形式来落实人与天地参的思想,另一方面又是使"礼"包含了更多的人文内涵。"礼"字在《论语》一书中凡七十四见,然除了讲礼如何重要和如何用礼之外,对礼的具体含义没有任何表述。即使当林放提出"礼之本"这样的问题,孔子也只是回答说:"礼,与其奢也,宁俭。"(《论语·八俗》）仍然只是如何用礼的问题。《孟子》一书中"礼"字凡六十八见，其中大部分也是讲如何用礼的问题，只有几处稍稍涉及一些礼的具体含义，如说："辞让之心，礼之端也"（《孟子·公孙丑上》）；"恭敬之心，礼也"（《孟子·告子上》）；"男女授受不亲，礼也"（《孟子·离娄上》）；"礼之实，节文斯二者（指仁、义）是也"（《孟子·离娄上》）。荀子是中国传统文化中"礼"学的奠基者。《荀子》一书中"礼"字凡三百余见，全面论述了礼的起源、礼的教化作用、礼的社会功能等，尤其是突出地阐发了礼的人文内涵。如，他对礼的起源的论述，完全抛开了宗教的解释。他说："礼起于何也？曰：人生而有欲，欲而不得，则不能无求，求而无度量分界，则不能不争。争则乱，乱则穷。先王恶其乱也，故制礼义以分之，以养人之欲，给人之求。使欲必不穷乎物，物必不屈于欲，两者相持而长，是礼之所起也。"（《荀子·礼论》）

据此，在荀子看来，礼的主要内容就是我们在上文提到过的"明分"，或者说"别"。所谓"别"或"明分"就是要使社会形成一个"贵贱有等，长幼有差，贫富轻重皆有称者也"（《荀子·礼论》）的伦序。荀子认为，确立这样的伦序是保证一个社会安定和谐所必需的。所以他说："然则从人之欲，则势不能容，物不能赡也。故先王案为之制礼义以分之，使有贵贱之等，长幼之差，知愚能不能之分，皆使人载其事而各得其宜，然后使悫禄多少厚薄之称，是夫群居和一之道也。"（《荀子·荣辱》）

毫无疑问，荀子这里所讲的礼，充满了宗法等级制度的内容，是我们今天要批判、要抛弃的。然而，我们也无法否认，任何一个社会都需要有一定的伦序，否则这个社会是无法安定和谐的。因此，荀子关于"皆使人载其事而各得其宜，然后使悫禄多少厚薄之称"，从而达到"群居和一"的理想，也还是有值得我们今天批判继承的地方。

荀子阐发的礼的人文内涵,在中国传统文化中,特别是儒家文化中,有着极为深远的影响。在中国文化传统中,常常是把那些带有宗教色彩的仪式纳入礼制中去,而不是使礼制作为宗教的一种仪规。试举一例以明之。如,人问:"雩而雨,何也?"荀子回答说:"无何也!犹不雩而雨也。"这是大家都很熟悉的一则典故。"雩"原是一种宗教色彩很浓的求雨仪式,荀子在这里虽然明确表示了"犹不雩而雨也"的意见,但他并没有完全否定这种仪式,只是认为不应当把它神化。换言之,如果把它视作一种礼的仪式,荀子认为还是有意义的。请看荀子在此问后紧接着所阐发的一个重要论点,他说:"日月食而救之,天旱而雩,卜筮然后决大事,非以为得求也,以文之也。故君子以为文,而百姓以为神。以为文则吉,以为神则凶也。"(《荀子·天论》)

这里所谓的"文",是"文饰"的意思,相对于"质朴"而言,"礼"为文饰之具,"文"为有礼的标志。荀子这段话的主旨,就是强调要把救蚀、雩雨、卜筮等带有原始宗教色彩的仪式作为一种具有人文意义的礼仪来看待,而不要把它作为一种求助于神灵的信仰仪式去看待。

人们常常把荀子的这段话与《周易·观卦·象传》中的"圣人以神道设教"说联系在一起,这是有一定道理的。但是,人们对"神道设教"通常的解释,则似乎并不符合其原义。按照一般的解释,这句话的意思是说,圣人借"神"道以教化百姓。把"圣人以神道设教"一句中的"神"字,与上述《荀子·天论》中"百姓以为神"的"神"字,看成相同的意思。其实,这里有误解。《周易·观卦·象传》的"圣人以神道设教"一句中,"神道"是一个词,而不是单独以"神"为一个词。试观其前后文即可明白矣。文曰:"观天之神道,而四时不忒;圣人以神道设教,而天下服矣!"这里可以明白地看到，所谓"圣人以神道设教"一句中的"神道"，就是前文中"天之神道"的"神道"。何谓"天之神道"？也就是文中所说的"四时不忒"，亦即自然运行法则。所以，所谓"圣人以神道设教"，即圣人则天以"四时不忒"之道作为教化的原则。

值得注意的是，效法天道自然法则正是传统"礼"论的中心内容之一。如《礼记·丧服四制》中说："凡礼之大体，体天地、法四时、则阴阳、顺人情，故谓之礼。訾之者，是不知礼之所由生也。"

由此可见，《周易·观卦·象传》中所讲的"神道"，与荀子文中所表扬的"君子以为文"的精神是相一致的，而与其所批评的"百姓以为神"的"神"字意思则是根本不一样的。

以"卜筮然后决大事"为"文"而不以为"神"，这也是体现中国传统文化人文精神的一个突出例子。"卜筮然后决大事"本来是一件"神"事，然而现在却把它纳入了"文"事。"文"事者，"非以为得求也"。这样，"卜筮"所决之事也就失去了它的绝对权威性，而成为只具有一定参考价值的意见。于是，"卜筮"作为一种礼仪形式的意义，也就远远超过了依它来"决大事"的意义。

把卜筮纳入"礼"中，确实有借"神"道以设教的意图。如《礼记·曲礼》中有这样一段话："卜筮者，先圣王之所以使民信时日、敬鬼神、畏法令也，所以使民决嫌疑、定犹与（豫）也。"

这里把"畏法令"也作为卜筮的一项内容，其教化的意义是十分明显的。因而，与此相关，对于利用卜筮来蛊惑人心者，则制定了严厉的制裁条例来禁止它。如《礼记·王制》中规定："析言破律，乱名改作，执左道以乱政，杀；作淫声、异服、奇技、奇器以疑众，杀；行伪而坚，言伪而辩，学非而博，顺非而泽以疑众，杀；假于鬼神、时日、卜筮以疑众，杀。此四诛者，不以听。"

文中所谓"此四诛者，不以听"的意思是说，对于这四种人不用听其申辩即可处以死刑。

至此,中国传统文化和哲学中上薄拜神教的人文精神,应当说已经反映得相当充分了。

四、心性道德修养理论

关于中国传统文化和哲学中下防拜物教的人文精神,则大量地体现在儒道佛三教的有关心性道德修养的理论中。中国传统文化之所以注重并强调心性道德修养,是因为这是与中国历代圣贤们对人的本质的认识密切相关的。荀子在论证人"最为天下贵"的那段文字里,把天下万物分为四大类:一类是无生命的水火,一类是有生命而无识知的草木,一类是有生命也有识知的禽兽,最后一类就是不仅有生有知且更是有义的人类。"义"是指遵循一定伦理原则的行为规范,如荀子说的:"仁者爱人,义者循理"(《荀子·议兵》);"夫义者,所以限禁人为恶与奸者也。……夫义者,内节于人而外节于万物者也"(《荀子·强国》);等等。在荀子看来,这就是人类与其他万物,特别是动物(禽兽)的根本区别之所在。荀子的这一观点是很有代表性的。在中国传统文化中,绝大部分的圣贤都持这样的观点,即把是否具有伦理观念和道德意志看作人的本质,作为区别人与动物的根本标志。如孟子也说过:"人之所以异于禽兽者几希,庶民去之,君子存之。"(《孟子·离娄下》)

不同于禽兽的那一点点,就是人的伦理意识和道德感情。孔子在回答子游问孝时曾说:"今之孝者,是谓能养。至于犬马,皆能有养;不敬,何以别乎?"(《论语·为政》)孟子则说:"人之有道也,饱食、暖衣、逸居而无教,则近于禽兽。"(《孟子·滕文公上》)

孔孟的这两段论述都是强调，只有具有自觉的伦理意识和道德感情，才能把人的行为与禽兽的行为区别开来。对此，荀子更有进一步的论述，他说："人之所以为人者，何已也？曰：以其有辨也。饥而欲食，寒而欲暖，劳而欲息，好利而恶害，是人之所生而有也，是无待而然者也，是禹桀之所同也。然则，人之所以为人者，非特以二足而无毛也，以其有辨也。今夫狌狌形笑亦二足而毛也，然而君子啜其羹、食其胾。故人之所以为人者，非特以其二足而无毛也，以其有辨也。夫禽兽有父子而无父子之亲，有牝牡而无男女之别。故人道莫不有辨，辨莫大于分，分莫大于礼，礼莫大于圣王。"（《荀子·非相》）

《礼记·曲礼》发挥这一思想，亦强调人当以礼来自别于禽兽。

事实上，在中国历代圣贤的心目中，正确认识和处理伦理与物欲的关系问题是确立人格和提升人格的关键。对于这一问题，在中国传统文化中大致是从三个层次来进行探讨的。一是理论层次，讨论"理""欲"问题；一是实践层次，讨论"义""利"问题；一是修养（教育）层次，讨论"役物""物役"问题。在中国传统文化中，有关这方面的内容是极其丰富的。概括地讲，在理论上以"以理制欲""欲需合理"说为主流，部分思想家将其推至极端，提出了"存理灭欲"说；在实践上以"先义后利""重义轻利"说为主流，部分思想家将其推至极端，提出了"正其谊不谋其利，明其道不计其功"之说；在修养上则盖以"役物"为尚，即做物欲的主人，而蔑视"物役"，即沦为物欲的奴隶。

由于部分宋明理学家，如程朱等，在理欲问题上过分地强调"存天理灭人欲"，因而不仅遭到历史上不少思想家的批评，更受到了近现代民主革命时代思想家的激烈批判，斥其为压制人性、无视人性，这是历史的需要，完全是应当的。但是，我们如果全面地来检视一下中国传统文化中有关"理""欲"关系的理论,则很容易就可以发现"存理灭欲"之说实非居于主流地位。若如程朱等所说,必待灭尽人欲方能存得天理,即使以此为极而言之说,其理论上之偏颇也是显而易见的。人们曾以为程朱之说发轫于《礼记·乐记》,如与朱熹同时之陆九渊就认为这样。

理学家之谈天理人欲或根于《乐记》,然程朱等所谈之天理人欲关系与《乐记》所论之天理人欲关系已经有了很大的不同。《乐记》论曰:"人生而静,天之性也;感于物而动,性之欲也。物至知知,然后好恶形焉。好恶无节于内,知诱于外,不能反躬,天理灭矣。夫物之感人无穷,而人之好恶无节,则是物至而人化物也。人化物也者,灭天理而穷人欲者也。于是有悖逆诈伪之心,有淫佚作乱之事。是故强者胁弱,众者暴寡,知者诈愚,勇者苦怯,疾病不养,老幼孤独不得其所,此大乱之道也。是故先王之制礼乐,人为之节。"

《乐记》并未否定人感于物而动的性之欲,它只是否定那种好恶无节于内、知诱于外且又不能反躬的人。这样的人就是在无穷的物欲面前,不能自我节制,而被物支配了的人,亦即所谓"物至而人化物也"。人为物所支配,为了穷其人欲,那就有可能置一切伦理原则于不顾,而做出种种背离伦理的事来。为此,《乐记》才特别强调了"制礼乐,人为之节"的重要性和必要性。

《乐记》的这一思想,很可能源于荀子。荀子论述礼的起源时,肯定了"人生而有欲,欲而不得,则不能无求"。但同时他又指出,如果"求而无度量分界",那就会造成社会的争乱。因此,需要制订礼义来节制之,以达到"养人之欲,给人之求"的理想。由此可见,如果说在程朱理学的"存天理灭人欲"命题中具有禁欲主义意味的话,那么在《乐记》和荀子那里并无此意。《乐记》主张是"节欲",而荀子则除了讲"节欲"外,还提出了"养欲""导欲""御欲"（荀子提出"节用御欲"的命题，是强调人们在消费时应当有忧患意识，为未来计，时时控制欲求，节约消费。他说："人之情，食欲有刍豢，衣欲有文绣，行欲有舆马，又欲夫余财蓄积之富也。然而穷年累世不知足，是人之情也。今人之生也，方知蓄鸡狗猪彘，又蓄牛羊，然而食不敢有酒肉；余刀布，有囷窌，然而衣不敢有丝帛；约者有筐箧之藏，然而行不敢有舆马。是何也？非不欲也！几不长虑顾后，而恐无以继之故也。于是又节用御欲，收敛蓄藏以继之也。是于己长虑顾后，几不甚善矣哉！"）等一系列命题，"节欲"理论甚是丰富。荀子曾指出，那些提出"去欲""寡欲"主张的人，其实是他们在实践中没有能力对人们的欲望加以引导和节制的表现。他还认为，欲求是人生来就具有的，问题在于你的欲求合理不合理。如果合理，那么再多的欲求也不会给社会带来问题；如果不合理，那么再少的欲求也会给社会造成混乱。

总之，荀子认为："性者，天之就也；情者，性之质也；欲者，情之应也。以所欲为可得而求之，情之所必不免。……欲虽不可尽，可以近尽也；欲虽不可去，求可节也"（《荀子·正名》）。

荀子的这些思想是合理而深刻的，对后世的影响也是极其深远的。宋明以来批判程朱"存理灭欲"说者，其基本理论并未超过荀子多少。

此外，道家等从养生的角度也讲述了不少有关"节欲""养欲"的道理，对于丰富传统文化中的"节欲"理论也是很有价值的。

在荀子之前就流传着这样的教训，即所谓："君子役物，小人役于物。"荀子对此解释说："志意修则骄富贵，道义重则轻王公，内省而外物轻矣！传曰：'君子役物，小人役于物'。此之谓矣。"（《荀子·修身》）这句话的意思是说，注重精神修养和伦理实践的人则轻视富贵地位，也就是说，注重内心反省的人，对身外之物是看得很轻的。做"役物"的"君子",还是做"役于物"的"小人",这是人格修养上必须明辨的问题。荀子进一步对比此二者说:"志轻理而不〔外〕重物者,无之有也;外重物而不内忧者,无之有也;行离理而不外危者,无之有也;外危而不内恐者,无之有也。……故欲养其欲而纵其情,欲养其性而危其形,欲养其乐而攻其心,欲养其名而乱其行。如此者,虽封侯称君,其与夫盗无以异;乘轩戴絻,其与无足无以异。夫是之谓以己为物役矣。"反之,"心平愉,则色不及佣而可以养目,声不及佣而可以养耳,蔬食菜羹而可以养口,粗布之衣、粗䌷之履而可以养体,局室、芦帘、藁蓐、敝机筵而可以养形。故无万物之美而可以养乐,无势列之位而可以养名。……夫是之谓重己役物"(《荀子·正名》)。

这种不为物累、勿为物役的思想在佛道理论系统中更是俯拾皆是。然至此,中国传统文化和哲学中下防拜物教的人文精神,应当说也已经反映得相当充分了。

人不应当"役于神",更不应当"役于物",人应当有自己独立的人格。有不少人以为,依仗现代高科技,人类已经可以告别听命于"神"的历史,人类已经可以随心所欲地去支配"物"的世界了。然而,我们如果冷静地看看当今的现实世界,恐怕就不会这样乐观了。"役于神"的问题是极其复杂的,绝非单纯的科技发展就能解决的。君不见,当今世界各大有"神"宗教,凭借着社会经济增长的坚实后盾,几乎与现代高科技同步高速发展,且新兴宗教层出不穷。随着现代高科技的发展,人类向"物"世界索取手段的不断提高,"役于物"的问题日趋严重,因而对于物的欲求也是在进一步的膨胀。更何况当今世界是一个讲求实力的时代,全世界的经济实力竞争,把全人类逼上了"役于物"的险途而尚不能自反。

18世纪欧洲的启蒙运动,高扬人本主义去冲破中世纪神本文化的牢笼，然而诚如当时那些主要思想家所言，他们倡导的人本主义从中国儒道哲学的人文精神中得到了极大的启发和鼓舞。而当今东西方思想家注目于中国传统文化和哲学，恐怕主要是想借助中国传统文化和哲学中的人文精神来提升人的精神生活、道德境界，以抵御由于物质文明的高度发展而带来的拜金主义和拜物教，以及由此而造成的人类的自我失落和精神空虚。我想，这大概也就是中国传统文化中的人文精神为什么还值得人们在今日来认真研究一番的理由吧！

第九讲
中国文化中的道与艺

世界上任何一种文化都包括"有形"和"无形"两个层面，或者说都有物质和精神两个层面，中国人称之为"艺"和"道"。《易·系辞》："形而上者谓之道，形而下者谓之器。""器具"的"器"，就是具体可见、可操作的"艺"。儒家强调的"下学而上达"相当于由"艺"而"道"，"为己之学"则是通过完美自身来达到人与天地的和谐。中国传统的礼、乐、射、御、书、数"六艺"包含了文艺、武艺、技艺，涵盖日常生活方方面面的知识和技能。在生活层面，我们广泛地享用"艺"的成果并深受"艺"的影响。"艺"既能提供享受，又能为害于人，应用不好便适得其反。我们要遵循以道统艺、由艺臻道的传统精神，让"艺"为我们的养生、修心、审美及和谐社会建设服务。例如中医，应当从理念上弘扬"中和"之道，用中国整体的辩证的思维方式和阴阳五行的理论框架去对比西医简单的对抗性的疗法，而不能把中医降低到艺的层面上与西医比拼。

一、"道"与"艺"的形上与形下关系

在中国文化中，形上与形下统一而不可分，并且着重强调要"以道统艺，由艺臻道"，把"求道"作为最根本的旨归。"道"在

中国文化中具有特殊意义，甚至居于至高无上的地位，在某种意义上，将中国文化称为"道文化"也不为过。中国传统文化的任务是明道、行道、传道，人生境界以求道、悟道、证道为根本，各种技艺也都以"载道"为内涵。

中国文化里的"道"和"艺"这两个层次也可称为"本"和"末"。人们做什么事情都首先要"知本"，然后"求本"，以"本"为最终归宿。"道"是形而上之学，"艺"是形而下之学，所以"道"这个层面看不见、摸不着，"艺"这个层面是可见、可操作的。中国古代典籍中有很多描述"道"的内容，道家自不必说，《管子》里也有很多对"道"的描述，如"道也者，口之所不能言也，目之所不能视也，耳之所不能听也"，强调"道"只能心领神会，不能通过语言、形象、声音来传达。

儒家非常强调学习要"下学"和"上达"，这也相当于"艺"与"道"的关系。"下学"者，学人伦日用、日常生活的礼仪规范等；上达者，达天道、性命等抽象道理。下学可以言传，上达必由心悟。现代教育把下学和上达割裂，人文科学，特别是哲学，专门研究上达，走上极端就变成无源之水、无根之木，成为空空洞洞的学问，而下学只朝向专业技能、知识。下学必须上达，上达也必须落实到下学，二者结合的最终目的还是上达。"读书学习所为何，通晓人道明事理，开启智慧增艺能，变化气质美其身。"变化气质，使人完美，这才是读书学习的目的。

中国历来区分"为己之学"和"为人之学"。《论语》曰："古之学者为己，今之学者为人。"荀子解释说："君子之学也，以美其身；小人之学也，以为禽犊。"为己之学是完美自身，为人之学是将之作为财富的象征。"君子之学也，入乎耳，著乎心，布乎四体。"（《荀子·劝学》）而"以为禽犊"实际上是贩卖"小人之学也，入乎耳，出乎口，口耳之间则四寸耳，曷足以美七尺之躯哉"的思想。古语"人不为己，天诛地灭"，正确的理解是人一定要通过"为己之学"而不断地完善自己、提升自己，与天地达到最和谐的状态，让人的生命能够生生不息，否则天地都要诛灭他。

二、从"六艺"看艺的范围

在中国文化里，"艺"这个概念非常宽泛。《礼记》记载，孔子经常讲要以六艺来教育青少年，六艺指礼、乐、射、御、书、数。礼、乐属于基本的文艺，指各种各样的礼仪规范，包括唱歌、跳舞，相当于"文艺"。射、御属于体育运动，也可称为"武艺"。至于书、数，传统的解释中，"书"为"六书"，即中国文字起源的六个方面：象形、指事、会意、形声、假借、转注。"书"也常被指为写字、书法。"数"，古代指一、二、三、四、五、六、七、八、九、十、百、千、万等数字和各种各样的计算方法，即算术，后来发展为术数，包括天文地理等，可以称为"技艺"。六艺之中包含文艺、武艺、技艺，范围非常之广，涵盖了日常生活方方面面的知识和技能。

"艺"过去都是小学的教学内容。当然这个"小学"跟我们现在的小学概念不同。《礼记》中有一篇文章被单独抽出来，成为"四书"里的一本，叫《大学》，大学即大人之学，相对于大人之学的就叫小人之学，即小学，后来小学又专指文字、音韵、训诂之学。朱熹《大学章句序》说古代儿童八岁入小学，在十五岁之前学洒扫、应对、进退之节。"洒扫"是整理内务，"应对"即待人接物，"进退"即礼节。《孟子》里说的"徐行后长"，意即慢慢跟在长辈后面走，这是礼节，从何时在前、何时在后等方面体悟出大人做事的进退。此外，小学还学礼乐之文，习惯成自然，长大以后自然可以遵守规范而行事。

武艺中的"射"这项体育活动从古到今从来没断过，只不过形式变了。古代射箭时对面要摆一个靶子，后来变成投壶，即对面摆一个花瓶，拿一把箭往里面投，现在演变成套圈。古人非常重视"射"，因为这可以提升自身修养。《礼记》里讲，若要射中靶心，首先要端正身体，其次要专心致志，心无旁骛，就像弈棋；再次，万一射不中，不能去埋怨靶不对，而是反求诸己、反躬自问，在"射"这一武艺中培养心性和技艺。现代社会很大的一个问题就是怨气冲天，大家你怨我、我怨你，怨天怨地、怨人怨事，如果每个人能够反省一下自己，社会就会和谐得多。

技艺的内涵也很丰富，包括中医。《汉书·艺文志》将各种典籍分类，其中"方技"类都跟现在所讲的中医有关，它包括四方面：一是医经，即人体生命理论；二是经方，即医药；三是房中，即男女阴阳关系；四是神仙，即养生。"方技者，皆生生之具"，即各种各样维护生命的方法。当然技艺还包括制造器物等。

所以说，日常生活中可操作的、看得见的、听得见的、摸得着的有形有象的所有方面都属于"艺"，我们在生活层面享受着"艺"的成果。

三、艺的作用

艺能够为人提供享受，也能够为害于人，应用不好便适得其反。比如，食物越来越丰富，人们吃得越来越精细，用各种食品、调料来满足口腹之欲，可这究竟是好是坏？人们当时也许只沉浸于美味中，看不到之后对身体的损害。《吕氏春秋》中讲，养生之要是去害，太咸、太甜、太辣、太酸都是害，若是去掉这些，生命就能够健康、能够和谐。生命是因和而生，任何事物过了头都不对，艺也同样如此，过度沉溺于艺会惑乱我们的眼耳鼻舌身，会带来反面作用。所以中国文化强调艺一定要在道的统摄下面，否则就会走偏。

艺，尤其是文艺，对人的影响极大，因为人都有感官的欲望，文艺作品实际上就在影响人们的情绪。其中，声音对人的影响最大，像音乐会的观众动辄上万人，音乐是深入人心的，能够潜移默化、移风易俗。先王制乐是用来制内情，防止内部情感没有方向地过分发展，所以艺术应该是正情的，而不是重情的。

艺术对社会的引导非常重要，它比理论的影响要大得多、快得多、深入得多。古代教育远没有现在普遍，老百姓从说唱、戏曲里学习做人的道理。传统戏曲里的人物脸谱化，白脸是坏人，红脸是好人，让人懂得什么是好、什么是坏，什么是善、什么是恶，这就叫高台教化。所以说，艺要有道来统摄，要有一个指导思想或者价值观念，看戏也不能光停留在看热闹上，要从中学会做人和做事的道理。

艺都是用来陶冶性情的，就像欧阳修论述琴艺时所说"弹虽在指声在意，听不以耳而以心"，琴曲最重要的不是悦耳，而是移人情。弹以无邪之音，听以清白之心。弹者、听者，一同移情归正，这才是传统古琴美学的精华与追求。艺的根本目的，在于导情归正，把人们的情引导到正而非邪恶的方向。其他艺术如绘画、书法等莫不呈现出类似的情形。

因此，艺术的实践和发展一定要遵循以道统艺、由艺臻道的传统精神，努力恢复艺术陶冶性情、净化人心、提升人生、和谐社会的本来功能，不要再让艺术异化为一种拼比技巧、追逐名利、刺激感官、煽动人欲、腐蚀人心、污染社会的东西，那样会使人陷入玩物丧志的状态。《论语》曰："志于道，据于德，依于仁，游于艺。"要想求道，立志是第一位的，如果沉迷于玩物，那就容易丧志。艺与道不能脱离，艺若无道，则没有灵魂。学艺如不能上升至道，那就只能沦为技艺。

四、如何由艺臻道

1. 平心养气之养生

宋代欧阳修重刊唐代无仙子所注《黄庭经》时在前言中说："世上无仙而人人求仙，世上有道而人人不修道。"道不远人，道就在事物变化之中，有生就有死，这是自然规律，也就是道。

养生之道即以自然之道来养自然之身，不能停留在一个具体的、操作的层面。像气功就是自古就有的重要养生手段和方法之一，《庄子》里提到的"导引"，马王堆汉墓发现的《导引图》，从艺的层面讲，都是养生。但人们容易落到艺的层面，而上升不到道的层面。

如何上升到道的层面？先秦道家著作乃至《管子》都提到"心正"。

《汉书·艺文志》云："神仙者，所以保性命之真。"真性也可以说是先天之性，即天地之和气也。天出其阳、地出其阴，阴阳和合就有了万物。生命因阴阳之气的和谐而诞生，又因阴阳之气的和谐才能维持。但是人一生下来，这个性命之真就变成后天之性了，后天各种干扰和诱惑一来，就失去了先天之真性，所以要有求于外者也。

如何来求？第一，荡意平心，或曰荡平心意；第二，同生死之域，即打破生死界限，不要贪生怕死；第三，无忧惕于胸中，不惊不怖，君子坦荡荡、小人长戚戚。能做到这三条就如同神仙。

所修者何？气也。道教八仙之一吕洞宾所著《百字碑》，首句曰："养气忘言守。"忘掉语言，忘掉守气。清代有人为之作注说，气存丹田得下漏，守在上面得脑漏，守在中间则肚胀，所以不能拘泥、停留在意上面，而要去突破。气不是简单的物质，亦不是简单的精神，也不是什么能量，它是不可言说之物。这个气跟具体可操作层面的气功没有关系。儒释道三家都讲气，各自所讲都不一样，但都有一个特点，即都从最高层次上来讲。

儒家育正气、浩然之气。文天祥《正气歌》云："天地有正气，杂然赋流形。"他在序中说，元人把他俘虏以后，希望他投降，但他坚强不屈，于是被关在一个简陋茅棚里两年多，有水气、土气、日气、火气、米气、人气、秽气等七种气干扰他，可是他没有得病，原因就是身上有正气。儒家讲诚意正心，朱熹也讲了十五岁之后进了大学要穷物极理、正心治人的道理。正心从诚意而来。"诚意者，毋自欺也"，要慎独，不欺暗室，要养一股浩然之气。

道家养真气，要保住先天之气不被后天事物所干扰。人们现在如果去西医院，可能都找不到自己的病究竟要挂哪一科，但在中国古代很简单，所有的病无非三大类：一类是意外伤害，如跌打损伤；一类是外感伤寒；一类是内伤，即喜怒忧思悲恐惊七情。维护整个生命、治疗人的身体，用两句话就能概括：去其所本无，复其所固有。这就是道家的葆性命之真，恢复其天然和谐。天和就是葆真气，或曰葆元气。

佛教化人怨气，人一切烦恼、痛苦的根源在于贪嗔痴三毒，其中最严重的大概应属嗔，嗔即怨恨，如果老是怨天怨地、怨人怨事，嫉妒比自己强的人，看不起比自己差的人，其心情是不能宁静的，因此也得不了道。所以一定要把怨气化成感恩心。

所以，修习真正的气功要练三气：育正气、养真气、化怨气。

2. 得意忘言之思维方式

上达之学必由心悟，不可言传，只可意会，是智慧之学、哲学，说出来了就成为知识技能，落到形而下的下学了。我们最初从西方翻译过来的"哲学"叫 philosophia，即"爱智慧之学"。尽管语言不可以传达，但还是需要语言来传达，那就需要人们能够超越语言、得意忘言，要学会这样一种思维方式和能力。

中国所有的艺都是可见、可听、可触摸的，那么我们就要通过这些去领会它内中所包含的意，这就叫得意忘象、得意忘言。一方面是低级层次的知识、技能，另一方面是高级层次的智能，智能是掌握知识、运用知识的能力。中国的学问强调智慧之学，一切的艺都是通过外在形象来达到对内在理念、观点的体悟或认同。欧阳修有一次题画时说"古画画意不画形"，苏轼在题一幅画时言道："论画以形似，见与儿童邻。作诗必此诗，定知非诗人。"欣赏一幅画不是看它是否形似，而是看其所体现的精神境界。画如其人、字如其人，一个人的修养到家了就会体现在他的方方面面。我曾经言及书法曰："习字调心性，学书铸人格。"书法、绘画都寄托了作者的一种品格，它展示给人的也是这个东西。中国的艺一定要达到这样一个深度才算是真正的艺。

3. 欣赏艺之再创造

当一个艺术家不容易，很多所谓的艺术家恐怕都只能算是一种匠人。匠人只会在技能上模仿，却没有灵魂和思想寄托。艺不能上升到道，不能让人回味，不能使人受启发，那只能算是复制品而不是创造。

同样，一件艺术作品在人们欣赏的过程中，完全可以让欣赏者进入再创造，中国的艺术就有这个特点。如果仅仅停留在象上面，那就无法再创造。在中国画里，人们可以在不同环境、不同时间、不同心情之下通过作品体会出完全不同的意义来。汉代董仲舒说"诗无达诂"，诗没有一个统一的解释，可以这样体会，也可以那样体会，都能得到精神上的一种享受。

中国文化完全允许艺术的欣赏者再创造，甚至可以脱离其最原初描述的实景，去领会它里面的意思，而不是将之定式化。唐代王之涣《登鹳雀楼》："白日依山尽，黄河入海流。欲穷千里目，更上一层楼。"这首诗如果局限在字面上，是很直白的几句话，但中国人不停留在写实上面，而是引申为人应该站得更高、看得更远，以此励人。北宋徐庭筠《咏竹》则云："未出土时先有节，便凌云去也无心。"这两句诗很真切地描述了竹子，可如果只是看到这一点，那就是不懂中国文化了。在这里要体悟到的，是一个人在没有出头时、默默无闻时，要坚守气节，要有大丈夫精神，而到飞黄腾达时也要虚心谦和。

4. 艺不可离道

离了道的艺是没有意义的。学艺、欣赏艺，也必须从道的角度去学习、去欣赏。学艺是为求道，不是为了简单提升技能，如果沉迷于技艺，那就必然沦落为玩物丧志。我们现在存在的一个最大问题，就是忘掉道。忘掉了道，就失去了艺的灵魂。我非常不赞成电视台常常举办各类竞技比赛节目，尤其是业余的。业余学艺本来就是为了娱乐，丰富生活，一旦比赛，就失掉了通过艺术来修养、提升自己的初衷。我们要回归中国文化中道与艺的关系，要理解中国文化，离开了道就失去了它的灵魂，我们现在面临的问题是对传统文化如何传承与发扬，也主要要从道的层面来发扬。

艺的层面随着时代发展发生了许多变化，在这一层面我们可以去恢复一些传统的东西，也可以随着时代变化以及欣赏者的变化而作出相应变化。例如，恢复古代礼仪不一定要穿古代服装，可穿可不穿，不是一定要弄得跟现在的时代很远。当然服装也是属于艺的层面的东西，这里面也必须体现出道的精神。服装是小事，但它体现了一种文化，体现了文化的认同，这个内涵是非常重要的。欧洲很多国家到了传统节日都要恢复过去的传统穿戴，东南亚国家在传统节日里也是如此，国内一些少数民族到了节日时候也会穿上民族服装，可是绝大部分汉族人却没有自己的传统服装可以穿。服装是一种文化符号，汉服可以千变万化，但有几个特殊的因素不能变：一是溜肩，崇尚自然，一上肩就变成平肩了；二是不在衣服上挖窟窿去扣扣子；三是背后是拼接的，不是一整块，这也许与裁剪有关系。如果能保持这三个特点，纵使千变万化也是传统的。不能保持这三个特点，即使再像也不是传统。我们可以多一点传统服饰，多一份文化认同与标志，但我不主张一定要复古，一定要穿上某类服装。只有道艺结合，才能将文化延续下来。

　　传统道艺的结合，要以道为主，以道统率艺，由艺上升到道，下学上达，两者都不能孤立。离开了下学、离开了艺，道便空了；脱离了道、脱离了上达，艺就没有了灵魂。

第十讲
中国文化的多元包容精神

一、多元包容让中国文化博大精深、丰富多彩

中国文化除了以人为本的人文精神，另一个很大的特色即它是一种多元的文化，兼容并包。尽管是多元文化，也还是围绕人来展开的。比如说三教文化属于中国传统文化，涉及儒、佛、道三家，讲究"以佛治心，以道治身，以儒治世"。以佛治心，即以佛家的心境来管理我们的心态情绪；以道治身，即以道家的方法来管理我们的身体，跟养生结合在一起；以儒治世，即以儒家的思想治理这个社会。这三者是互相配合的，不是单一的。

中国是一个强调文化认同的国家。世界上像中国这样56个民族可以并存的国家很少有。原因就在于，中国不是以单纯的民族认同作为立国的理念，而是以文化认同作为立国的理念。这种文化认同又不是单一的文化认同，而是一种多元化的文化认同。各种民族文化相互接受，相互吸收，相互理解。

中国主体文化有三种，即儒、道、佛。这三种文化之间的相互交流和影响从来都没有中断过。中国的主体文化是多元的，整个中国文化更是多元。

中国文化有主体文化，还融合了其他的文化，这样才能够百家争鸣，百花齐放。比较有名的学派，除了儒家、道家，还有墨家、法家、阴阳家、名家等。各种文化相互交流，中国文化就是综合吸收了各家的文化而发展起来的。

在实践上，我们的民族民间文化也是五花八门，各个民族的、外来的文化很多。中国传统的二胡、琵琶，当初都是外来的。中国文化有强大的消化吸收能力，这也就形成了中国特有的饮食文化——炒菜。炒菜是把各种材料、佐料放在一起炒出一道菜，而世界上绝大部分国家没有炒菜，除了蒸，就是炸、煮，比较单一。

所以，中国文化讲究融合，只有不断融合才能不断发展。在国内，各种民族文化要互相学习，互相尊重。除此之外，我们还要吸收国外的各种文化。但话说回来，这里面一定要有主体意识，不能够丢失中国文化的主体，丢失中国文化的根本精神。对根本的价值观念、根本的思维方式，我们要坚持。有了主体意识再去吸收外来的文化，才能够掌握主动。否则，把别人的文化照搬过来，结果还是赶不上别人。

当然，我们包容和接纳外来的文化，还得看其能不能适应本土的文化环境。外来文化必须本土化了以后，才能融入中国文化的主体。任何文化的发展必须跟上时代，但是，对于中国文化中的核心理念、核心价值观，必须坚持。

那么，在不同的时代应该怎样坚持核心价值观呢？这需要依靠思维方式。中国文化中有一种非常朴素的辩证思维方式，它不是僵化的、绝对化的。中国人从太极图里看到了事物之间的复杂关系。事物不是简单的、对立的。我们能从中看到世界是一个圆的整体，里面可以分成两个对立的方面——黑与白。但仔细看，黑的部分里面有白，白的部分有黑。这说明什么？我离不开你，你离不开我，我中有你，你中有我。如果变化起来呢，黑的还能变成白的，白的也能变成黑的。这是非常符合客观事实的。

很多人都说中国人没有科学思维，没有科学理论。我就想，什么叫科学？一定要通过理性的数量的分析才算科学吗？比如说董仲舒，这个2000多年前汉武帝时期的历史人物，他就提到一个概念——"凡物必有合"，即有上必有下，有前必有后，有左必有右，有内必有外。我们仔细想想，任何事物都是几个方面合在一起才能成为一个完整的事物，他用最简单的语言说明了事物的真相，难道这就不是科学吗？

我常常说中国文化有四个特点，第一是源远流长，几千年的文明现在还延续不断。世界上别的古老文明都中断了，但中国文化没有中断过。第二就是多元包容，这也是世界上少有的。第三就是博大精深。有些人觉得中国文化很肤浅，没有什么科学道理。其实，人认识世界光是用理性的方式是不够的，更多的时候还需要用情感的、直觉的方式。不能说理性的是科学，后者就不科学。现在西方一些学者也认识到依靠直觉去认识世界，也是人类认识世界的一条道路。第四就是丰富多彩，因为中国文化是一种包容的文化。那么多的民族，那么多的创造，那么多的地方文化，怎能不丰富多彩？曾经，我们去每一个地方都会有一种新鲜感。但现在，许多地方建设得千城一面。幸运的是，现在也有很多人开始意识到建筑是文化，方言也是文化，都应该好好保护，也开始付诸行动。现在，很多年轻人不会说自己家乡的方言，在我看来这是一个很大的问题。如果能把各地的方言好好地保存下来，把各个民族的语言也好好地保留下来，那么，中国文化会更加精彩。

二、博采诸家：儒道两家的兼容精神

在我国历史上，西周以前学在官府，东周以后，学术逐步走向民间，春秋后期已出现颇有社会影响的儒家、墨家等不同学派，而至战国中期，则出现了诸子"百家争鸣"的局面，学派纷呈，学说丰富多彩，为中国文化的发展奠定了宽广的基础。根据司马迁在《史记》中引述的其父司马谈对学术流派的见解，先秦以来的学派被归纳为"六家"，即：阴阳、儒、墨、名、法、道德。司马谈引用《周易·系辞下》"天下同归而殊途，一致而百虑"的说法，认为这"六家"的学说都是为了安邦治国，他们各有所见，也各有所偏。但由于当时社会上崇尚黄老之学，司马谈也标榜以道家学说统摄各家。他认为，道家"因阴阳之大顺，采儒墨之善，撮名法之要"，所以能"与时迁移，应物变化，立俗施事，无所不宜"。总之，道家是"指约而易操，事少而功多"。班固在《汉书》中则把先秦以来的学派归纳为"十家"，即：儒、道、阴阳、法、名、墨、纵横、杂、农、小说。但接着他又说，"十家"中"可观者九家而已"（即除去小说家），而各家则都是"各引一端，崇其所善"。他同样也引用了上述《周易·系辞下》的话，不仅认为各家学说都有其所长和所短，而且还强调说："其言虽殊，辟犹水火，相灭亦相生也……相反而皆相成也。"由于当时社会已以儒学为上，所以班固也竭力推崇儒家，认为儒学"于道最为高"。

这两位杰出的史学家、文学家、思想家，一位论"六家"，以道家为统；一位明"九家"，以儒家为高。他们观点的不同，反映了不同时代的学术风尚和他们个人不同的学术师承背景。而他们分别揭橥出道家和儒家为诸子百家的统摄者，如果从学术发展的内在规律分析，正反映了在诸子百家众多的学派中，儒道二家的思想是最为丰富的。不仅如此，儒道二家还具有极大的包容性和自我发展、不断更新的内在机制，所以逐渐成了诸子百家众多学派的代表者。

事实上，自战国中期以后，学术界就呈现出一种纷繁复杂的情况。一方面是各学派内部的大分化；另一方面，与此同时也出现了一股各学派之间相互渗透、彼此融合的发展趋势。中国文化就是在诸子百家的学派分合之中不断地发展和丰富起来的。

两汉是儒道二家广泛吸收诸子百家，充分发展自己、丰富自己，并成为中国文化代表学派地位的时期。

汉初统治者为医治秦末苛政和战乱造成的社会民生极度凋敝的状况，采用了"简政约法、无为而治、与民休养"的政策以恢复社会的生机。与此相应，在文化思想上则大力提倡道家黄老之学。此时的道家黄老之学，在社会文化思想中居于指导地位，所以它必须处理好与其他各个文化思想学派的关系问题。社会对思想文化的需要是多样的、丰富的，而不是单一的，然而诚如许多思想家所说的，这种多样性又需要"统之有宗，会之有元"（王弼《周易略例·明象》），即需要有一个居于主导地位的指导者。不过，这种"统"和"会"绝不是以一种样式去排斥或替代其他的样式。如果把其他样式都排斥掉了，只剩下了自己这一种样式，那也就不存在什么"统"和"会"的问题了。汉初道家黄老之学，正如司马谈所描述的，它广采了阴阳、儒、墨、名、法各家之长，正是这种容纳、吸收和融合的精神，使得道家学说不仅成为当时社会的指导思想，同时也成为整个中国文化精神的集中代表者之一。

儒家作为中国文化的主要代表者之一，也有着与道家的相同经历。汉初儒家受荀子学说影响很大，如"六经"之学中的易、诗、礼、乐等学，都有荀学的传承，而荀子礼法兼用的思想也普遍为汉儒所接受。西汉大儒董仲舒建议武帝"诸不在'六艺'('六经')之科、孔子之术者，皆绝其道，勿使并进"，为以后武帝"罢黜百家，独尊儒术"之所本。然而，从董仲舒本身的思想来说，也早已不是单纯的原始儒学了。他不仅大力倡导礼法、德刑并用的理论，而且大量吸收墨家的"兼爱""尚同"理论，乃至墨家某些带有宗教色彩的思想。而更为突出的是，在他专攻的春秋公羊学中，充满了阴阳家的"阴阳五行"学说，使"阴阳五行"思想成为儒家学说中的一个有机组成部分。班固在《汉书》中评述说，"董仲舒治《公羊春秋》，始推阴阳，为儒者宗"，就明确地指出了这一点。由此可见，经由董仲舒发展而建立起来的汉代儒学，如同汉初的道家黄老之学一样，也是广采了阴阳、墨、名、法、道各家之长的。同样也正是这种容纳、吸收和融会的精神，使儒家学说不仅成为当时社会的指导思想，同时也成为整个中国文化精神的集中代表者之一。

三、融通佛道：魏晋玄学

力图把儒道二家思想融通为一，而且获得相当大成功的，是魏晋时代的玄学。中国传统文化是一种具有强烈现实性和实践性的文化，中国传统哲学所讨论的理论问题，主要是那些与现实生活密切相关的实践原则。即使像被人们称为"清谈""玄远"的玄学，也不例外。人们所熟知的玄学所讨论的有无、本末、一多、动静等抽象理论问题，其实无一不与解决名教与自然的关系这一现实的社会、人生问题有关。

所谓名教与自然的关系问题，也就是社会规范与人的本性的关系问题。众所周知，任何一个人都是生活在一定的社会经济、政治、人际等关系之中的，要受到社会职业、地位、法律、道德等的制约，所以人都是社会的人。但同时，每一个人又都是有其各自的性格、独立的人。人又都是有各自的精神世界和意志追求的，所以人又都是个体的人。人的这种两重性，构成了现实生活中社会和个人之间复杂的矛盾关系。个人与社会的矛盾关系，是古今中外思想家、哲学家最为关心的问题之一。而在中国传统哲学中，这一问题尤受关注，可说是它的一个中心议题，有着极为丰富的理论。儒家强调制名（礼）教以规范人性，道家则主张顺自然而因物性。所以，名教与自然分别是儒道二家的理论主题和争议焦点之所在。

儒家认为，社会的人重于个体的人，个人服从社会是天经地义的事，因而着重强调个人对于社会的责任和义务。所谓名教，即用伦理规范和法律制度规定每一个人在社会上的名分地位，以及与其名分地位相应的应尽的社会责任和义务，然后以此去要求和检验社会每一个成员的行为，进而达到协调人际关系、安定社会秩序的目的。所以，子路问孔子"卫君待子而为政，子将奚先"时，孔子毫不犹豫地回答："必也正名乎！"把重新确定社会成员的名分问题，作为"为政"的第一大事。而孔子在回答齐景公问政时所说的"君君，臣臣，父父，子子"，则正是"正名"的具体内容和期望达到的社会效果。儒家的名教理论产生于封建时代，是为维护封建统治秩序服务的。所以，在近代反封建的革命中受到激烈的抨击是完全理所应当的，毫不奇怪。不过我们说，把社会的某一个（或某一部分）成员定死在某一固定的名分地位上，不许其变动，这是不合理的，实际上也是做不到的。我国古代思想家早就认识到了"社稷无常奉，君臣无常位，自古以然"（《左传·昭公三十二年》）这样一个真理。但同样不可否认的是，社会中的每一个成员，在一定的时间空间中，又必定是处于某一确定的名分地位之中的。而在一定的社会历史背景下，如果社会的每一个成员都不能各安其名位、各尽其责，那么这个社会肯定是不会安宁的,也是不可能发展的。所以,在一定的社会历史背景下,社会成员的各安名位、各尽职责是社会发展和前进的必要条件。从这一角度讲,儒家的名教理论也还是有其一定的合理之处的。此外,还需说明的一点是,儒家名教理论也不是绝对排斥个人作用的。就其强调调动每个人的道德自觉性这一点来说,儒家比任何其他学派都重视个人的主观能动性和意志力。然而,从总体上来说,儒家名教理论是轻视个人利益、抑制个人意志自由发展的。这方面的片面性,也正是儒家名教理论不断遭到反对和批判的原因。

  道家,尤其是庄子学派,认为个体的人高于社会的人。他们主张顺自然而因物性,也就是说,应当由着个人的自然本性自由发展,而不应当以社会礼法等种种规范去干预和束缚个人的行为。老子说:"大道废,有仁义;慧智出,有大伪;六亲不和,有孝慈;国家昏乱,有忠臣。"(《老子》十八章)他又说:"故失道而后德,失德而后仁,失仁而后义,失义而后礼。"(《老子》三十八章)也就是说,老子把社会礼法制度和规范的出现,归结为人类自然本性的不断自我丧失。这里包含了一种原始素朴的"异化"思想。老子希望人们通过"绝圣弃智""绝仁弃义""绝巧弃利""少私寡欲"等去克服和阻止"异化",以期达到返璞归真、复其自然。庄子认为,任何社会礼法制度和规范都是束缚人的自然本性自由发挥的桎梏,因此必须予以彻底破除。他以"天"喻人的自然本性,以"人"喻社会的制度规范,用寓言的形式,借牛马作比喻,通过北海若之口说:"牛马四足是谓天,落(络)马首、穿牛鼻是谓人。故曰无以人灭天。"(《庄子·秋水》)这里,他明确提出了不要用社会礼法制度规范来磨灭人的自然本性的思想。庄子向往的是一种不受任何限制和约束("无所待")的绝对自由——"逍遥游"。而当他的向往在现实社会中行不通时,他就教人们"齐物论"——相对主义的方法,从认识上去摆脱一切由于分别善恶、是非、利害等而带来的种种纠葛和苦恼,然后借以获得主观精神上的自我满足。道家的自然理论在重视个人性格和意志方面,有其合理性和积极意义。但它过分夸大个人意志与社会规范之间的矛盾对立,想把个人从社会中脱离出来,则显然又走向了另一个片面。

玄学在理论上的任务,就是把名教与自然之间的矛盾和谐地统一起来。儒家名教理论沿袭至汉末,已流弊丛生。它不仅成为统治者压迫、钳制人民的手段,使人们的个性、意志受到摧残,而且还成为某些伪诈狡黠之徒沽名钓誉、欺世盗名的工具,使社会风气遭到极大的腐蚀。玄学承汉末名教之弊而起,所以首先都肯定人的自然本性的根本性和合理性,赞扬和提倡道家的自然理论,同时又努力调和自然本性与名教规范之间的矛盾,使之协调统一起来。玄学内部存在着各种不同的流派,但他们在理论上有一共同点,即都主张以自然为本、名教为末(用),强调以本统末、以用显本、本不离末、用不异本。

玄学的开创人之一、汉魏的王弼认为,喜怒哀乐等是人人都具有的自然本性,即使是圣人也不能例外。他指出,从根本上来说,人的道德行为都是人的真实感情的自然流露,如对父母的"自然亲爱为孝"。所以说,社会的一切名教规范都应当是体现人的自然本性的,也只有以人的自然本性为根本,才能更好地发挥名教的社会作用。他激烈批评那种离开人的自然本性,去一味追逐表面道德名声的社会腐败风气。他认为,这种舍本逐末的做法是根本违反道德名教的本意的,也是造成社会风气虚伪、名教制度弊端丛生的根本原因。对此,他做了明确的理论说明,如说:"守母以存其子,崇本以举其末,则形名俱有而邪不生,大美配天而华不作。"具体来说,即"各任其贞事用其诚,则仁德厚焉,行义正焉,礼敬清焉"。反之,如果"舍其母而用其子,弃其本而适其末,名则有所分,形则有所止。虽极其大，必有不周；虽盛其美，必有患忧"。具体来说，"弃其所载，舍其所生，用其成形，役其聪明，仁则尚焉，义则竞焉，礼则争焉"。所以，王弼希望通过"以无（自然）为本""举本统末"的理论，在自然的统摄下发挥名教的正常作用。

　　玄学的另一位重要代表、西晋的郭象，进一步发展了王弼的理论。他在讲本用的关系时，着重强调了两者不可相离的一体性。他把名教规范直接植入人的自然本性之中去，认为："夫仁义自是人之情性，但当任之耳。恐仁义非人情而忧之者，真可谓多忧也。"这是说，仁义等道德规范即在人的自然本性之中，所以应当听任人的本性的发挥，不用担心它会离开道德规范。他不同意庄子以络马首、穿牛鼻为违背牛马自然本性的说法，而认为："牛马不辞穿落者，天命之固当也。苟当乎天命，则虽寄之人事，而本在乎天也。"这就是说，那些符合于自然本性的东西，即使是借助人为的安排，它也还是根植于自然的。言外之意也就是说，表面上看来是借助于外力的名教规范，其实就存在于人自身的自然本性之中。反过来讲，服从于仁义等名教规范，实际上也正是发挥了人的自然本性，是完全合乎人的自然本性的。于是，郭象通过他的"性各有分""自足其性"等理论，把外在的名教规范与个人内在的自然本性统一起来，使名教规范获得一种自然合理的形态，使自然本性在一定的限度内得到自我满足。

　　东晋的玄学家袁宏综合发展了王弼和郭象的理论。他第一次以"道明其本，儒言其用"的明确提法，点出了玄学在对待儒道两家关系上的立场。他反复论说"崇长推仁，自然之理也""爱敬忠信，出乎情性者也""仁义者，人心之所有也"的道理。他毫不隐讳地说："夫礼者，治心轨物，用之人道者也。"但是，"其本所由，在于爱敬，自然发于心诚而扬于事业者"。于是，"圣人因其自然而辅其性情，为之节文而宣以礼物，于是有尊卑亲疏之序焉"。他还说："夫君臣父子，名教之本也。然则名教之作，何为者也？盖准天地之性，求之自然之理，拟议以制其名，因循以弘其教，辨物成器，以通天下之务者也。"这段话可以说是对玄学关于名教与自然合一理论的总结性论述。

以融合儒、道两家思想为基本特征的玄学理论，对于中国传统哲学，乃至整个中国传统文化的某些基本性格与精神的形成，有着重要的、决定性的作用。这一点是治中国哲学或中国文化者不可不知的。我在《玄学与中国传统哲学》中举出两点为例，以说明玄学的历史作用和理论地位。第一点是说，由玄学发展起来的"自然合理"论，确立了中国传统哲学的基本理论形态之一，形成了中国传统文化注重自然法则、人文理性，而宗教观念相对淡薄的基本性格。第二点是说，玄学认知方法上的"忘象（言）得意"论，构成了中国传统哲学中最主要的思维方式之一，成为中国传统文化艺术的主要特点和根本精神。

四、佛教本土化：外来文化与中国文化融合的经验

佛教是已经被中国化的宗教文化，这似乎是一个公认的事情。但是，这里面有一个问题，什么是中国化？佛教怎么中国化了？为什么说佛教具有非常成功的中国化经验？

过去，佛教学界讨论这个问题，常常会说，佛教中国化，是被儒化或者被道化。我认为这个说法并不是很确切。佛教传入中国以后，确实跟儒、道发生了许许多多的交涉，中间冲突的东西很多，冲突的时间也很长。但是，里面也有很多共同的东西，所以说佛教跟中国本土的文化，特别是与儒家文化、道家文化有很多内在性的相通之处，

这是佛教传入中国之后适应中国本土文化的一个非常重要的前提。

但是，绝不是说佛教中国化以后，就跟儒道完全一样。所以，"化"的问题，我觉得一定要注意。儒释道之间，"你影响我，我影响你，你中有我，我中有你"，这是没问题的。但是，它同时又是"你是你，我是我，儒还是儒，道还是道，佛还是佛"。这是中国文化非常重要的特点——中国文化从来就是包容、多元、相互尊重的，到现在为止也还是如此。只要不破坏本土文化，不改变本土文化，不与本土文化、政治发生冲突，那么它在中国文化当中就是可以被包容、可以生存的。至于那些不同的东西，也可以相互尊重、相互保留。所以，"化"并不是彻底地"化"掉，而是适应环境，不管是保留理论特色还是实践特色，都是允许的。

佛教传入中国，不管是在理论还是实践层面，都曾经和中国文化发生冲突。首先，在实践上，佛教要出家，这跟中国文化，特别是儒家文化，绝对不同。儒家文化强调"父母在，不远游"，出家是不孝顺父母。佛教传入时，这就是一个非常现实的冲突。经过相当长的时间，中国人才理解佛教徒出家的含义，特别是东晋慧远说，佛教徒出家是为了实现更大的孝和忠，是为了救世济民，中国人才开始慢慢地接受。

在理论上，佛教也有很多与中国文化冲突的地方，它是在印度文化中成长起来的，常常把一个人看作一个个体生命，也落脚在个体生命，这和中国文化把生命看作一个"连续性的群体生命"的生命观完全不同，所以争论也很多。在这方面，佛教为了适应中国文化，做了一个自我调整，我称之为"自我适应"。佛教把佛经里关于孝顺父母的内容都大力发扬，最典型的就是目连救母的故事，这后来成为中国民间故事，形成了非常重要的节日，这是在相当长的过程中实现的。

第十讲　中国文化的多元包容精神

从理论上来说，更大的冲突是佛教的缘起理论和中国以道家为主的自然观、自然论的冲突。佛教的缘起理论强调因果之间的必然联系，而中国道家的自然观则强调因果之间的偶然关系。从范缜的《神灭论》中可以看得很清楚，他认为因果之间没有必然联系。这个问题一直到唐代才得以解决。比如唐代《神会语录》里，有人问：道家讲自然，佛家讲因缘，两者之间为什么有冲突？神会要调和这个问题，认为只讲因缘，不讲自然，这是"愚圣"；只讲自然，不讲因缘，这是"愚道"。他把两者统一起来。这个理论的统一非常有意义，把哲学的大问题——必然与偶然——统一起来，一切必然都是通过偶然呈现的，而一切偶然的后面都可以寻求它的必然。这把中国道家自然论与佛教缘起论结合得很好，解决了哲学上的一个极大的问题。因此，不一定要彼此否定，而是要把它结合得更好，这才是"化"。

佛教在本土化的过程中，呈现出了文化交流的两个根本规律：一个是外来文化的自适性，一个是本土文化的包容性。如果不能把这两者处理好，没有包容，外来宗教本土化程度再高也不行。即使本土化，也会保留很多习俗中的问题，而理论上的问题更难完全改变。因此，一定要尊重不同文化、不同宗教的习俗以及其最根本的理论。外来文化只要不在政治上、不在整体上与中国文化对立，就可以并存，可以包容，佛教为我们提供了这样一个很好的先例。

佛教中国化的历程告诉我们，中国化的过程是相当复杂而且反反复复的，需要的时间也很长。就拿佛经翻译来说，最初是"格义"，牵强附会；然后是"得意"，把内在含义翻译出来；再后来又要"求实"，要把原文原原本本地翻译出来。三者都有好处，同时也各有缺失。所以，很多东西是在实践中逐步完善起来的。中国的儒释道在五代、宋以后不分上下地融合在一起，而在此之前都是分离的。尽管彼此吸取，但各自特色也非常明显。佛教到了现实生活中间，才真正落地。讲到中国佛教史的时候，常常会讲，宋以后佛教衰落了。其实，佛教的很多精神、思想是完全融入日常生活中了，这怎么是衰落呢？恰恰说明它更加广泛了。

另外，宗教不仅要找到和本土文化的适应点，而且还要在此基础上加以发展。我们常常讲，中国佛教的特质在于禅，禅宗确实是中国佛教发展过程中的一个创新，因为禅宗在印度佛教里不是这样的形态，也不是这样的意义。释迦牟尼创立印度佛教的时候，强调的是自觉——智慧的觉悟。可是到了大乘佛教时，逐步出现了一种"救世主"的理念，拜佛、求佛、求菩萨。而到了中国禅宗，把成佛、成菩萨化为每个人自己的问题、内在的问题。悟了就是佛，迷了就是众生。所以，禅宗强调的是学佛、做佛、学菩萨、做菩萨，这和中国文化完全一致，而且又回到了释迦牟尼创立佛教的根本宗旨上去了：淡化祈求于外力的拯救，强调内心的自觉。

所以，本土化是一个相当长久、相当复杂的过程，对本土化需要耐心，也需要包容。要鼓励不同文化、不同宗教在中国文化环境下创新、发展，使之超越地区性文化背景下的各种局限。要适应中国文化传统，一定要有创新、发展，不能够回归到原来。现在宗教上有一个大问题，就是不断地对它还原。我曾经说，现在研究中国佛教最大的障碍就是"印度化"，研究中国佛教一定要"去印度化"，这样才能够真正让宗教和本土文化融为一体，同时又保持自己的特色。

其实，中国的文化环境是最好的。不同宗教像兄弟一样亲密地在一起，没有冲突。这就是中国文化，一种能够构建宗教和谐、让多方和睦相处的文化。

第十一讲
中国文化中的安身立命之道

一、对"安身立命"的一般性理解

在此讨论"安身立命"这个话题,主要要从我们底蕴深厚的中国文化的角度去看——我们的先人是怎样理解安身立命,怎样来实现安身立命的。

对安身立命这样的题目,我们可以从不同的角度去看待它、认识它、理解它。现在的人究竟怎么理解安身立命?在网上搜了一下,我看到这么一个对安身立命的定义:什么叫安身?有房子住;什么叫立命?有食物吃。所以网上说,这个安身立命的意思就是寝居安定、衣食无忧。这个对于安身立命的解释非常通俗,也非常贴近我们现实的生活。我们现在的人这么来理解安身立命,很现实,是从生活中间来理解的。事实上也是,如果我们仅仅从字面上来看,所谓安身,那就是说首先自己的生命能够得到一个基本的保障,有吃有住,有基本的保障。当然吃得怎么样,住得怎么样,那是另外一个问题。哪怕我就披一块布、住一个茅草棚,吃上粗粮,那也是有吃有住。那么,锦衣玉食,住在非常漂亮的豪宅中,也是安身,也是一样可以的。所以简单地来讲,安身就是要让自己的生命有个着落。我们分开来讲,立命可能比安身要有高一点的要求,也就是说,我们的生命要达到一个什么样的理想。有的人可能是想明白一些道理，有的人可能以为大富大贵就是立命了。因此，"立命"也可以有各种各样不同的理解。

所以我说"安身立命"这个词说起来比较简单，但人们的理解可以说是千差万别。可以仅仅从刚才讲的有饭吃、有房子住的角度说，也可以再进一步，有豪华的房子住、有美味的食物吃。这是从这个层次来理解所谓的安身立命。但是我觉得，这个跟我们今天要讲的题目——"安身立命之道"，还是不太符合的。我们讲的是安身立命之道，不仅仅是我们生命能不能够有保障，我们的理想是不是可以得到实现，并不是这么简单的，我们要探讨的是什么才叫作真正的安身，什么才叫作真正的立命，怎么样才能够达到安身，怎么样才能够达到立命。这个问题我觉得就比较复杂了。

在我们的传统文化里，从为人处世的角度来讲，有我们安身立命的道理；从修养身心的角度来讲，也有安身立命的道理；哪怕仅仅从怎样来保养我们的生命来讲，也有安身立命的道理。即使是从道德这个层面来讲安身立命，也可以有不同的角度。我们今天为什么要讨论这个问题？我觉得，就是因为今天的人不知道从何下手才能够安身立命，也不知道安身立命根本的精神在什么地方。特别是讲到立命这个问题，很多人可能认为就是怎么样来实现自己的理想、改变自己的命运，而对于当下我们每个人所处的命运，总是有很多很多的不满意，所以想去改变自己的命运。那么怎么样来改变这个命运，这又是人们思考的问题。

二、如何看待"人生的意义"这个问题

现在很多人很困惑，常常会问，人生究竟有什么意义？我为什么要来到这个世界上？我从哪儿来的，将来又会到哪儿去？这些问题很

第十一讲　中国文化中的安身立命之道

困扰大家。尤其是我们今天提倡科学精神，总是要打破砂锅问到底，想要搞清楚我为什么要到这儿来，我这么活着又有什么意义，等等。特别是当自己碰到很多困惑、苦恼的时候，更是会这样来问。为什么现在得抑郁症的人特别多？就是对这些问题想不明白，又总是在想这样的问题。其实刚才我提到的这些问题，其中绝大部分是不需要问的，问了也问不清楚，想也想不明白。你说我从哪来，那可以有各种各样的回答，就看你信哪一种回答了。如果我们拿西方基督教的理念来回答，那么我是上帝创造的。如果按照中国传统的儒家或者道家的思想来回答这个问题，那也很简单，我就是这么自然而然地来到这个世界上的，我的父母精血结合就有了我。如果按照佛教的理念来回答，那就是因缘和合的，各种因缘聚在一起就有了；拿一个人身来讲，那就是五蕴身，五个方面的东西合在了一起就有了这个生命体。哪五个方面呢？色、受、想、行、识，五蕴和合就有了生命体。按照科学的说法，那就是一个个细胞结合在一起，就有了我，人几乎是一堆碳水化合物。你说哪个才是对的，哪个才是错的？你说你问得清楚吗？你相信吗？所以我说这个问题有的时候越问越纠结。

很多人说这是个高深的哲学问题，哲学不就是要问"我从哪儿来""我到哪儿去""人生有什么意义""你来干什么"吗？这个问题确实是一个很高深的哲学问题，但是也可以是一个很普通的门卫问题。比如说我们要进到一个地方去，就会问你从哪儿来、到哪儿去、来干什么。这就成了一个非常普通的问题。但是我想，像这样的问题，还是少问为好。因为你不知道从哪儿来也没关系，已经来了，你搞清楚又有什么用？已经是一个事实了，这个事实已经存在了，很多时候问也问不清楚。我们都觉得科学一定能够搞清楚，一定能够准确地回答。那么我问你一个问题：究竟是先有鸡，还是先有蛋？是鸡生蛋，还是蛋生鸡？科学能够回答我们今天的问题吗？我想回答不了。

没有蛋哪来的鸡，可没有鸡又哪来的蛋？所以我们今天看到的是又有鸡又有蛋，看到的是蛋孵出来的鸡，也看到鸡生出来的蛋，到底谁先谁后、怎么来的，其实不用问了。

所以我老讲，中国的文化中有一个很实事求是的回答。《庄子》告诉我们："六合之外，圣人存而不论。"所谓六合就是我们今天这个场合，你看东南西北上下，不是六个方面吗？这六个方面构成了一个空间，这个空间之外的事情我们看不见。我们也不必知道它是什么，我们问它干什么？可以存而不论。等我们将来接触到它了，我们再去讨论它，现在还没有接触到。《庄子》还讲，"六合之内，圣人论而不议"。在我们这个空间之内的问题，可以说这是什么、那是什么，但是为什么这样、为什么那样，我们可以不去议论，可以存疑。

在过去，我们总觉得什么问题人类都能够知道答案，人是无所不能、无所不知、无所不晓的，就像上帝一样，因为我们对上帝的认知就是上帝是无所不能、无所不知、无所不晓的，我们以为我们用科学的精神就可以追根究底、把所有问题都搞清楚。实际上哪里会这么简单。我们过去老是批判那些所谓的不可知论，批判那些不可言说、认为"言不尽意"、语言说不明白的观点，我们老批评这个，甚至认为这是缺乏科学精神的，是一种神秘主义。那么我请问，到现在我们人类已经进化到今天这个程度，是不是对于我们所生存的宇宙空间的任何事情，我们都知道得很清楚了呢？差得远呢，不知道还有多少我们未知的，甚至于不只是未知，而是连问题是什么都不知道。所以有一些东西，我们自己去不断地追问，到最后是自我困扰。我们正视现实，正视我们看到的现象；我们根据生活实践，对我们看到的东西，知道应该怎么样去对待它，我想也就可以了，我们就不至于有那么多的烦恼了。也许有人会说我这个说法是阿Q精神，自我安慰一下，不认识就不去求了，就那么敷衍了事地过去了。但是我想，这才是精神解脱的一个方法，否则的话，你陷进去了出不来，永远解脱不了。所以很多问题并不是可以问到底的。我经常讲，我们过去就认一个道理，就是所谓的科学精神，科学的精神就是打破砂锅问到底，最后有很多砂锅打不破，也有很多问题也问不到底。一个再伟大的科学家也会让他的孙子问倒的——当他的孙子问他，这个事情为什么是这样啊？他给解释一通；解释完了，孩子还是问，那你说的这个又是为什么啊？他就再回答，总会问到他回答不出来的。所以我们最根本的是要面对现实，解决现实的问题，如此就不会有那么多的困惑。

1. 对待命运的态度——"尽人事"与"听天命"

关于命运的问题也是如此。有没有命运？有的人相信有，而且相信得非常执着，认为一切都是命运安排好的；有的人根本不相信命。哪有什么命啊，全靠我们自己。这两种情况是特别常见的。所以你让他立命，怎么立、对这个词怎么理解，都有很大的问题。立命，这个"立"字在那，一说出来，那就有人的主观能动性的问题。但是讲到"命"又好像是先天决定了的。所以对于"命"这个概念的理解，就有所不同。其实这两种说法，一般人都认为很矛盾。那么，命运如果可以自己改变，又该从哪个角度来理解命运掌握在自己手里这个道理呢？这也有所不同。

所以关于"命"的问题，是大家最困惑的问题。而且"命"又跟"运"分不开，我们常讲"命运"，"命运"虽是一个概念，又可以分开来讲。"命"相对来讲比较静态一些，"运"又是比较动态一些。"运"是不断地在转，不断地在运动、变化；"命"相对来讲就固定化一些，是静止的。所以这两个东西又是分不开的，命里有运，运里有命，有动有静，这是一个很复杂的问题。所以我们不能够完全不信命，那不行；可是如果完全信了命，那也不行。我们讲到命，就是指外在的环境所决定的命和运。比如说我们生在这个时代，那就有这个时代的命运，生在那个时代，就有那个时代的命运，并且这是不能由个人来选择的。因为我生下来就在这个时代里，我无法选择。时代也在不断地变化，时代的变化，在很多情况下也不是个人所能左右的。所以你说你不信命，行吗？但是，是不是因为有了这样的命以后，个人就无所作为呢？那也不是。你也可以通过你的努力去改变这个命运。

荀子曾经讲，一个人要想充分地发展、实现他的才能，必须有两个条件：一个是才，一个是时。所谓的"时"就是时机、机遇，也可以说是一个大环境，在某个意义上讲也是一种命运，你生在这样的时代，遇到这样的环境，这个不是你个人改变得了的。所以一个人的价值能不能实现，离不开他个人的才能和所遇到的这个时代、时机。荀子就分析说，这两者可以说一个是主观的，一个是客观的。才能是主观的，因为我可以自己来培养我自己的才能，我努力地学习、深入地钻研，把我的能力不断地提升，这是我自己可以做到的；但是我这样的才能，能不能够得到发挥，那要看机遇。这个机遇也很复杂。有可能你的才能这个时代根本不需要，你不适应；或者是你的才能这个时代很需要，但是缺少一个能够识别千里马的伯乐，这也是完全可能的。所以荀子就讲："夫遇不遇者，时也；贤不肖者，材也。"（《荀子·宥坐》）这两个东西一定要碰在一起，你的才能才可以得到发挥，个人的价值也就得到体现了；如果你有这个才能，但是遇不到这个时机，那这个才能就埋没了。"君子博学深谋，不遇时者多矣。"（《荀子·宥坐》）历史上被埋没的人才，多了去了，不计其数。所以有才能的人如果遇不到时机的话，被埋没，可以说是一个正常的事情。但是在今天，很多人可能就会认为，自己被埋没都是时代造成的、是别人造成的，所以就怨天怨地、怨人怨事，满肚子的委屈、满肚子的怨恨；那反过来，这个时机很好，但是我没有努力，没有去积累我的才能，那即使有了时机，你也实现不了你的价值。所以一个人价值的实现，必须有这两个方面。我们很多人处在怨天怨地、怨人怨事的怨恨中，反而失去了努力地来提升自己才能的时间，时机到了你还是用不上。所以中国古代，首先是"蓄才以待"，积蓄我的才能来等待时机。"故君子博学深谋，修身端行，以俟其时。"（《荀子·宥坐》）一旦有时机了，我的才能就可以得到充分的发挥。说我没有遇到时机，可能从某个角度来讲，往往是我们没有抓住更好地积累我们才能的机会。如果我们这么去想，那么我们就不会浪费时间，不会把我们的精神浪费到憎恨、怨恨中去了。其实我们很多的烦恼就与我们老是怨这个怨那个有关。

一个人一生中最大的问题，可能就是遗憾和怨恨。我们老讲，这个人如果一生活得无怨无悔，那其人生是完美的人生。怎么才能做到无怨无悔？就是要认清楚我们的命和我们的主观努力之间辩证的关系。苏轼说，"知命者必尽人事"，相信命运的人，一定要尽人事，我要尽我自己最大的能力去做。他说这样做了以后，"理足而无憾"，从道理上讲，我已经充足了，因为我已经尽了我的努力，我虽然信命，但是我已经尽了我的努力，追求没有实现，我也没有遗憾了。这是因为大的环境、大的命运我无法去改变，所以我也不必遗憾，我心安理得了，我已经做到我该做的了。东坡先生这句话很值得我们深思。

但是反过来，我们也不要因为我尽了人事了，就可以不信命了，就觉得我既然尽了人事，我就应该实现自己的愿望，实现自己的理想，是那么简单的吗？不是的。就在苏东坡的这句话下面，我从另一个角度做个补充。我说，"尽人事者必信命，然后心安而无怨"，所以这两句话合起来是："知命者必尽人事，然后理足而无憾；尽人事者必信命，然后心安而无怨。"无怨无悔，这是人生最快乐的事。我们现在很多问题都出在有怨、有遗憾,所以我们内心非常纠结。信了命不尽人事,觉得好遗憾,我错过了好多机会。即使在各种各样的环境下,我还可以有很多作为,我的这些作为是可以改变我命运的,可是我没有去做,所以最后会觉得遗憾,错过了机会。可是我们又有很多人觉得,我尽了努力,就应该达到我的愿望,怎么没有达到呢?就怨天怨地、怨人怨事了。所以我们如果能够把"尽人事"和"听天命"这两个东西很辩证地看,从我主观角度来讲,我只问耕耘不问收获,我尽了我应该尽的责任了,我做了我可以做的努力了,至于最终能不能够实现,很多情况下不是我自己可以决定的。

现在有很多人,特别是年轻人,没有这个意识,觉得只要我努力了,我就一定可以成功。不是那么简单的。努力是你蓄才的过程,积蓄你的才能,能不能成功,得看各种各样的条件——天时、地利、人和,这些条件不具备,那就不可能成功。很多情况下我们不必遗憾,也不需要怨恨,怨恨谁去?所以我说对于"命"的认识是很重要的。什么叫作立命?其实中国文化很重视"命"这个概念,不管是儒,还是道,还是佛,都是辩证地看待。既不是把命看成通过我的努力就可以改变的,也不把命看作我无所作为的,无能为力的,只能听命的,不是这样的。

很多人认为,佛教是让我们安命、听命的,佛教不是讲因果嘛,所以命早就被决定好了,佛教是让我们安于命,在某种程度上讲就是宿命,命运是早就决定了不能改变的。佛教究竟是不是这样的?不是的。我们去看一本书——《了凡四训》,这本书的作者是明代的一个文人,叫袁了凡,他写了四篇文章教训他的子女,所以叫作《了凡四训》。第一篇讲的就是命运不是不可改变的,命运是由你自己来立的,命由己立。他讲了他自己的故事,他说他刚生下时,家人请了一个算命先生给他算命,这个算命先生一推算他的八字,说这个孩子命相比较薄，身体也不太健康，所以大概活到50岁就死了，生命也就那么长，而且没有子嗣，说他能够平平淡淡地过一生就很好了，安分守己，平平淡淡地过一生。他的母亲听了，后来告诉他你一辈子就是这样的命运，你自己好好地接受这样的命运。所以他一直很安分守己，接受这个道理。后来他遇到了一个禅师，禅师看到他人非常本分，做事非常认真，做人非常善良，同时感觉到他精神状态不是那么振奋，就问他怎么回事。他就告诉了禅师算命的结果。这个禅师就说，不对啊，按照佛教的理论，你种什么因就会结什么果，所以改变你种的因，就可以改变你得到的果。这个道理一说，袁了凡就明白了：命运是由自己来决定的。于是他就觉得自己应该来改变自己的命运，要多多做善事。他用一个办法来督促自己：他钉了一个小本子，每一页上都画了很多小方格，然后今天做了一件事情，觉得自己良心上过不去，不应该这样做，就画一个黑点；今天做了这件事觉得很快乐，对别人也有帮助，就点一个红点。这就是我们讲的"功过格"。开始的时候，黑点多，慢慢地，红点越来越多，他的心情也越来越开朗，身体也就好多了，健康了，命运改变了。所以命运并不是那么死的，通过我们自己的努力，是可以改变的。当然这也是从一个角度来讲的，因为因果的关系，有很多是必然的，也有很多是偶然的。那么像袁了凡生活的年代，相对来讲，社会比较稳定，所以几十年里面，他通过这种努力可以改变命运；如果他生活在一个兵荒马乱的时代，他即使这样做，他的命也很难改变。但是这个故事告诉我们，命运不是自己不可掌握的。

道家讲养生更是这样来强调了。养生靠别人吗？我们现在很多观念，都认为养生靠营养。不是的，要靠自己。道家讲，"我命在我不在天"（《抱朴子内篇·黄白》），所以中国文化非常强调由自己来掌握自己的命运。但是自己来掌握自己的命运，也离不开大的局势、大的局面、大的命运的制约。所以也不能因为我尽了努力，但没有实现理想，就怨天怨地、怨人怨事，那也不行的。我们现在很多人，接触的都是非常简单的教育，也就是只要我努力了，就可以改变我的命运。我们现在流行的很多成功学的教育就是如此。举一个例子，一个成功的企业家，一定会讲他自己怎么奋斗努力，最后成功了。于是我们很多人学了这样的成功学，就认为只要凭我的努力，将来一定会实现我的理想，改变我的命运。其实没有那么简单。一百人学成功学，将来可能只有一个人成功，九十九个人没有成功。可是九十九个人还是被吊着胃口。结果可能还用另外的眼光看那个成功的人；而自己没有成功，就去怨天尤人，或者自责，过不去。有很多人开始反省了，就觉得我们今天这种成功学的宣传和引导，其实是在毒害大家。可能成就了一个人，可是伤害了九十九个人。因为成功学没有告诉他，我成功了，你不一定就能成功。其实可以坦率地说，我成功了不见得你就可以成功，因为我们的条件不完全一样。如果不是这样来讲，而光讲努力就一定可以成功，会产生很多问题。

2. 理想与现实

现在还有很多单纯的理想主义教育，也让我们对现实产生了许许多多的怨恨和不满。理想和现实永远存在着差异，存在着矛盾。在现实中，很多事往往是不理想的；很多理想的东西，由于各种各样的条件，在现实中也无法实现，条件成熟以后可能还能够实现，但是当下不一定能实现。我们也不能够把社会想成永远是好的。社会现象中善恶是离不开的，有善就有恶。这个社会中一点污点都没有是不可能的。我们近代受到进化论思想的影响，常常会觉得事物永远是在不断地进步，发展得越来越美好，而不太会想，这个社会发展的过程中，好的进步了，坏的也在进步；善在进步，恶也在进步。或者甚至于更严重的，恶的东西比善的进步得还快。这就是中国人的老话："道高一尺，魔高一丈。"所以我们不能简单地来看问题。当然我这样说不是鼓励一些人去做坏事，我们每个人都应该努力上进，让自己越来越完美。但是我们个人的完美，并不能改变整个社会发展的双向性。章太炎先生说，进化不是单向的，进化是"俱分进化"的，这个社会是善也进步恶也进步，善也进化恶也进化，而不是单向的。我们要看清楚我们的社会，不能够只从一个角度来看。事实上，正是因为社会永远有不完善的地方，所以才需要我们不断地去改进。但是我们又要有这样的认识：再努力再完善，也永远达不到我们理想中的十全十美。如果没有这样的认识，那你会生活在痛苦中。这并不是说要我们主动地跳到大染缸里去，作为一个上进的人，就应该是出淤泥而不染的。

三、真正的安身立命——蓄德以安身，修身以立命

怎样才能安身，怎样才能立命？怎样才算真正的安身？怎样才叫真正的立命？是不是我们有饭吃有房子住，就安身了？这是安身了，但是这个安身能长久吗？是根本吗？不是。我们安身的根基在什么地方？如果要从根本上来解决的话，我想我们安身的根基，就是蓄德。只有蓄了德，才能达到真正的安身。其实对个人来讲是如此，对家庭来讲也如此，对国家来讲也是如此。过去很多人家的门上都贴了一副对联，有一联是：忠厚传家久。忠厚就是一种德行，我们要想这个家庭能够代代传承下去，就一定要以忠厚来做人，来待人。只有把这样的德行发挥起来，我们的身才会得到真正的安，否则的话都只是暂时的。《大学》的第一句话是："大学之道，在明明德。"《大学》里面也处处告诉我们，德是根本。它告诉我们，"德润身""富润屋"。德

可以润泽我们的身体，而富能够润我们居住的房屋。所以德是根本，德行的积累、德行的实践是我们安身的根本。有了德，天时、地利、人和都会朝这边来聚集，我们的事业才能够成功。《大学》里还有一段话："有德此有人"，有了这个德行，那么百姓都往你这边靠拢；"有人此有土"，有了人民就有了土地；"有土此有财"，有了土地就可以生产各种各样的东西；"有财此有用"，有了财我们才可以去使用它。最后一句话是："德者，本也；财者，末也。"有吃有穿有住就是安身了，但这个安身是不牢固的，不是根本，根本的安身是要让我们安身于德，有了德，我们这个安身才是稳固的。

总结一下怎么样才算真正的安身：我们有了一个做人的基本德行，又不断地来提升我们的德行，不断地完善自身，这才能够得到一个真正的安身之地。所以我们要安身，就要使自己的德行完美，这就是我们要讲的"安身之道"。蓄德，积累我们的德行。这个德既是对自己的要求，也是对他人的一种付出。在这些德行里面，在中国的文化中，非常强调两个字，一个叫作"诚"，一个叫作"敬"。我们为人处世离不开这两个字。"诚"就是让我们做人诚实、诚信、诚意，不自欺，不妄为。"敬"就是敬畏、尊敬，不放逸，不怠慢，做人守规矩，做事守规矩，有敬畏心。我们不仅要敬畏自己，也要敬畏他人，更要敬畏我们所从事的事业，不能马马虎虎。一个人如果具备了这两个基本的品德，那他会活得心安理得，他才真正得到了安身之地。所以安身不是仅仅吃饱穿暖、有房子住，德行更是安身的重要方面。

怎么样立命呢？孟子讲要修身。修身就是不断地完善自己。所以从根本上来讲，立命跟安身是一致的，也是从德行上着手。《大学》提到"八条目"：格物、致知、诚意、正心、修身、齐家、治国、平天下。其中"修身"这个概念，无论作为个人还是作为群体，都是最基本的。"自天子以至于庶人，壹是皆以修身为本。"从天子一直到普通的老百姓，都要把修身放在最根本的地位来思考。立命当然要从修身这个角度来考虑，只有通过修身才能够立命。所以它又跟安身结合起来了。立命不仅要为自己立命，还要为他人来立命。宋代哲学家张横渠有四句教，第一句是"为天地立心"；第二句，"为生民立命"，已经提出"立命"这个理念了。这个立命不是为个人立命，是为生民立命，也就是为老百姓立命。也就是不仅要改变自己的命运，更要帮助老百姓，改变他们的命运，让大家生活在一个更好的环境中，有一个更好的幸福家园。在中国的传统文化中，对立命问题的思考不是仅仅为了个人的生存，而是为了天地众生。只有拥有这样广大的心胸，才能够让我们活得坦然，活得安详。

四、如何安身立命

1. 治心病——师天地、心广大

北大的一位心理咨询师在一次演讲时，讲到了北大的很多新生得了"空心病"。我也不知道空心病是什么，我想是不是就是"心"没了，或者是"心"没有着落了，越想越不明白人活着有什么意思，或者是对很多问题困惑了，得不到解答，便抑郁了，自闭了。这样一些病的产生，我想其中一个重要的原因，就是我们现在的人太自我了，想什么问题就只想到自己，没有"先天下之忧而忧，后天下之乐而乐"。

佛教讲慈悲。慈悲是一种什么样的精神呢？慈悲的精神就是"不为自己求安乐，但愿众生得离苦"。我们如果有这样的心胸，那么个人的一些不幸又算得了什么？中国文化就是让我们要学习天地万物的德行、品德，尤其要学天地那种广大的心胸。我们常常讲"天覆地载"，天在上面盖着，地在下面托着，万物就在天地之间生生不息。天绝对没有因为我不喜欢，看不顺眼，就不覆着你了；地也没有因为我看不上，就不载着你了。所以我们常常用广大、无私来描述天地的德行。"天无私覆，地无私载，日月无私照"（《礼记·孔子闲居》），用这样的心胸去看待一切事物。有这样广大心胸的一个人，他还能因为一点点事情而不释怀？

曾国藩的儿子身体不太好，身心都有病。曾国藩给他儿子写信，他说你要"治心病"，"以广大二字为药"，你不要吃什么药，你打开心胸，要像天地一样有广阔的心胸，包容一切，很多的忧郁、纠结就没有了；紧接着一句话，"治身病，以不药二字为药"，我们现在人已经习惯了有病就吃药，但是曾国藩说"以不药为药"，为什么？这就是中国文化非常重要的一个特点：我们要尊重每个生命自我修复的能力，不要处处都去靠外力。外力有没有用处？有，但是外力在治好这个病的同时，可能也会给你带来另外一方面的弊端，是药三分毒嘛。

中国传统文化中，一个人培育德行的第一位榜样就是天地万物。人的德行都是从天地万物学来的，我们要学习天地万物的品德来完善我们的人格。刚才讲了我们向天地学它的无私，学它的广大；我们也学万物，万物中最值得我们学习的是水。老子讲"上善若水"。上善就是最好的善、最高的善，它就应该像水一样。为什么我们说水有那么好的品格值得我们学习？你看水多谦虚，它总是往下流的，不是往上走的；水灌溉了大地，浇灌了万物，它从来不求回报，这个品德值得学习。水从来都是跟大家打成一片，跟万物打成一片，它不把自己固定成一个什么样的形状，然后要求大家都这样，它是随器而赋形的，流到一个方形的容器里就变成方形的，流到圆形的东西里就变成圆形的，是随顺万物，不要求大家都跟我一样，而是我要跟大家一样。在过去，水的这种"不器"的品德，被看成一种君子的品德。所以《论语》里有一句话叫作"君子不器"。因为器就是有形状的一种东西，是固定的，方的就是方的，长的就是长的，圆的就是圆的。如果有包容性的话，就不会用自己这样的特征去排斥其他了。所以水的包容性很强。水又是最柔弱的，可又"滴水穿石"，就因为水有一种坚韧不拔的精神、专心一志的精神，所以最柔弱的水能够滴穿最坚硬的石头。水的品质很多，孔子遇水必观，思考学习水的哪些品格。中国人的眼光应该远大、广博，要从天地万物中间去观察、提炼出那些做人的根本道德。对于那些具有高尚道德的人、值得我们学习的圣贤，我们中国用什么话来称颂他们呢？大家如果到孔庙里去看看，必然会看到两个匾额，一块是"万世师表"，另一块是"德配天地"。我们如果有像天地一样广阔的胸怀，还有什么不能够包容？所谓的修身就是要把我们的身心修得像天地那么广阔、广大。只有这样，我想我们的安身立命才能够有它深刻的内涵，才有它长久的生命力，才能够真正达到身心健康、生活快乐和幸福的状态。

2. 明分、知止

中国的文化是反求诸己的。安身立命不是去靠别人的，不是靠一些外在的东西，而是靠我们自己，是我们自己内在的生命意义的体现。我想，对于"安身立命"这个问题，我们可以从许许多多的方面去认识它、诠释它、理解它，也可以通过各种方法去实现它。但是从中国文化的根本精神来讲，那就是要我们向自己求，向内求，来完善自己。只有把自己完善了，我们才能够安身立命。这也是中国文化的人文精神的一种体现。《周易·贲卦·象传》里讲："文明以止，人文也。"人文的特点是什么？人呈现的是一种什么样的状态？"文明以止"，这个"止"就是止在此处。也就是说，在宇宙万物中，每一个东西都有它自己应该停止的一个位置。也就是《大学》里引

《诗经》的一段话:"缗蛮黄鸟,止于丘隅。"一只小鸟飞飞飞,飞到最后它就停到了一个土丘的一个角上去。然后就假借孔子的口来说了,孔子说你看连一只小鸟都知道自己应该停在什么地方,那么做人难道就不应当知道自己该停在什么地方吗?那对于我们做人而言,就是我们每个人在这个社会中都有一个身份,以你这个身份该做的事,就是你的止处。所以下文就讲:"为人子止于孝,为人父止于慈。"你有这样的身份,就有这样的责任,你应该站到你这个身份地位上去,然后做你这个身份该做的事情,这就是"止"的含义。

那么,怎么做才能达到这个"止"呢?让每个人认同自己的身份,让每个人按照自己的身份做自己应该做的事情,尽应该尽的职责,遵守应该遵守的规范,"文明以止"。什么叫文明?文明是跟野蛮对着的,野蛮是赤裸裸的,文明是经过修饰了的。一个野蛮人光着身子就出来了,一点也不稀奇。可是我们人不能像动物一样,光着身子就出来了,我们需要修饰一下,穿上一件衣服。远古时期没有衣服,就裹上树叶,也是同样的道理。人就是这样一步步地进入了文明时代。"文"就是文饰,就是修饰;文饰到了一定程度,我们就开始做一个理论上的归纳总结了,这就是中国传统文化中的礼乐教化。因此,怎样让一个人懂得止于何处?那就是通过文明的教育,通过礼乐的教育、礼仪的教育。因为礼仪的一个重要内容就是让我们认识到自己的身份:我是父母,那就应该生而有养,养而有教,这是你的天职;那我是一个子女的身份,就应该敬重父母、孝顺父母、养育父母。通过这样的"礼"的教育,让我们每个人都懂得自己的身份,明白自己应该尽的职责和应该遵守的言行举止规范,这就是人文——"文明以止,人文也"。后面还有一句话:"观乎天文,以察时变;观乎人文,以化成天下。""观乎天文,以察时变",意即我们观察刚柔交错的天文,就可以看清楚一年四季的变化;时就是四时,四时的变

第十一讲 中国文化中的安身立命之道

化——春夏秋冬。"观乎人文，以化成天下"，意即明白了"文明以止"的道理，让天下人都懂得这个道理，都能够遵守这样一种责任和义务，如此必然能形成一个有序的、和谐的社会。中国文化中的人文精神，是我们中国人安身立命的根本理论基础。它告诉我们，安身立命是离不开我们现实生活状态、生命状态的，同时我们要更进一步地去深入和超越现实的生活，将生命提升到安身立命的程度。我们也可以看到，很多人似乎身也安得很好，命也立得很好，但是就因为缺德，最后落得一个凄凉的下场？这类活生生的例子太多了。你能说他没有安身，没有立命吗？他的安身、他的立命可能让我们很多人羡慕，但是就因为他缺德，不知道修身，落得一个家破人亡、没有脸见人的下场。所以我们不能够仅仅从很表面去理解，认为吃饱穿暖就够了，我们必须将个人的安身立命提升到整个家庭的安身立命，提升到一个国的安身立命。国家都不能安身立命，还会有你个人的安身立命之处吗？所以安身必先安家，安家必先安国。反过来说，国安了才有家安，家安了才有身安，这是双向的关系。正因为如此，才有范仲淹的"先天下之忧而忧"这样一种中国传统士大夫的社会责任感。"国家兴亡，匹夫有责"，为了国家可以抛弃小家。不要以为中国文化中讲孝，仅仅停留在家里面，为了国、为了天下可以舍小家。中国文化是由近及远、由己及人这样去推衍的，绝对不是狭隘的、只讲私情的。反而正是在这种"私情"中体现了一种无私的精神，要让这种精神得到最充分的体现、最充分的发扬。我们很多地方常常会用父子的关系去诠释官民关系、君臣关系。这样诠释的原因就在于，在父子这样一种似乎是最私的关系里面，却包含着一种最无私的精神，因为父母对子女永远是无偿地付出，永远是不求回报地付出。同样，子女对于父母，也应该是无偿的、无私的。所以说，我们要发扬这样一种精神。我们之所以把官民的关系诠释成父子的关系，就是希望这样一种无私的精神得到发挥。可是很多人将其误解为做了"父母官"就可以作威作福、欺负"子民",在实践中也产生了许多极端的、偏离了正确方向的理念和做法。这不是我们所要诠释的精神。中国的文化绝对不是只停留在私人上、个人上的,是要由己及人的,正所谓"己欲立而立人""己所不欲,勿施于人"。我们要"亲亲而仁民,仁民而爱物",要"老吾老以及人之老,幼吾幼以及人之幼",要做这样一种诠释和推广,把对子孙的爱扩展到整个的群体中间。因为在中国人的理念中,"民吾同胞,物吾与也",所有的人民跟我都是一母所生的同胞,是兄弟姐妹,所有的万物都跟我是同类,我们都是天地所生。所以我们不仅要爱自己的父母,还要爱他人的父母,还要爱万物,不能够仅仅为自己考虑。这种精神,我想也可以用来帮助解决我们今天很多思想中的纠结。

3. "正其义不谋其利,明其道不计其功"

我们今天社会的一个最大的问题,就是把一切都商业化。商业社会讲究资源的流通,讲究市场的交易,但是我们不能够把一切都商品化,都视为商品进行交易。你给我多少钱,我给你多少责任义务。商品交易可以这样,等价交换,但是在道德上面不行。道德就是要求无偿付出。所以这个德,不是一个交换的东西,德就是一种付出。这就是董仲舒所说的"正其义不谋其利,明其道不计其功"。我想这是道德文化、道德理念的一个根本精神。做该做的事情,是不应该讲功利的,道德就是不计功利的。担当责任、履行义务,有没有回报呢?应当有,但是这个不是我去尽这个责任义务的前提,我不是为了得到这些回报才去尽这个责任和义务。这个回报应该是社会来回报的,社会如果对这样一些尽了责任义务的人有一个公正的回报,这就是一个公正的社会。事实也是如此,因为你真正这样做了,人们看在眼里,记在心里,就会崇敬你、敬仰你,这就是最大的回报。可是如果我们在道德这个层面上来功利地讲权利义务，那就不是道德了。所以我觉得董仲舒的话作为道德原则来讲，是不可动摇的，道德就应该坚守这样的原则。我们只有打开胸怀，才能够解决我们在现实生活中碰到的各种各样的问题，不如意的、看不顺眼的、令我烦恼痛苦的事情，才能够消除。你觉得自己付出了，一定要有所回报，一定要有等价交换，那么当你得不到这个回报的时候，就有可能会怨天尤人。我们的文化告诉我们，要自己认识自己，自己管住自己。我们对人的认识，是一种自觉的认识，自己来管好自己。不仅人与人之间的关系如此，在人与天地万物的关系中也应该是如此。我们今天既缺少在人与人之间的关系中的自我认识、自我约束，更缺乏在跟生存环境、天地万物之间的关系中的自我认识、自我约束。我们现在对于这样的问题的认识，还很肤浅。为什么？因为我们觉得征服了大自然，发挥出我们人类理性最大的威力，可是我们没有想过，你是征服了自然，可是结果呢？你的不自律，不约束自己，使得你丢失了自我，丢失了对自我的信心。我们现在有多少人能够自信自己的身体很好？大概很少。我们都要去靠检查，看看我血压多高、血糖多高，我们才放心，才知道我身体很好或者我身体不好。我们已经成了我们自己发明的那些所谓最先进的科技的奴隶了。所以人类一定要认识自己，一定要管住自己。这样我们才能够真正地安身立命。

五、中国人的生命观

不同的文化对生命的认识是不一样的。所谓对生命的认识，就是要知道生命是从何而来的、生命是如何延续的、生命的意义又在何处。在中国文化中，万物皆自然而然生成，所以生命也是自然而然形成的。天地和气，万物自生，每个生命也都是一样的。人类也是一样,夫妇和气子自生。所以,生命和生命之间都不是孤立的,它们之间都是有关系的。有天地然后有男女,有男女然后有父母,有了父母才有子女,才会有父子、君臣等五伦关系。它们都处在自然而然的生命过程中。生命应当是自然而然的、自我圆满的、自我调节及自我适应的。所以,中国文化非常重视群体性的生命、连续性的生命以及生命与生命之间的内在联系。这一点就和西方文化存在一些差异。

西方文化认为,我们生活的世界有一股另外的力量来操纵,万物的生命都是由神创造的,只有一个造物主。神创造的万物,每一个都是独立的个体。个体跟其他的生命没有任何内在的联系,只有一个外在的关系。这也是西方文化强调个体独立性的原因。在父母和子女的关系方面,西方和中国的差异背后蕴含的就是这个道理。

中国人的生命观是一种自然的生命观、一种群体的生命观、一种相亲的生命观,个体自始至终都不是孤立的。

在中国,父母跟子女血肉相连。而在西方,父母和子女都只是上帝创造的独立的个体。这就是两种完全不同的生命观。中国的父母与子女之间的血肉联系就是由二者共同构成的家的意义单元。从这样一种生命观出发,中国文化非常重视家,重视人与人之间内在的这种血肉联系,用儒家的话来讲,就是血缘关系。

在新文化运动的时候,儒家的血缘观念遭到了猛烈的批判。因为在一些人的观念之中,中国的血缘观念,就是以家为天下,家国不分,所有人必须服从于家庭、血脉关系而忽视了人的主体性和独立性。这样的一种观点显然是不符合中国的生命观的。

在中国的生命观中,人与人之间是有内在的联系的,主要是责任和义务的关系,强调个人如何尽自己的责任和义务的问题。中国的家文化就是从这样的生命观出发形成的一个基础性的文化。而在西方的文化中,主要是人与人之间外在的信念的关系,我跟你是什么关系,你跟他是什么关系,每个人注重的都是外在自我权利的维护。

在中国的家文化中,最直接的就是亲人之间的血缘关系。《论语》中众多理念的构建也基于这个基础。魏晋时期的哲学家王弼,生命十分短暂,但学术成就却非常卓著。他对《论语》做了释疑,可惜散失了,只有为数不多的几条得以保存。其中有一条最能够体现中国文化的特色,那就是对孝的定义:自然亲爱为孝。《论语》中的"父慈子孝"是一种人与人之间的自然关系,是自然亲爱的表现,属于人的天性,并非我们强行制定的一种外在关系。家的结构就建立在这个基础上面。在中国,人们非常重视家文化中的家教、家训、家礼、家规等,由此形成了中国代代相传的家风。

如果我们始终不认为"我"是一个被制造出来的独立个体,而是认为"我"是由父母生养出来的生命的话,就永远忽视不了人与人之间内在的血缘关系。如果将这种理念扩大开来,就能扩展到天地万物上去,所以在中国文化中存在着万物一体的观念。

对于人类来讲,我们都是由人类祖先血肉相连一代一代传续下来的。我们和其他的生命都是天地所生的、彼此相关联的生命体。张载《西铭》中有一句名言"民吾同胞,物吾与也",就是说万物都是同类,都是天地所生的生命体。

这样的理念在西方的文化中是不太有的,他们更认同独立的个体,所以西方并不是特别重视家文化。但是事实上,西方也不能够完全回避家的问题,只不过从文化的基础性上来说,他们不太重视家庭文化和家风建设。

第十二讲
中国文化中的生生之学

对于医学，我是个外行，或许根本就没有资格来谈。如何认识现在的学科分类，是一个值得探讨的问题。近代以来我们的文化研究，学科越分越细。分科越专业化，似乎越能使研究精确深入，但从另一个角度看，其弊病已经显露出来了。它使我们的眼界变得越来越窄，思路越来越窄，思路受到很大的局限，导致隔行如隔山。后来很多理工科院校又设立了文科，一些医科大学又重新回到综合性大学中。所以我们对传统的文化跟现代的分科要有一种全面的认识。

我提出了"生生之学"这个概念，其实最初的目的就是要冲破我们对"医"这个概念的认识，现在我们对医的认识，主要停留在找病、看病、医病及预防上。其实中国传统文化中间的"医"它是包含在整个的文化之中的，它不是专门指治疗，而是一种整体的文化。

一、何谓"生生"

"生生"这个概念来自《周易》的"生生之谓易"。我原来主要研究中国哲学，所以仅仅把"生生之谓易"这个概念用在认识天道、地道、人道上，主要从哲学角度去思考，并没有联系到其他方面。

《汉书·艺文志》中有一篇将有关于医学方面的著作总结为"方技略",包括医经、经方、房中、神仙四个方面,指出"方技者,皆生生之具",我受到这个启示,和"生生之谓易"的"生生"联系起来了。《周易》说的"生生之谓易"就是生生之道、生生之理。一个是肌体机能的层面"生生之具",一个是讲天道、地道、人道的学问。既然有生生之道,又有生生之具,那么这两个合在一起就是生生之学。"医"不能仅仅停留在"具"的层面。从《汉书·艺文志·方技略》对于各个部分的叙述可以看出来,它不是停留在"具"这个层面,而是把它上升到"道"这个层面,这恰恰是中国文化共同的特征。

我在北大创立了京昆古琴研究所,作为所长,努力把被列入世界非物质文化遗产名录的两样艺术做起来。在这个过程中,我提到了一个理念,可以说是中国文化的一个根本性的理念,即"以道统艺,由艺臻道"。这个"艺"不仅是文艺——琴棋书画、歌舞等,而且包括中国古代文化传统之六艺,包括武和技。所以我们从事任何具体的艺都要跟道结合,没有生生之道的指导,就不可能做好生生之具的工作。而我们所从事的生生之具,又必须把它不断地提升至生生之道的层面。医学界经常讲"医易同源",医易同源强调的医是从《易》来的,这两个都是探讨天、地、人的道理的。既然可以说"生生之为易",是不是也可以说"生生之为医"?医易同源嘛,都是在探讨"生生"的问题。那么,什么叫"生生"呢?第一个"生"是指对生命的认识和对生命的保护,第二个"生"是生命的生。所以"生生"两个字连在一起就是尊重生命、认识生命、保护生命。这个生命也不仅仅是人的生命,也包括了万物的生命,包含了天、地、人。

二、从整个中国文化体系认知中医学的"生生"内涵

生命是活的,地球上还有许多非生命,即为死的。其实从另一个意义上来讲,非生命也是一种生命,就像我们物理学探讨物质,还有暗物质,暗物质也是一种物质。那么,那些看起来似乎是没有生命的东西是不是在变化?石头是没有生命的,但是石头是不是也在变化?沧海桑田,高岸为谷,深谷为陵,整个宇宙都在变化,它是另一种形式的变化,而且另一种形式的变化跟这种活体的生命变化也有相通之处。所以我觉得在理解中医这个"医"的概念时,要把它放到整个中国文化体系中去,从生生之学的角度去理解它。

我是学哲学的,后来从事中国哲学的研究,对于中医的关心是从40年前开始的,但我没有任何实践经验,只能从理论上学习它、了解它。40年前,一个在北京中医药大学留学的瑞士留学生来找我,我当时是北京大学哲学系中国哲学史教研室的主任,他在中医药大学读了两年。他说他听到的对于中医的解释都是用西医的逻辑来讲的,他觉得很困惑:如果我到中国来也还是用西医的理论来解释中医的话,我就不用来了。他认为,中医理论跟中国哲学的理论是一脉相承的,它是中国哲学理论的一种实践的体现,因此想到北京大学来听一听中国哲学史课。但是,我告诉他不要抱太大的希望。为什么?因为我们现在讲的中国哲学也是拿西方哲学的理论来解释的。但他的这次来访,引发了我的反思。

我们这些年来确实是用西方的哲学理论来解释我们中国哲学的道理。比如老子的"道",道生万物,"道"是生万物的根源。这个"道"是什么?这个道就是精神,就是黑格尔所说的绝对精神,就是

柏拉图所说的理念，若用这样的方法来解释老子，那阐释出来的完全不是老子的思想。因为老子说的道是无形无象的，不可言说的，它不是在万物之外，更不是在万物之上的，它是存在于万物之中的。万物是从道那儿得到了它自己的本性，这就是它的"德"。所以我们古人同时说老子的"道""德"这两个概念。"道者路也，天地万物所共由也。"天地万物都要从这条路里面走出来，这就是道。"德者得也，天地万物所各具也。"天地万物所各自具有的特性。离开了所有万物的德就没有这个道，所以道不是在万物之上。医里面就包含了这个最高的道。医是具体的技艺，如果我们只停留在具体的技艺，我们的医一定会离开这个道而走向片面。中医如何来体现我们中国的"道"，我看了一些中医的书，发现中医的很多道理跟我读的哲学著作里面讲的一样。中医说养生要分四时，要调情绪，哲学里面也有"循天之道，以养其生"的观念。再看看阴阳、五行，董仲舒首次详细地把阴阳五行构建成一个比较完整的体系，包括阴阳的消长、五行的生克等。用阴阳来解释天道的变化，阴阳消长就构成了一年四季的变化，阴长到了极点，阳消到了极点，就是冬至。冬至以后，物极必反，阳开始一点点往上长，阴开始一点一点往下消，达到平衡的时候，就是春分。春分过后阳继续上长，阴继续下降，阴降到最低，阳长到最高时，就是夏至。再次达到阴阳平衡的时候，就是秋分，秋分以后阴还是往上长，阳还是往下消，就又回到冬至。人也要循天之道，也要遵循四季的变化，身体内部也在阴长阳消……这讲的不就是养生的道理吗？

  再去看看别的哲学著作。《吕氏春秋》中有大量讲保护生命的内容，如"贵生"；认为养生的要点就是"去害"，就是把多余的消除掉。书中还讲到什么叫"全生"，什么叫"亏生"，什么叫"害生"。里面特别讲到了生生的道理，强调过分注重自己的生，就变成了厚生，厚生的结果反而变成了害生。所以我们要警惕，"不以厚生而害生"。中国人讲到"生"，有很多的概念，如摄生、养生、卫生、厚生等。中国有维护人的健康的部门卫生部，来自《庄子》里面借老子之口讲的"卫生之经"。日本人把维护人生命的部门叫作厚生省。

再看《淮南子》，里面有很多内容跟道家著作《文子》有关。过去很多学者在讨论究竟是《文子》抄了《淮南子》，还是《淮南子》抄自《文子》，因为里面有很多相同的东西。现在这个问题已经解决了，20世纪70年代发现的《文子》原文，证实它的存在早于《淮南子》。我们把《淮南子》当作一部哲学著作来读，通过研究《淮南子》，我从里面找出了50多条跟医学有关的资料。然后再看《老子》，甚至《孟子》《论语》，其中很多内容都跟生生的问题——怎么样保护生命、尊重生命的道理——有关。孟子讲："吾善养吾浩然之气。"浩然之气就是一股正气。不难看出我们中国的哲学，乃至于整个中国文化，从某个意义上来讲，都直接跟我们尊重生命、爱护生命、保护生命的理念密切相关。

三、理清"中医"之概念

如果我们超越了现代人对医这个概念的框定，那么我们对中医的认识就会发生一个根本性的变化。我们可以从传统文化提到的几个中医的概念来思考一下。中医的概念现在也仅仅把它局限在跟西医相对的中国的"医"，或者在中国地区的"医"，这是很有问题的概念。相对来说，我比较赞同以前称"中医"为"国医"的称呼。民国时用"国"这个概念来区别跟西方不同的事务，我们的话被称为"国语"，我们的武术被称为"国术"，我们的历史教材被称为"国史"。这个其实在日本也是通用的，日本也把他们本国的历史称为国史，来

第十二讲　中国文化中的生生之学

跟其他国家相区别。

用"中医"这个名称的话，就跟我们历史上的中医概念混淆了，很多人现在不清楚，其实中国传统文化中，中医这个概念是特定的。扁鹊讲中医是治人的，上医治国，中医治人，下医治病——这个是中医的概念。

我特别提到两个概念，也是现在很多人无法理解的，《汉书·艺文志·方技略》经方类载"有病不治，常得中医"，就明确了中医这个概念。清代学者钱大昭注《汉书》时讲，"今吴人犹云：不服药为中医"。再加上我们历史上很多的名家都说中医就是要致中和，所以中医是中和之医。

致中和之医是中国文化最根本的立足点。这就涉及中国人根本的世界观。所谓世界观就是我们的天地、万物和人是怎么来的。西方的宗教讲天地、万物、人都是神创造的。而中国文化不是这样看的，中国文化认为天地万物是气化的结果，不是神创造的，它是自然的产物，这个是非常重要的，与其他文化有根本的不同。

东汉哲学家王充总结道："天地合气，万物自生。"再形象一点就是"天地合气，物偶自生"，就好像"夫妇合气，子则自生"。这是一个自然生长的过程，没有任何一个主宰。

生命是合气而成的，万物也是这样，所以称之为"天和"。中和的状态就是生命的生存，也是生命的延续。《中庸》讲"致中和，天地位焉，万物育焉"，天在上，地在下，天覆地载，万物生生不已。生命是因气的变化达到一种和的状态而生的，生命的生存和延续都要达到和的状态。《老子》讲："道生一，一生二，二生三，三生万物。万物负阴而抱阳，冲气以为和。"说明生命是在阴阳之气达到和谐的状态后产生的，失去了"和"就要想办法把它调整到"和"，这可以说是中国人的一个根本观念。这个观念不仅仅适用于我们的人生，也适用于万物。

  《中庸》提到"诚者天之道,诚之者人之道"。天道是讲诚的,所以人道也讲诚,人跟天在此合一。《周易》的观卦有"观天之神道,而四时不忒"的记载。我们去观察天的神道,什么是神道?变化之道。"阴阳不测之谓神",中国文化的神这个概念跟西方文化中的神的概念也是不一样的。神最原始的概念就是变化不测,或者说阴阳不测。北宋的张载给鬼神定下这么一个定义:"鬼神者,二气之良能也。"《周易》说,观察天的阴阳之气变化的道,一年四季,年复一年,没有差错,这就是诚信。"圣人以神道设教,而天下服也",意思就是圣人要像天道一样讲诚信,来治理国家,来教化民众,大家都会信服他。所以人要向天道学习,天人是会有感应的。董仲舒着重讲了"天人感应",天人感应这个思想在中国医学里面体现得最充分。因为自然界的变化,对我们人体的影响实在是太大了,而且非常直接。

  天怎么影响人比较好理解,我们不太容易理解的是:人的行为怎么影响天。过去我们都把董仲舒的天人感应思想说成迷信,以此来批判他,其实自然界的变化对人的影响我们都能体会到,而人的行为怎样影响天道的变化,我们不太注意。自然界的变化对人的影响可以很直接让你感受到,而人们的活动对天道的影响可能要较长的时间才能够显现出来。其实我们现在已经感受到了,人的活动让我们的生存环境已经发生了巨大的变化,以至于现在很多地方已经不适合人类居住了,这就是感应的问题。所以中国哲学讲的这些理念,在我们的现实生活中间是有直接体现的。现在从某种角度来讲,确实偏重于治,而对于养,特别是对"以养来治"的关注还是不够的,或者说养也走偏了,走上了以厚生来害生的道路了。

  《史记·扁鹊仓公列传》里有一句话,非常值得我们今天的人来

第十二讲　中国文化中的生生之学

思考。扁鹊说："人之所病，病疾多，而医之所病，病道少。"人们忧虑的问题就在于疾病多，而医生忧患的问题则是病道少。这个道我觉得也不是单纯的医理，所以孙思邈在《备急千金要方》开头就提出了做医生不要只读点医书，而是要对整个文化有全面的把握和了解，这非常重要。孙思邈在《备急千金要方·大医习业》里说道："凡欲为大医，必须谙《素问》、《甲乙》、《黄帝针经》、明堂流注、十二经脉、三部九候、五脏六腑、表里孔穴、本草药对、张仲景、王叔和、阮河南、范东阳、张苗、靳邵等诸部经方。"这是专业课内容，但今天医学院的学生不见得都读过。孙思邈还提出来"又须妙解阴阳禄命，诸家相法及灼龟五兆，《周易》六壬"，这要求就更高了。不仅如此，还要涉猎群书，"若不读'五经'，不知有仁义之道；不读三史，不知有古今之事；不读诸子，睹事则不能默而识之；不读《内经》，则不知有慈悲喜舍之德；不读《庄》《老》，不能任真体运，则吉凶拘忌，触涂而生"。实际上，清朝姚止庵对《素问》的"素"进行解释时，就告诉我们经史子集都要读，要广泛地涉猎。孙思邈讲不读内经，不知慈悲喜舍之道，这个"内经"不是《黄帝内经》，而是指佛典，慈悲喜舍是佛教讲的四无量心，读佛经才能够知道做人要具有慈悲喜舍这样的德行。所以经史子集都要读，包括读佛典。这些还不够，"不读《庄》《老》，不能任真体运"，意思就是尊重自己的真性，不要违背它，顺其自然，否则吉凶拘忌。所以医者不仅要读四书五经、读史、读诸子，还要读佛典，还要读《老》《庄》。这些还不够，"至于五行休王，七耀天文，并须探赜"，就是天文地理中医都要通晓。只有这样，在医道上，才能无所滞碍。

所以医道不仅仅是了解人的身体，了解各个部位结构如何，了解哪个部位得了病，中国的医道不是那么窄的，它是具有整体性的、维护生命作用的"医"。

四、中医的生命之道

如果我们要从生生之学的这个高度来看待"医",那么就不能只停留在人身体的某个部分,而要从整体来看。不体会整个中国文化的特性,要把医学推向世界,是不可能的。有一次在北京"中医影响世界"论坛上,我特别提到了一个理念,即要大力弘扬中医的"不药之药,无方之药"这个传统。其实中国的传统医学强调的不仅仅是用药方来治病,也不仅仅是用针灸砭石、推拿按摩来治病,更多强调的是无药之药、无方之药。

《素问》的"素"有很多的解释,我觉得有一个解释恐怕是最好的,即"素者,本也"。"本"有几个含义,一个就是原本,第二个是根本的意思。中医讲治本,《素问》就是问的根本、原本,养要根据它的原本去养,治也要根据原本去治。如果养之不素,加了很多不是原本的东西,病就要产生了;治若不根据原本的体质去治,病就生成了。所以说养生也好,治病也好,没有别的,只要"去其所本无,复其所固有"。人本天地阴阳之气而生,养生、治病,其实就是使人回归到其原本的状态。我们常说养生必先养心,治病必先治心,都是说精神的因素更重要,更起决定性的作用。如果我们自己有"素"的话,就要抓住这个"本",从精神和心理去着手。

现在研究证实,78%的疾病是由情绪引起的。我认为这个统计数字还是比较保守的,事实上80%,甚至于90%的疾病都跟情绪(中医叫情志)有关系。

人体不适分为三大类:一类是意外伤害,这可能不能称之为疾病;除此之外无非就是两大类:外感、内伤。外感之所以在你身上能致病,跟你自身的免疫能力和抵御能力有关。自身的抵御能力中起主要作用的是什么呢？是你的情志、你的情绪。现在我们把外在的力量看得太强大了，而把我们自身抵御的能力看得太弱了。如果中医也这么去看问题，那就完全丢失了中国文化的精髓。中国文化的精髓是向内的、看重人体自身能力的一种文化，而西方文化是向外的，看重外在的力量。所以中医的着眼点应该是自身的抵抗、修复、痊愈能力，而不是靠外物，让外物辅助一下就可以了。《汉书·艺文志·方技略》讲得很清楚，用药石的阴阳之性来调和、平衡体内的阴阳，根本是要靠你自己，尤其是"神仙"这一类，它完全是在强调人的自身问题。

《汉书·艺文志·方技略》提到了神仙："神仙者，所以保性命之真，而游求于其外者也。"这句话提出了三个方面：第一，要"荡意平心"，因为我们的心太乱了，想这个想那个，贪这个贪那个，心境要平静一点，不要胡思乱想。第二，"同生死之域"，生死不要看得太重了，看破生死。第三，要"无怵惕于胸中"，怵惕就是提心吊胆，就像《论语》里面说的，"君子坦荡荡"，不做亏心事，还有什么可怕的。

当然，如果过了也不行，这称为保真，保性命之真。人一来到这个世界上，就会不断地丢失自己天生的真性、天然的真性。"人之初，性本善"，此说源于孟子。孟子说，就人的本性而言，人是可以为善的，指出人天生就有"四心"，在此基础上，形成了仁、义、礼、智等品德，"四心"就是人生来就有的恻隐之心、羞恶之心、慈善之心、是非之心。我们把它充分发挥出来，就形成人的仁、义、礼、智这样的品德。

人生下来以后，就不断地把这些东西丢失，一点一点丢失，甚至可以说丢失到最后没有礼义廉耻了。《孟子》里面有一个比喻：山上面原来草木繁盛，可是经不住人今天上去砍一棵树，明天割一片草，结果变得光秃秃了，人心也是如此。怎么办？要把这些"心"找回来，所以要"养浩然之气"。人到这个世界上来，丢失了天和，丢失了阴阳之气的和谐状态，所以要把它恢复。

　　读《老子》，首先要认识到他讲的"道法自然"。"道法自然"就是强调要尊重每个事物的本然状态，这个在中国医学里面运用得最好。看病一定要考虑因人、因时、因地不同而造成的差异，这就是自然，我们要懂得尊重。很多中医也很清楚这个道理，但在实践中有没有做到呢？那就很难说了，所以我觉得还是应该反复地强调。道家的原则就是要尊重每个事物的本性，第二就是要理解《道德经》里面的一句话，即"反者道之动，弱者道之用"。道的变化运行总是反的，道的运用要守柔，这两点非常重要。所谓道的变化运动是反的，包括两层含义：一层是"相反相成"，任何事物都有两个方面，没有一个事物是只有一个方面的，独阳不成，独阴也不成。董仲舒认为，任何事物都是相合的，有左就有右，有内就有外，有前就有后等。所以一定要看到相反相成，这是一个重要的思维方式，不是绝对化的，不是非此即彼的，而是彼此不可分的。再一层是"物极必反"，事物发展到了极点，就会向其反面转化。

　　中医是辨证施治，因为我们的思维就是辩证的思维。我们不是崇尚非此即彼，不是对此和彼作决定性的定量规定，更不是把这个定量定性的结论推广到一切事务。我们现在很习惯用西方的非此即彼的思维方式，而在中国的文化里，强调的是一种辩证的思维，相互依存，互为根本——不是纯而又纯，而是相互包含，还会相互转化。这是一种动态的辩证思维，不是静态的非此即彼的思维方式。如果我们不能够理解、把握中国文化的辩证思维，我们的中医就失去了它的灵魂。

　　生命是运动的，时时刻刻在变动。有中医知识的人都知道，一个人早晨有早晨的状态，中午有中午的状态，晚上有晚上的状态，一天中的状态都不一样，何况一年四季，何况他的少年、中年、老年时期。所以生命是一个活体，要在动态中来维护，不是把它当成一个凝滞不动的个体去对待。身体状态有变化，精神状态也有变化，所以辩证思维是中国文化的一个核心思维方式，强调动态平衡，即这种平衡只是相对条件下的平衡。时空变化了，这个平衡也就变化了。如果失去了这样一种思维方式，我想中医就将不"中"了，就达不到"中和"的状态。中国人非常强调的还有一个"时"字，它包含了时和空两个概念。如果我们失去了这样一些灵魂的东西，那么中医就将不是真正的中医了。

有一个标志很好地表示了这个相互转化的过程，那就是中国人最喜欢的太极图。太极图就最形象地表达了这样一种状态。首先阴阳鱼是在一个整圆里面，阴里面有阳，阳里面有阴，不断地转动和变化，它最形象地表达了中国特有的辩证思维，又能够表达整体关联。

五、中医与中国文化复兴

中国的文化强调整体关联，任何一个事物都不是孤立的，而且在部分里面包含了它的全体。这个思想在儒家思想、道家思想、佛教思想里面都有。儒家强调万物一体，道家强调道通为一，佛家强调一多相即，都是这样的思想。就是这个整体上面的每一部分都包含了它整体的全部信息，这就是我们所说的全息论。这里讲的是抽象的道理，《西游记》把这个道理形象化了，孙悟空跟好多人打架，分身不过来怎么办？身上拔一撮毛，吹一口气就变成一群孙悟空。中医里的手诊、耳针、足疗，都用了这个原理，即部分里面有整体的信息。我认为中医中药的振兴，跟中国文化的振兴密不可分。我曾在很多中医学术讨论会上说，中国文化要真正复兴，就要靠我们中医界，要把中医文化、把中医的具体运用的层面给呈现出来。可是中医界的很多朋友跟我说，中医界的振兴有赖于中国文化的复兴。于是两者互相依赖，说得不好听就是推卸责任的借口，所以还是让我们共同努力吧。我们努力弘扬中国文化，希望对中医有推动作用，中医努力弘扬中医文化，也让人们更深刻领会中国文化的精彩之处。中国文化里面处处讲中庸。什么叫中庸？中庸不是投机，不是取巧，中庸就是用"中"，把握分寸，不要太过，也不要不及，达到平衡后一切就都健康了。身体不舒服了，治疗之后好了，中医让我们恢复了平衡，达到平衡就达到健康状态了。身体健康了，社会也就健康，天地人都健康。失去了这个平衡，失去了这个"中"，失去了这个"和"，身体就会不健康，社会也将不健康，天地人也不能够和谐相处。

  人们未能掌握中庸的精神，不能把中庸的精神贯彻到现实的生活中间、社会中间，不能贯彻到处理天人关系中间，因此造成了很多的灾难——身体的灾难，家庭的灾难，社会的灾难，天地的灾难。其实我们对于自然灾害不需要大惊小怪，自然灾害从某种程度上来说，就是自然界在调节自身的平衡。关于这一点，《左传》里面有相关论述。自然灾害就是因为自然界失去平衡的结果，所以自然界要进行自我调整。社会也是这样，两极分化、贫富差异等问题严重了，这个社会就要变动了，就要作出调整。人体自身也是如此。

  如果通过中医养生治病的理念，通过生生之学，我们大家身心都能够保持健康的话，人们对于中国文化的魅力就有了切身的体会。可是我们现在对于中医理论的理解，恐怕还不如某些西方人士。我们还拘泥于以药治病，或者用各种各样的手段，例如刚才讲到的针灸、砭石、推拿、按摩等非药物治疗的方法。我们最根本的指导理念是什么？是向内的原则，强调人的主体性、能动性的原则，鼓励人们，尤其是得了病的人，树立起一种信念。我们不要小看它，现在包括西方很多心理学家，都越来越看到这种信念的力量。

我们大力地去治理环境，治理什么环境，是外在的环境，还是我们的心灵环境？我们说某地环境治理好了，但我们的心灵没有治理好，还自我破坏。我们外在治理的速度永远赶不上心灵破坏的速度。我曾经说过，我是北京水资源匮乏的见证者。为什么这样说？我于1955年考上北大，当时我们的校址已经搬到现在的西郊，当时海淀水资源非常丰富，那里有万泉庄，到处都是泉水。北京的西北部都是水作物的产地，水稻、藕、茭白、荸荠都是水生的，我在那里也去过很多地方采藕。现在呢？一无所有了。保持了几百年、上千年甚至可以说上亿年的自然环境，我们三十多年就把它给破坏了，我们治理三十年能治理回来吗？治理不回来。所以治环境首先要治人，治人首先要治心。儒家讲的所有道理就是反求诸己，反躬自问。人跟生存环境发生了不和谐，问谁？问人。你跟别人发生冲突了，问谁？问自己。你自己的身心发生矛盾了，问谁？问心。不要说我的身体就要吃，就有要吃的这个欲望，可是吃出病来了你怪谁？其实不是嘴巴贪，是心贪。

我们要了解中国文化跟西方文化的不同，西方人发生了什么问题一张嘴就说"我的上帝"，中国人发生什么事情一开口就是"天地良心"。我看过一本书，是一个美国医生写的，叫作《治心免病法》。治什么心？就是治你没有按照上帝意志去做的那颗心，你要免病，就要让你的心跟上帝合二为一，你一切都听从上帝旨意去做，你各种各样的病都会没有了。这个说法也有道理。我们很多人就是因为心里面有问题，所以各种各样的病都来了，包括道德的问题、衣食住行的问题和精神的问题。中医有个理论叫"三理养生"，"三理"就是生理、心理和哲理。生理无非饮食、男女、作息，表面上看这个好像是肉体上的东西，但是如果你过分追求这些东西，归根结底还是心的问题。

过去认为释迦牟尼是大医王，释迦牟尼治心，治贪、嗔、痴三心。因为我们有了贪、嗔、痴三心，所以就有了各种各样的问题，产生痛苦和烦恼。把你的心治好了，把你的痛苦、烦恼解除了，这不就是治病吗？所以近代有一位大医就反复地说佛典、四书五经、老庄之学都是治心病的良药，要以情治情，心情的病不是用草木、药石所能够治愈的。从这个方面说，我们"医"的理念，或者说治病的理念也就大大地扩展了，这就真正落实到了治人的根本，因为人不仅是物质意义上的人，更重要的是精神意义上的人。生病不仅仅是一个物质（身）的问题，更是一个精神（心）的问题，精神力量起着支配、统帅、指导作用。从这个角度来讲，我可以不谦虚地说，我也是一位大医。因为现在很多人为心理病所困扰，更需要有人去开导。很多病不是药物所能医治的。药石不能治所有的病，其他的医疗技术手段也是如此，只有解开他的心结才能够治好他的病。所以我想现在的学科分类其实是禁锢了我们的思想，要恢复中医的精神，首先要把它放到整个中国文化里面去，把它看成中国文化里面最光辉的一门学科。

中国的整个文化是围绕着人建构的。人在天地万物之中，我们研究天地的问题，其实最终都是为了落实到人，所以人是天地万物中最为贵重的。因此人的生命也是最贵重的，叫贵生。要贵生就要懂得摄生、养生、卫生的道理。这不仅仅是物质身体方面的平衡与调整，还包括精神层面的充实与调整。所以要把一个人作为一个全面的、整体的人来看，不是只着眼于生理上的病来看。

现在西方兴起的自然疗法提出了七条自然医学的哲学原则。这七条原则跟中医是完全相通的。这七条原则，第一就是"无害原则"；第二是"自然愈合的效率"；第三是"寻找病因，并予以治疗"；第四是"整体化的治疗原则"，特别强调要把每个患者作为一个整体来看待，他是由躯体、精神、情志、社会属性和其他种种元素构成的综合体；第五我认为非常重要，即"医生是教师"，将来的医生不是开药的，而是指导人们健康生活的教师，人们要采取健康的态度，为自己的健康承担责任；第六就是"预防是最好的治疗"；第七是"要建立起健康的良好状态"，就是拥有理想的躯体、理想的精神、理想的情绪和理想的心智。

心智的成熟和一个人的健康有非常密切的关系，有很多人活到老心智也没有成熟，因为他老是害怕面对这个，害怕面对那个。一个人只有既能够面对快乐，也能够面对痛苦，既能够面对顺利，也能够面对坎坷，不管在什么状态下他都能够面对它，而不是回避和逃避它，才是心智成熟。只有能够全面面对各种不同状态，其身体才是健康的。你怕这个又怕那个，怵惕存于心中，就一定会得病。西方自然疗法的几个原则，我觉得跟中医是完全一样的。所以不要怕中医的这些理念、中国文化的这些理念人家听不懂，我们不需要去迎合人家，用人家的道理去解释，那就不是我们的东西了。我们一方面要接受外来的东西，一方面还要守住我们的本分，守住文化本来应该具有的精神和意义。所以我说，中医是一种生生之学，是一种整体文化的实践，而不是一种某个专业的技能，立足于这一点，中医才有复兴和发扬光大的可能。

第十三讲
处理好中西文化的关系

一、古代东方文化在西方的影响

说到东方文化，首先有一个如何界定"东方"的问题。东方原本只是一个相对的地理概念，所以在历史上处于不同地理位置的国家，其所指称的东方是不同的。近代以来，人们逐渐形成一个约定俗成的共识，即把欧洲以东的地区（其中主要是亚洲）称之为东方。而到了现代，东方的概念中又加进了政治和经济方面的含义，如称资本主义社会、经济发达国家为西方世界，称社会主义社会、发展中国家为东方世界等。至于东方文化这个概念，按照目前学术界一般的认识，以及文化分类学上对于历史和区域文化圈的划分，我们这里所说的东方文化主要是指亚洲地区，包括部分非洲地区的传统文化。

对于历史和区域文化圈的分类，在学术界有粗细、多少等不同的划分法。细分者，有将世界历史上出现过的文化，按其不同的特点划分为二十多种类型的。但从对世界历史影响最深远的文化来说，学术界则基本上公认先后主要有五大文化圈（或类型），即：希腊（罗马）文化圈、希伯来（基督教）文化圈、汉（儒、道）文化圈、印度（佛教）文化圈、伊斯兰（阿拉伯）文化圈。其中，希腊文化和希伯来文化融合，成为现代西方文化之根；而汉文化与印度文化结合，则成为现代东方文化之源。伊斯兰文化具有某种介于东西方文化之间的明显特性，它至今牢固地根植于阿拉伯国家，其影响及于广大的伊斯兰教信仰地区。依照目前学术界的习惯分类，伊斯兰（上继古波斯）文化是归属于东方文化的范围之内的，但与上述汉、印文化相比，有着较明显的差别。所以人们谈论的所谓"东方文化"，实际上主要指汉、印文化。

今天，在一般人头脑中，对于西方文化对东方的影响知道得比较多，而对于东方文化对西方的影响则了解得十分少。其实，东西方文化的交流自古以来就是双向的，而且正是这种双向的交流，为各方不断注入了新的因素，从而使各方的文化得到了新的发展。人们可知道，当今天我们一些人在钦慕西方文化时，自古至今也有许多人在钦慕东方文化呢！东方文化传入西方、影响西方，可追溯到公元之前。如古印度与希腊、罗马早有交流，现存汉译佛典中有一部名叫《那先比丘经》的经书，说的是弥兰王（公元前2世纪左右支配西北印度的希腊人国王）在与那先比丘进行问答后皈依佛教的故事，记载了古印度与古希腊思想文化上的不同和交流。中国古代的丝绸之路，也远达希腊、罗马。《汉书·张骞李广利传》中所记载的"大夏"系指希腊人所建之国，"大秦"则指罗马帝国。

恩格斯在《自然辩证法》一书的"历史的东西——发明"一节中列举了一部分对历史发展有着重要影响的科学发明，其中有好几项是与中国和阿拉伯有关的。如："蚕在550年左右从中国传到希腊"，"棉纸在七世纪从中国传到阿拉伯人那里，在九世纪传到意大利"，"养蚕业传入意大利，大约在1100年"，"磁针从阿拉伯传到了欧洲，1180年左右"，"破布造纸，十四世纪初叶"，"木刻和印刷（十五世纪初叶）"，等等。阿拉伯国家由于处在特殊的地理位置，他们在东西方文化的交流中，发挥了中介与使者的作用。许多西方学者也都肯定了这一点。例如，萨诺菩在其《中古及近代文化史》第八章"西方之东方文化"中就说："阿拉伯人集东方世界所有发明与所有知识之大成……西方世界返于野蛮后之重又文明，胥受阿拉伯人之赐。"

萨诺菩所说的"西方世界返于野蛮后之重又文明"，指的是欧洲经过文艺复兴，冲破中世纪的黑暗时代，走向近代文明社会。确实也如萨诺菩所说，欧洲在由中世纪走向近代文明的历程中，受东方文化，特别是中国和阿拉伯文化的恩惠是不可磨灭的。朱谦之曾深刻地指出，文艺复兴"严格来说，是指欧洲15世纪后半期开始从封建社会的经济结构中，最初萌芽产生了资本主义生产及其相适应的上层建筑的形成过程。但追溯到这一段历史，则实从13世纪以来，从东方各民族那里取得东方技术上的成就，为其物质的重要条件"。许多西方学者也都肯定，由东方传入的中国的四大发明（造纸术、印刷术、火药、指南针）为欧洲文艺复兴的物质基础创造了重要的技术条件。而东方精神文化的西传则更加激起了欧洲文化界、思想界的巨大震动和强烈反响。

13世纪为蒙古民族勃兴的时期，其军事、政治势力一度横跨亚、欧大陆，它对于推动东西方文化的交流起到了很大的作用。其时，欧洲来东方，特别是来中国的传教士、商人、使节等络绎不绝，他们传回去的有关东方各国的情况，在欧洲产生了很大的影响。它使欧洲人耳目一新，唤起了人们对欧洲中世纪文化的不少检讨。其中影响最大者，当推著名商人、旅行家马可·波罗所写的游记。朱谦之在分析《马可·波罗游记》的影响时说："《马可·波罗游记》的第二影响是唤起了一部分欧洲人之美的与物质的生活之愿望。文艺复兴前的中古文化是精神的、禁欲的、天国与神本位的；文艺复兴则为人类本位的、现世与自然本位的。固然这种美的物质的生活倾向是通过当时经济条件接受了希腊的影响，然而借《马可·波罗游记》的力量而格外增强。希腊的影响是一种复古精神,《马可·波罗游记》中的'契丹'则给欧洲人以理想的黄金国。"我认为,朱先生的分析是十分平实允当的。

16世纪以后,欧洲耶稣会士开始来东方传教,关于他们东来的原因和目的是一个十分复杂的问题,这里可暂时不去议论它。不过,在此过程中,他们也进一步促进了东西文化的交流,特别是学术、思想方面的交流。当时的耶稣会传教士们,除了传播天主教教义和神学哲学外,也介绍了一部分欧洲的政治、历史和科学技术知识。而与此同时,为了更好地传教,他们也积极地了解和研究东方(中国)文化,并将其介绍给欧洲的同胞。大概也就是从这时开始,欧洲人对中国的了解才开始由物质文化层面,进入到思想、学术层面。这时,在欧洲出版的耶稣会士介绍中国的书刊,对当时欧洲的学术界、思想界产生了极大的影响。如从1703年起在巴黎陆续出版的《耶稣会士书简集》(哥俾恩、竺赫德编),汇集了耶稣会士们写给本会的部分书信,全书26卷,两大册。朱谦之介绍说:"此书报告纯用通信的形式,将考察所得中国的政治制度、风俗习惯、历史地理、哲学、工商情况均详加报告。或依据汉籍,或实地考察,因报告者本身均为当时具有一定学识的传教士,而此一部中国文化之百科全书又极能满足欧洲知识界的信仰与好奇心,故影响极大,如伏尔泰、霍尔巴赫及宗教的反对者,均从此书得到了许多益处。"又如,1735年巴黎出版的《中华帝国全志》(竺赫德编),也是汇集耶稣会士的报告而成的。"此书第一卷记中国各省地理,并作从夏至清23朝之历史大事记。第二卷论政治经济,并叙述中国的经书和教育。对于《易》《书》《诗》《礼记》《大学》《中庸》《论语》《孝经》,以及小学类著作等均简单介绍,唯于《孟子》特详,分14章。第3卷述宗教、道德、医药、博物等,并抄译元曲《赵氏孤儿》。因为此书能将远东第一文明国的消息传到欧洲，故影响极大，一时学者如伏尔泰、孟德斯鸠、霍尔巴赫、魁奈等关于中国问题均取材于此。"此外，还出版了许多不同的四书五经单译本和关于儒家、孔子思想研究的论文。

由此，中国的经籍和孔子学说，"在法国大革命以前，已唤起欧洲一般知识界人士的注意，成为当时知识界人士的精神食粮。中国成为一个理想至治之世，直如乌托邦一般，同时孔子也给理想化成为这一世纪（18世纪）的守护尊者"。这一点，只要读一下伏尔泰或狄德罗等人有关中国的论著，即可得到完全的证实。如狄德罗就说："中国民族，其历史的悠久，文化、艺术、智慧、政治、哲学的趣味，无不在所有民族之上。据一部分学者的意见，他们所有的优点甚至可以和欧洲最开明的民族抗争云。"而伏尔泰则大力称颂孔子学说，并作诗赞美道："他使世人不惑/启发了人心/他说圣人之道/绝不是预言者的那一套/谁知到处使人相信/也使得本国深深的爱好。"所以，英国著名的中国科技史研究者李约瑟教授，在一篇题为"中国文明"的讲演中说道："当余发现18世纪西洋思潮多系溯源于中国之事实，余极感欣忭。……吾人皆知彼启蒙时期之哲学家，为法国大革命及其后诸种进步运动导其先河者，固皆深有感于孔子之学说，而曾三复致意焉。"德国18世纪著名哲学家莱布尼茨对于中国文化的赞扬也是人所共知的。如当他发现《易经》爻象符号可与他提出的二进制算术相印证时，他极为兴奋。他说："这种算术是这位伟大的创造者（指《易经》作者）所掌握，而在几千年之后由我发现的。"他还进一步认为："由此也可以看出，古代的中国人不仅在忠孝方面（在这方面中国人达到了最完满的道德标准），而且在科学方面也大大地超过了近代人。"

二、近代以来的探索

鸦片战争的失败，彻底地暴露了清王朝的腐朽没落。那时的人们认为，要救中国，只有维新，只有学外国。而"那时的外国只有西方资本主义国家是进步的，它们成功地建设了资产阶级的现代国家"。因此，从那时起"先进的中国人，经过千辛万苦，向西方国家寻找真理"，"那时，求进步的中国人，只要是西方的新道理，什么书也看"。他们把西方资产阶级民主主义的文化称为新学，看作是和中国封建主义的文化即所谓旧学对立的，并且相信这些新学可以救中国。然而，正如毛泽东同志所指出的，"帝国主义的侵略打破了中国人学西方的迷梦。……中国人向西方学得很不少，但是行不通，理想总是不能实现。多次奋斗，包括辛亥革命那样全国规模的运动，都失败了"。于是，人们的怀疑产生了，增长了。第一次世界大战震动了全世界，暴露了西方资本主义文明带来的严重的社会矛盾。而俄国十月社会主义革命的胜利，却给世界上一切被压迫的民族开辟了一条崭新的道路，为其带来了新曙光。从此，中国人民找到了马克思主义，选择了社会主义道路。这是历史的选择，不是以任何个人意志为转移的。

在这个寻求中国革命的道路和方向的过程中，如何正确认识和处理好向西方学习与弘扬民族文化的关系，始终是一个十分重要的问题。由于近代中国的贫穷落后，学习西方国家的富民强国之道是无可非议的。但也无可讳言，在向西方学习的过程中，那种彻底摒弃民族传统文化，盲目崇拜和全盘照搬西方文化的倾向则是由来已久的，而且在社会上始终影响不绝，有时甚至发展到相当严重的地步。其中也包括教条式的盲目照搬，而它曾给中国革命事业带来巨大的损失和灾难，这更是人所共知的历史。

公开提出"全盘西化"的口号，并由此引起文化界、学术界的广泛争论，那是20世纪30年代的事。而"全盘西化"的思想倾向，则在19世纪末20世纪初就已在社会上广为流播了。在近代历史条件下，完全抵制向西方学习的顽固派或文化上的复古主义是没有市场的。它讲不出什么理由，也没有什么理论，因此在20世纪30年代时人们就认为，"不必枉费时间来与他们辩驳"了。但是，"全盘西化"论就不一样了，直至今日也还有着一定的市场。在这两种极端倾向之外，也还存在着一种强调立足于民族文化基础之上，积极吸收适合于我国情况的西方优秀文化的主张。这种主张在当时被持"全盘西化"论者斥之为"折中主义""保守主义"等，并由于持此主张的一些学者涉嫌"保皇""复古"，因此长期以来对此缺少研究，未给予公正的评价。

在这里，我想简单介绍一下20世纪初至40年代几位学者反对"全盘西化"，主张立足于民族文化基础之上，积极吸收适合于我国情况的西方优秀文化的一些论点，以作为我们今天讨论文化问题的参考。

康有为是近代中国最早提出向西方寻找真理的代表人物之一，虽然他后来在政治上主张"保皇"，并鼓吹建立礼教，但他从来没有否定向西方学习。他对于如何看待向西方学习和弘扬民族文化关系方面的不少论述是值得重视的。

例如，他在戊戌变法前10年（1888年）的一封信中就批评那种"言洋学者尊之如帝天，鄙洋事者斥之为夷狄"的人，指出这两种人的问题在于"皆未尝深求其故者也"。戊戌变法那年（1898年），他在一通代人草拟的奏折中指出："中国人才衰弱之由，皆缘中西两学不能会通之故。"他认为，中西两学是"二者相需，缺一不可"的，从而提出要"泯中西之界限，化新旧之门户，庶体用并举，人多通才"。

20世纪初，随着反封建斗争的深入和资产阶级革命运动的发展，社会上也出现了一股"醉心欧化"之风。康有为对此是十分反对的。"戊戌变法"失败后，康有为曾遍游欧美、日本、印度和东南亚各国，对于资本主义社会和沦为殖民地的那些国家有了较多的了解。根据他的亲身观察，他认为，欧美的社会制度和文化中存在着许多问题，远非十全十美，因而盲目地"全法欧美"和"举中国数千年道德教化之文明一切弃之"是完全错误的。1913年，他写了一篇题为"中国颠危误在全法欧美而尽弃国粹说"的文章，对当时社会上那种不顾中国国情、一切照搬西方政治制度和文化的思潮，进行了激烈的批评。

他指出，社会上有一些人"发狂妄行"，"凡欧美之政治、风俗、法律，殆无不力追极模，如影之随形，如弟之从师矣。凡中国数千年所留贻之政教、风俗、法度、典章，不论得失，不揣是非，扫之弃之，芟之除之，唯恐其易种于新邑矣"。他认为，去中国之旧、用欧美之新是无可非议的，问题在于一些人"于欧美之政治礼俗，不问其是非而师之法之；于中国之政治、礼俗、典章、法度，则不问其得失而皆扫之弃之"。他强调说，世界各国的国情各异，决不能盲目照搬，"苟妄师之，必生病害"。他认为，即使是那些欧美国家间的相互学习，也要"各鉴其弊而损益之"，"但取其合于本国之情，而为至善之止耳"。他明确表示，欧美各国"亦有不可效法之事"，人们只有以"必求其善而去其不善"的态度去学习欧美，才可能取得成功，达到富强。相反，如果"全师欧美而尽弃国粹"，那么就只能像"尼固之黑人"，永远做"欧美之奴"。

康有为还分析了产生这种思潮的某些原因。比如他认为，有一个重要的原因就是，"新学之士，不能兼通中外之政俗，不能深维治教之本原"。因此，这些人往往只能看到事情的表象，他们"以欧美一日之强也，则溺惑之；以中国今兹之弱也，则鄙夷之。溺惑之甚，则于欧美弊俗秕政，欧人所弃余者，摹仿之惟恐其不肖也；鄙夷之极，则虽中国至德要道，数千年所尊信者，蹂躏之惟恐少有存也"（《以孔教为国教配天议》）。应当指出，康有为是为了强调建立和发扬孔教的必要而发表这番议论的。但是，他在这里揭示的那种"全法欧美"而自鄙自弃者的面貌，以及其产生的原因之一，也还是相当深刻的。可以毫不夸大地说，今日的某些"全盘西化"论者，比之当年的"全法欧美"论者，在嗜痂恶癖上只有过之而无不及。

康有为的学生梁启超，在第一次世界大战后考察了欧洲大陆，回国后写了一部《欧游心影录》，当时曾遭到西化论者的不少批评。但是，我觉得梁氏从亲身观察的感受中，提出对中西文化的重新认识还是有价值的。他在书中说："国中那些老辈，故步自封，说什么西学都是中国所固有，诚然可笑，那沉醉西风的，把中国什么东西都说得一钱不值，好像我们几千年来，就像土蛮部落，一无所有，岂不更可笑？"他希望青年们"第一步，要人人存个尊重爱护本国文化的诚意；第二步，要用那西洋人研究学问的方法去研究它，得它的真相；第三步，把自己的文化综合起来，还拿别人的辅助它，叫它起一种化合作用，成一个新文化系统；第四步，把这新系统往外扩充，叫人类全体都得着它好处"。这里，梁启超有许多美好的理想和愿望，但有一点是明确的，那就是向西方学习论要立足于民族文化的基础之上。关于这一点，他后来在《论中国学术思想变迁之大势》一书的结尾，有更明确的表达。他说："但今日欲使外学之真精神，普及于祖国，则当转输之任者，必邃于国学，然后能收其效。以严氏（复）与其他留学欧美之学僮相比较，其明效大验矣。"梁氏这番话，我认为是有一定道理的。

国学大师章太炎也有相似的看法。他在1910年写过一系列文章,其中有一篇题为"论教育的根本要从自国自心发出来",认为"本国没有学说,自己没有心得,那种国,那种人,教育的方法,只得跟别人走。本国一向有学说,自己本来有心得,教育路线自然不同"。他当然认为中国是属于一向有学说、本来有心得的国家之列的,然而近来的学者中存在着两种偏心:一是"只佩服别国的学说,对着本国的学说,不论精粗美恶,一概不采";二是"在本国的学说里头,治了一项,其余各项都以为无足重轻,并且还要诋毁"。这种人总只能跟在别国人的屁股后面走。因此,他认为,"大凡讲学问施教育的,不可像贵古玩一样,一时许多客人来看,就贵到非常贵,一时没有客人来看,就贱到半文不值。自国的人,该讲自国的学问,施自国的教育,像水火柴米一个样儿,贵也是要用,贱也是要用"。同时,他也指出:"至于别国所有中国所无的学说,在教育一边,本来应该取来辅助,断不可学《格致古微》的口吻,说别国的好学说,中国古来都现成有的。要知道,凡事不可弃己所长,也不可攘人之善。"

这里还想介绍一下近代著名教育家杨昌济先生的一些想法。他在1914年发表了一篇题名为"勤学篇"的论文,其中阐明了他对于学习西方和弘扬民族文化的观点。他说:"夫一国有一国之民族精神,犹一人有一人之个性也。一国之文明,不能全体移植于他国。"他又说:"善治病者,必察病人身体之状态;善治国者,必审国家特异之情形。吾人求学海外,欲归国而致之于用,不可不就吾国之情形深加研究。何者当因,何者当革,何者宜取,何者宜舍,了然于心,确有把握,而后可以适合本国之情形,而善应宇宙之大势。"他也有如同梁启超那样的想法和希望。他认为,我们"今以新时代之眼光,研究吾国之旧学,其所发明,盖有非前代之人所能梦见者"。于是,

"吾之所望者，在吾国人能输入西洋之文明以自益后，输出吾国之文明以益天下。既广求世界之智识，复继承吾国先民自古遗传之学说，发挥而光大之"。杨昌济先生先留学东洋，后又留学西洋，对东西文化都有深入的了解，他的这些想法是经过详细比较和深思熟虑的，在今天也还有其现实的教育意义。

在20世纪30年代中期的文化问题讨论中，有一篇十位教授联名发表的《中国本位的文化建设宣言》，这十位教授的情况是很复杂的，各人的政治态度很不一样，参加签名的动机和目的也很不一样。但是，我们就这篇《宣言》中所提出的一些基本想法来看，不能因人而一概废弃其言。如《宣言》说："徒然赞美古代的中国制度思想，是无用的；徒然诅咒古代的中国制度思想，也一样无用。必须把过去的一切加以检讨，存其所当存，去其所当去。""吸收欧美的文化是必要而且应该的，但须吸收其所当吸收，而不应以全盘承受的态度，连渣滓都吸收过来。吸收的标准，当决定于现代中国的需要。"《宣言》还说："要而言之，中国是既要有自我认识，也要有世界眼光，既要有不闭关自守的度量，也要有不盲目模仿的决心。"这些看法，对我们今天来处理向西方学习与继承弘扬民族文化的关系时，也还是有参考价值的。

中国共产党人在这个问题上是吃过大亏的，有过深刻的教训。1940年，毛泽东在《新民主主义论》中，对此做了深刻的总结。他指出："中国现时的新政治新经济是从古代的旧政治旧经济发展而来的，中国现时的新文化也是从古代的旧文化发展而来，因此，我们必须尊重历史，决不能割断历史。"同时又说："中国应该大量吸收外国的进步文化，作为自己文化食粮的原料，这种工作过去还做得很不够。这不但是当前的社会主义文化和新民主主义文化，还有外国的古代文化，例如各资本主义国家启蒙时代的文化，凡属我们今天用得着的东西，都应该吸收。"不过他又特别强调说，对于一切外国的东西，"决不能生吞活剥地毫无批判地吸收。所谓'全盘西化'的主张，乃是一种错误的观点"。并且接着说："形式主义地吸收外国的东西，在中国过去是吃过大亏的。中国共产主义者对于马克思主义在中国的应用也是这样，必须将马克思主义的普遍真理和中国革命的具体实践完全地恰当地统一起来，就是说，和民族的特点相结合，经过一定的民族形式，才有用处，决不能主观地公式地应用它。"毛泽东的以上认识，是从革命的实践中、血的教训中总结出来的，有着深刻的历史意义和现实意义。

本来有了毛泽东以上的科学总结，关于向西方学习与弘扬民族文化的关系问题，无论在理论上还是在实践上，应当说都已经很清楚了。但是，事实不然。时至今日，在许多人的头脑中还是相当糊涂的。

造成这种情况的原因有很多，但我觉得，人们对这一段历史缺少全面的了解是其中重要的一个原因。在这里让我们一起来回顾一下这段历史中的一些见解，俾使今后在认识和实践中，在处理向西方学习与弘扬民族文化的问题上少一些片面性。

最后，我还想引用龚自珍的一段话来作为结束。龚自珍说："灭人之国，必先去其史。隳人之枋，败人之纲纪，必先去其史。绝人之材，湮塞人之教，必先去其史。夷人之祖宗，必先去其史。"（《定庵续集》卷二《古史钩沉沦二》）

史之重要有若此者。愿我们一直来重视和加强对于青少年儿童，乃至全民族的历史教育。这是我们从事历史、文化工作者义不容辞的责任。

第十四讲
对东方文化的反思与展望

近年来，无论是在西方还是在东方，都出现了一股了解和研究东方文化的热潮。越来越多的有识之士，在检讨欧洲（西方）文化中心论的同时，开始了对东方文化的历史贡献及其现代意义的深入研究。这是一个非常值得重视的世界文化发展的新动向。可以想见，随着人们对于东方文化基本精神的深入了解、把握与改造、吸收、运用，在不久的将来或许会构筑出一些新的东西方文化模式来，从而把世界文化推向一个新的历史发展阶段。

一、树立对于东方文化的自觉意识

"文化"一词的含义是十分复杂的。从广义上讲，它包含了器物、制度、精神三个层面；而从狭义上讲，往往只指精神文化。精神文化的内容也是十分丰富的，主要有哲学、艺术、科学、宗教、道德等，而又以哲学思想为其核心。在具有悠久历史的东方文化中，无论是在器物文化、制度文化层面，还是在哲学、艺术、科学、宗教、道德等精神文化层面，都有着精深的思考和杰出的创造。东方智慧为人类的文化宝库做出了极其宝贵而丰富的贡献。这里，我只想就如何认识东方文化的历史价值、东方文化对西方文化的影响，以及东方文化的未来展望等几个问题谈一点个人的看法。

由于欧洲资产阶级革命和工业革命的成功,近几百年来,西方在经济上和政治上一直处于世界领先的地位,西方文化因而在世界上发生着广泛而深刻的影响,这是一个无可否认的历史事实。19世纪以来,由于当时的东方国家大多处于落后、贫弱的地位,而西方资本主义国家则是先进、富强的现成榜样,于是人们很自然地把先进、富强与西方文化联系在一起。近一百多年来,东方国家在为摆脱落后、贫弱和走向现代化的奋斗进程中,无不积极地、大量地学习和吸收西方文化。从历史的、发展的观点来说,这种学习和吸收是完全必要的、合理的和进步的。但是,与此同时也明显地存在着一种文化论上的片面和失衡,即对西方文化的盲目推崇和对东方文化的妄自菲薄。长期以来,人们一味赞扬西方文化的优点而看不到它的短处,严厉批评东方文化的缺点而看不到它的长处。直至今天,在相当多的人的头脑中仍然潜伏着一种唯西方文化为是、为优的思维模式。尤其是在自然科学理论、生产工艺等方面,以及社会政治中的民主、自由、平等等理论,人们更是奉西方文化为圭臬。有些人甚至把现代化与西化等同起来,认为只有按西方文化的精神和模式才能走向现代化,而东方文化则是通向现代化道路上的一种障碍。

无可否认,如果仅从文化角度来说,当今世界物质生产的迅速增长、科学技术的高度发展,是与西方文化中重视自然科学理论、重视改造自然环境等传统有一定关系的。而近代资产阶级的民主政治制度也为自由竞争的资本主义经济的发展提供了适宜的社会环境。由于高度发达的科学技术和丰富的物质生产,给发达国家中的人,提供了相对富裕的现代化生活,自然成为其他发展中国家、民族所羡慕和追求的榜样。

其实,近代西方文化远不是完美无缺的,特别是经过20世纪的两次世界大战,现代西方文化内在的偏颇和弊端(包括民主和科学在内的各方面)日益暴露了出来。而20世纪60年代以来,日本战后经济的迅速恢复和发展,以及亚洲"四小龙"经济上奇迹般的腾飞,显示出东方国家在走向现代化进程中的某些特色。在这些特色中,有不少是与东方文化相关的。事实证明,东方文化与现代化并不是截然对立的,它更不是一无是处的。它的某些长处,对于补救西方文化中所存在的偏颇和弊端是大有裨益的。东方文化已经引起了世界各国、各地区政治家、思想家、科学家们的广泛重视和研究。因此,在今天的历史环境下,人们很有必要对东方国家在现代化进程中,如何合理地吸收西方文化,如何正确地对待自己民族传统文化等问题,加以深刻的历史反思。

所谓历史的反思,并不是要人们去纠缠于那些历史的陈年旧账,也不在于简单地去判清历史上的是是非非,而是要人们从中找寻出现在和未来前进的道路和方向,并根据现实进行新的探索和规划。根据当前东亚地区在现代化进程中所取得的经验和所提出的问题,在如何对待东方文化的问题上,我认为有许多方面是需要人们去认真进行探索和规划的。

当今已进入信息时代,东西文化之间的交流、相互吸收和融合,已成必然的趋势。而与此同时,文化多元化和保存不同民族、地区传统文化特质的寻根意识,也在不断地增长。我们既不应因融合而抛弃民族传统文化的特质,也不当以保存民族传统文化特质为由,拒绝交流、吸收和融合。对于这两种时代的趋势,无论是东方人还是西方人都应当在认识上和行动上有一种自觉。近代以来,由于历史的原因,在相当长的时期里,许多东方人在文化问题上有一种偏识,即对西方文化的盲目崇拜和对东方文化的自惭形秽。因此,对于东方人来说,提高对于东方文化的自觉,尤其具有特别重要的意义。

东方人的这种文化上的自觉，首先应当纠正把现代化等同于西方化的偏识。这种偏识主要是由于有些人只强调东西文化之间的古今区别而造成的。其实，东西方文化之间有许多方面的差异，特别是某些思想观念和方法上的差异，反映了人类文化形态的丰富性、多样性，这是不能用古今差异来完全概括的。它是由不同区域和民族，在长期的历史发展过程中形成和积淀起来的文化差异。这两者同是人类文化宝库中的宝贵财富，它们相辅相成，互补互进，而不应当强分优劣高下、是一非一、存一去一。

20世纪30年代，中国文化思想界曾经发生过一场关于现代化与西方化、中国本位文化与西方文化关系的大争论，其中有些观点是值得我们今天借鉴的。例如，当时有不少学者就明确指出："'科学化'与'近代化'，并不与'欧化'同义，所以我们虽科学化、近代化而不必欧化。"或者说，现代化不等于西方化，"现代化可以包括西化，西化却不能包括现代化"。他们认为，就中国的现代化来说，简要地讲，既要"将中国所有，西洋所无的东西，本着现在的知识、经济和需要，予以合理化或适用化"，同时也需"将西洋所有，但在现在并未合理化或适应的事情，予以合理化或适用化"。这种强调不论是对中国文化还是西方文化，都应本着"现在"的立场去加以"合理化或适用化"，这一思想即使在今天也还是有启发性的。又如，当时也有相当多的学者已强烈地意识到，在中西方文化的交流和融合过程中，保持民族文化主体自觉的重要性。有的学者讲，"一个民族失了自主性，决不能采取他族的文明，而只有为他族所征服而已"。所以，只有"恢复中国人的自主性，如此才能有吸收外族文化的主体资格"。有的学者则说，"没有本位意识，是绝对不可与外来文化接触的"，因而提出在文化上应坚持"不忘自己""为的自己"和"不独化、不同化"的原则。所谓"不独化"，是说"我们应该了解世界生活和世界文化的相关性，不可闭关自守地企求复古"；所谓"不同化"，是说"我们应该尊重我们独立自尊的文化与民族，不可在与欧美文化接触之时，便为欧美文化所同化"。总之，他们认为在文化问题上，"自大心是不可有的，自尊心和自信心却是绝对离了不可的。盲目的保守固然危险，随便乱化也是笑话"。这些论说体现了一种现实的态度、一种坚持以民族文化为主体的独立自强精神，它也是我们今天所应当坚持的。

近代西方文化之所以相对先进于东方文化，是因为它经过欧洲文艺复兴、启蒙运动等几个世纪的艰苦变革，实现了从中世纪向近代化转变的缘故。并不像有些人所胡诌的那样，它自古以来就先进于东方文化。同样，东方文化只要经过艰苦的变革，实现向现代化的转变，是能够与西方文化并驾齐驱的。这是我们东方人文化自觉的一个重要方面，即应当积极地、自觉地去做使东方文化向现代转化的工作。有些人曾断言，东方文化（包括中国文化）缺乏自我更新的机制，不可能实现向现代化的转化。这种说法，在理论上是荒谬的，在事实上也是没有根据的。首先，人们无法理解，一种缺乏自我更新机制的文化，何以能延续数千年之久。其次，所谓"自我更新机制"的提法也是含混不清的。如果说，"自我更新机制"是指排斥任何外来的刺激，拒绝吸收、融合外来的东西，那么，可以说世界上找不到这样一种具有"自我更新机制"的文化。说穿了，那些断言东方文化缺乏自我更新机制的人，无非为了反证西方文化之富于"自我更新机制"，可是他们忘记了，或者说故意回避了一个最基本的历史事实，那就是欧洲在文艺复兴前后强烈追求东方文化刺激的情景，以及在西方文化从中世纪神学樊笼中解放出来的过程中，东方文化中具有浓厚人文精神色彩的思想理论所起过的巨大作用。因此，更新总是与一定的外来刺激和借鉴、吸收、融合等分不开的。我们坚信，经过东方各国各民族的共同努力，通过积极吸收西方文化的有益营养，东方传统文化是能够实现向现代化转化的，是能够适应并推动世界现代化的进程的。

凡是不带偏见的人，都能看到东方文化中蕴涵着大量人类智慧的精华，它不仅对世界古代文明的发展做出了巨大的贡献，而且还将对今日世界和未来世界的文化建设做出更大的贡献。

过去，由于受西方近代科学主义思潮的影响，在相当长的一段时间里，人们对于东方文化中那些素朴的、非实证（或待实证）的、重人文的学说和方法大都持一种否定态度，贬之为非科学的、神秘主义的玄学，并期待着科学去把它们淘汰、消灭。例如中医中药，在20世纪前半叶就被不少人看作中国科学落后的标志之一。在20世纪30年代的那场文化论战中，就有人痛心疾首地说，所谓"国医"，"明明白白的是一种文化落后的民族的产物，绝对没有资格和科学的医术抗衡"，并且断言"经过长时间的淘汰，'国医'是一定要消灭的"。在那个时代，发表这类带有强烈偏见的议论是不足为怪的，对于议者的心情也是可以谅解的。不过事实和历史的发展证明，中医中药绝不是"一种文化落后的民族的产物"，相反，它是东方文化中一笔极为珍贵的财富；中医中药也不是"绝对没有资格和科学的医术抗衡"的，相反，它恰恰在许多方面比之所谓的"科学的医术"更具科学性。目前，中医中药的实际医疗效果已得到了世界的普遍承认，中医中药的理论也引起了世界上越来越多的科学家的研究兴趣。通过中西医的结合和现代科学方法、技术手段的运用，中医中药的实践和理论中所包含的科学内容，正在不断地被人们发现和认识。中医中药的实践和理论已经开始，并且正在迅速地向现代化转化。现在可以断言，中医中药不仅不会被淘汰和消灭，相反，它将得到积极肯定和发展。同时也可以相信，其他东方传统医术，诸如中国的藏医、印度的医方明、日本的和医等,也不会被简单地淘汰和消灭,在积极吸收现代医学理论、方法、技术后,其中的精华必将得到发扬,进而发展为现代藏医、现代医明和现代和医。

又如,传统东方文化的认识论和方法论(以中国的儒、释、道为例),比较侧重于个体经验的体认和直接把握,比较侧重于事物之间的联系和整体直观的,而缺少理性分析和概念推理。因此,当近代西方自然科学中的实证方法,以及哲学中的理性主义、逻辑分析方法等传入东方后,在一般人的心目中,也似乎只有实证的、理性的、分析的才是唯一科学的认识和方法,而对传统东方文化的认识论和方法论则予以严厉的批判和否定。不可否认,缺少实证、理性、分析是传统东方文化的认识论和方法论中的一大缺陷。但并不能由此断言,个体经验体认和整体直观的方法就只有否定的一面。相反,随着现代科学的日益深入发展,人们已开始明显地感觉到,实证和分析的方法并不是万能的,它也存在着一定的局限性,而带有强烈随机性的体认和直观的方法则并非一无是处。目前,东方人的思维方法已经引起广大自然科学家和人文科学家的浓厚兴趣。可以相信,传统东方文化中丰富的有关体认和直观思维方法的资料,经过和人文科学家的选择和改造,定将转化为现代思维科学发展的有益养料。

传统文化的现代转化,具有多方面的发展和应用的可能,而不是固定的、单向性的。也就是说,原来发生或应用于某一方面的理论、观点、原则,经过改造和转化,并不一定必须或只能应用于原来的范围,而完全可以灵活变通,推广到其他广阔的领域中去。在东方文化的宝库中,有丰富的协调各种人际关系的伦理理论和原则,在剔除其中的糟粕后,有许多伦理原则和道德规范还是适用于现代社会的人际关系的。这些原则对于当今一些发达国家中,一切以物质利益为中心而形成的冷漠的家庭关系和社会关系,可能会起到一定的改善作用。

同时，这些伦理理论和原则也可以推广到其他方面去。如目前，在日本、新加坡等国（也包括欧美一些西方国家在内），有人借用《孙子兵法》中的军事理论和原则，融会《论语》中的伦理理论和原则，吸收《老子》中的无为理论和原则等，将其运用到现代企业的管理和经营中去，已取得了显著的成绩。有关这方面的经验是十分值得重视的，其中体现出浓厚的东方文化的色彩，提供了东方文化向现代转化、为现代化服务的有力实例。因而它同样也引起了东西方世界的广泛瞩目。

东方的觉醒和迈向现代化，引起了我们对东方文化的历史反思。通过历史的反思，应当对于东方文化有一个正确的认识，从而建立起人们对于东方文化的自觉、自尊和自信。

二、近代以来东方文化对世界文明建设的贡献

20世纪以来，尤其是在经过两次世界大战之后，西方文化中的偏颇暴露得越来越明显了，世界各国的有识之士都在积极地以新的眼光重新审视东西方文化。东方文化在世界文化中的价值越来越为人们所认识，东方文化在世界现实生活中正在发生越来越广泛的作用和深刻的影响。东方文化（以儒、佛、道为主）在协调社会人际关系、调节个人生理心理的平衡以及提升道德精神生活等方面具有十分积极的意义，人们对之已有共识，并在现代生活中对之合理地加以吸取和运用。不仅如此，现代人还把东方文化中许多关于认识自然的原理（如"自然无为""天地万物一体"等）和社会生活的实践原则等，广泛地运用于国家治理、经济发展、企业管理、环境保护、科技发展等各个领域。

当代著名化学家、1977年诺贝尔化学奖获得者普里戈金，在为他的著作《从混沌到有序》中译本所写的序言中说："中国文明具有了不起的技术实践，中国文明对人类、社会与自然之间的关系有着深刻的理解。……中国的思想对于那些想扩大西方科学的范围和意义的哲学家和科学家来说，始终是个启迪的源泉。我们特别感兴趣的有两个例子。当作为胚胎学家的李约瑟由于在西方科学的机械论理想（以服从普适定律的惯性物质的思想为中心）中无法找到适合于认识胚胎发育的概念而感到失望时，他先是转向唯物辩证法，然后也转向了中国思想。从那以后，李约瑟便倾其毕生精力去研究中国的科学和文明。他的著作是我们了解中国的独一无二的资料，并且是反映我们自己科学传统的文化特色与不足之处的宝贵资料。第二个例子是尼尔斯·玻尔，他对他的互补性概念和中国的阴阳概念间的接近深有体会，以至于他把阴阳作为他的标记。这个接近也是有其深刻根源的。和胚胎学一样，量子力学也使我们直接面对'自然规律'的含义问题。"这里，我们还可以举出20世纪80年代初风行美国的卡普勒所著的《物理学之道》一书为例，该书用道家和禅宗思想来讨论现代物理学上的各种问题，取得了相当大的成功。而用儒家、道家、佛教（主要是禅宗）理论来研究心理学问题、认识论问题，则更是不胜枚举。即以大家所熟知的存在主义来说，如果你对中国道家老庄思想一无所知的话，是无法把握其真谛的。这一切证明，古老的东方智慧不仅魅力犹存，而且具有自我调节以适应时代的生存能力。

此外，目前方兴未艾的自然疗法、自然医学等，也都与东方文化有着密切的关系。随着人们对东方文化的了解和把握，东方文化对西方文化的影响必将越来越大。

人们是否冷静地思考过，当今物质生产的增长如此迅速，科学技术高速发展，在为社会和人类造福的同时也会给社会和人类带来负面的影响呢？目前的事实是，当人们（一部分人）在享受富裕的物质和由先进科技提供的高度方便的现代生活的同时，却正在精神上和肉体上不同程度地经受着由这种现代生活给人类带来的种种病变的煎熬。

从现象上来说，现代生活中的种种病变有相当一部分与当今高科技的迅速发展有一定的联系，诸如现代生活加剧了人与自然的对立。人们为满足自身的欲求，利用现代高科技为人类提供的有力手段，无限度地向自然界索取各种资源，进行掠夺性的开发，从而严重地破坏了地球的生态平衡。而现代高科技提供的方便生活，也在很大程度上鼓励人们养成一种浪费性的消费习惯。这种消费习惯不仅浪费了大量宝贵的资源和财富，而且制造了大量的生产和生活废弃物，从而严重地污染了人类生存的自然环境。自然环境的污染、生态平衡的破坏，造成了全球性的气候反常，旱涝风雹灾害的频仍、怪病恶疾的滋生蔓延，给人类的生存带来了严重的威胁和无穷的烦恼。人类依仗着高科技，加速了对自然的征服、控制和支配，同时也正在更快地受到自然的强烈报复。

无可怀疑，由于现代科技的发展，人们的生活和医疗条件等都得到了极大的改善，因而现代人的平均寿命也大大地延长了。然而，如果人们不能有效地解决生态平衡和环境污染的问题，那么不仅现代人的健康长寿能否长期保持将是个问题，更为严重的是必将贻害子孙后代。这也是今天摆在我们面前的非常迫切、应当认真思考的问题。

现代生活使得人与人之间的关系越来越疏远。现代通信手段的发达"缩小"了世界，人与人之间的许多交涉或交往的途径为电话、电报、电传、传真、电脑所替代，因而也阻隔了人际的直接感情交流。同时，在现代高科技提供的各种现代化生活手段的环境中，通过自动化设置，乃至电脑程序控制完全有可能把一个人的生活安排得十分周到舒适，因而也为个人封闭式（孤独）的生活方式提供了方便的条件。如此种种，进一步加快了现代社会生活中孤寂症的蔓延。

现代生活对于高科技和人为环境、手段的过分依赖，造成了一种人们所始料不及的现实矛盾，即：人们征服自然的力量越来越强大，而同时适应自然的能力却越来越弱。因此，人为环境中的任何一个环节出一点点小问题，都有可能使整个社会和个人生活陷于瘫痪。人们在现代生活中时刻处于一种极大的不稳定和不安全感之中。

现代生活的紧张节奏，造成人们生理上、心理上的严重失衡。这也是人们所始料不及的。人类自己创造的现代高科技的广泛开发和应用，不单纯是一种征服自然的力量，反过来也成了控制和支配人类自身的一种强大力量。在精密、自动、高速的控制下，人只能听从机器或自动程序的安排，成为机器或程序的奴隶，生活变得紧张、机械和被动、单调乏味。这种人类创造力的自我"异化"，使人们失去了越来越多的自我本有的种种主动和自由，人们由此产生了严重的自我失落感和对生活意义的种种迷惘。

如果从文化根源上来分析，人们在现代生活中所经受的种种病变和煎熬，是与现代人的价值取向有着不可分割的联系的。而其中以无限度地追求物质增长和一切以自我为中心联系最为密切，影响最为深远。

追求物质增长和生活享受已是现代一部分人的主要人生目标，在一些人那里甚至是唯一的目标。在这样的价值观念支配下，一切都只是为了功利，为了纵情享乐。因此，自然和科技只不过是人们达到某种功利的工具和手段，可以不顾一切后果地去利用它、攫取它。甚至于连他人也和物一样，只不过是一种资源或手段，人与人之间只是一种相互利用的关系而已。于是，人与自然的关系、人与人的关系，都被严重地扭曲了。这才是上述人与自然的对立和人与人关系疏远

（或对立）急剧加深的深层根源之所在。

这里所说的以自我为中心包含着两个不同方面的意义。一个是指与上述追求物质增长和生活享受联系在一起的，即一般伦理意义上所谓的个人主义或利己主义。它的膨胀将导致社会上的严重的人格危机。而且这种外在的以自我为中心的结果却往往是自我内在的失落。第二是指与自然相对的人类自我中心。它的膨胀使得一些人以为人类可以任意地控制和支配自然万物，其结果则是人类不断地、越来越迅速地遭受到自然的严厉报复。又诚如一些学者所指出的，人与自然关系中的以人（我）为中心，从某种意义上说，也可说是人的一种利己主义的自我陶醉。

关于"21世纪是亚洲的世纪"的议论多起来了，在日本也有人认为现在是提出"脱欧入亚"（日本"明治维新"时期著名教育家福泽谕吉曾提出"脱亚入欧"）的时候了。对此，我们应当做何思考？自大是愚昧的，自尊是不可无的。

三、东方文化可疗愈"时代病"

必须指出，现代生活中的种种病变是与一定的文化价值取向有着密切关系的。因此，同样无可讳言的是，上述的种种社会病变大都与西方文化的某些基本观念、思维方法和价值取向等有着直接的关系，至少也可以说，它与盲目地、片面地理解和接受西方文化有关。

东方文化（尤其是中国文化中的儒、释、道）对防止和医治现代生活中的种种病变，大有可资借鉴之处。

中国的儒、释、道三家都十分强调人与自然的和谐一体。他们认为，人与天地万物同为一气所生，互相依存，具有同根性、整体性和平等性。如《庄子·齐物论》中说："天地与我并生，而万物与我为一。"儒家也因此倡导"仁民爱物",如宋代著名哲学家张载说"民吾同胞,物吾与也",着意强调万物与人为同类,应当推己及物。理学的创始者之一程颢也说:"人与天地一物也","仁者以天地万物为一体","仁者浑然与物同体",等等。汉儒以阴阳五行说大讲天人感应,其间附会于社会历史、政治、人事等方面者多为迷信之属,已经遭当时著名思想家王充尖锐而深刻地批判。然其被吸收于医学中者,则成了中医重视自然环境对于人的健康和疾病密切相关的重要基础理论。中医认为,人与自然的和谐状态的破坏或失调,可以说是人得病的最主要的原因之一。反之,保持人与自然的和谐,也就是保证人的健康的最重要的因素之一。体现于中医的治疗中,则无论是诊断还是处方,都首先参之以时令节气,乃至于严格到选择药材之产地产时。这种把人类健康与自然环境联系起来的观念,是完全符合事实的科学的理论。同时,这种观念也告诉人们,为了人类自身的健康,必须全力保护人类赖以生存的地球自然环境。这在当今世界尤其有十分重要和积极的意义。此外,儒家还有许多关于合理利用自然资源和节约消费的思想,这些也是值得我们今天借鉴的。例如,荀况把"节用"与"御欲"联系起来,提出人们在生活消费中必须有"长虑顾后"的观念,而不应当任人之欲。那种"不顾其后"、奢侈浪费的人,是一些"偷生浅知"之徒。这是很有深远意义的见解。

佛教提倡"护生",道家主张自然无为,在人与自然的关系上二者都强调不为不恃、因任自然。这种对自然的态度,就其消极一面讲,诚如荀子所批评的,是"蔽于天而不知人",即忽视乃至放弃人的主观能动性。不过,"因"的思想中并不完全只是消极的,它至少包含着这样两方面的合理因素:一是不以主观的好恶或意愿,随意地去违反或破坏自然及其规律,以致遭自然界的报复;二是主动地去适应不断变化的环境。在"因"的理论中,包含着"权变"和"因时而变"的思想，所以一些道家思想家就强调说："人各以其所知，去其所害，就其所利。"又说："故忤而后合者，谓之知权；合而后忤者，谓之不知权。不知权者，善反丑矣。"这句话的意思是说，看起来与原来的环境不合，却与变化了的环境相合，这叫作懂得权变；相反，就是不知权变。不知权变者，好事也会变成坏事。人与自然的关系，开始时是畏惧；诚如荀子所描述的，人们靠天吃饭，只好"大天而思之""从天而颂之"。以后，人们在与自然的斗争中掌握了它的一些规律，于是就"骋能而化之""制天命而用之"。然而，随着人类征服自然、支配自然的力量越来越强大，一些人开始忘乎所以，漠然无视自然的力量，以为人类可以随心所欲地去摆布自然，其结果就是使当今人类陷入日益恶化的生存环境之中。在今天这样一个新的时空环境中，人们似乎可以从一种新的意义上，去体会一下庄子说的"无以人灭天"这句话，它也许对我们今天调整人与自然的关系能有所启发。

以上只是列举了很小一部分中国传统文化中关于保持人与自然和谐关系的思想，然而如能灵活地吸取其精神，反思我们今日对待自然的态度，那么对于缓解当前人与自然的紧张对立状态，当会有所裨益。

儒家修身养性理论中的一个重要目标，就是要培养一种与他人和社会群体和谐、协调的道德品格。儒家提倡"己欲立而立人，己欲达而达人"，以及"老吾老以及人之老，幼吾幼以及人之幼"等推己及人的精神，这些至今也还是值得倡导的一种个人品德和社会风尚。

不少人认为，东方传统文化（特别是儒家）忽视（或压制）个性和个人（自我）的权利、价值。这是有一定的历史根据和道理的。但问题亦并非如此简单。当我们冷静地、深入地思考时就会发现，在人类社会中，任何个人都是不可能离开他人和群体而存在的，自我只有在为他我、群体的奉献中，只有在得到他我和社会群体的认可时，才会突显出个人（自我）的存在和价值。因此，儒家强调献身群体和社会，并非消极地否定自我；相反，如果我们能从积极方面去理解其精神，那么个人为他人和社会群体积极奉献，正是实现自我价值、养成完美人格的正确途径。人们以崇敬仰慕之意，千年不绝地传诵着范仲淹的不朽名句："先天下之忧而忧，后天下之乐而乐。"这里不正反映了人们对于那些能够献身社会群体利益的个人价值的高度肯定吗？不正反映了人们殷切期望社会涌现出更多的具有这种品德的人的心愿吗？

目前，不仅在东方，而且在西方，尤其是在那些经济发达的国家里，一股学习禅学的热潮正在升起。西方的许多禅学研究者，已不再像过去那样简单地把禅看作"东方神秘主义"了，他们开始注意和研究禅的各种教理与禅的根本精神之所在。学禅打坐不仅能治病健身，调解人体生理上的失衡（这只是禅的低层次上的作用）；更重要的是，对于那些信禅学禅的人来说，它能在相当的范围和程度上调解人们心理上的失衡。禅学从一个方面揭示了自我的本性，着重揭示了造成人生痛苦、烦恼的自我方面的原因，并且探求了如何让自我从怨天尤人、授命于环境的被动中摆脱出来，通过自我主动的努力去解除种种的痛苦和烦恼，做自我的主人翁，等等。禅学的这些探求正是现代人精神上最渴求得到的东西。加之禅学不离人伦日用的世间性格、坚忍不拔的实践精神、自我去缚的解脱主张和当下顿悟的超越喜悦等，禅的世界性热潮方兴未艾。

《老子》三十三章："知人者智，自知者明。"以"知人"与"自知"相比较，何者更为困难呢？先秦法家代表韩非认为："故知之难，不在见人，在自见。故曰：'自见之谓明'。"（《韩非子·喻老》）著名玄学家王弼也说："知人者，智而已矣，未若自知者，超智之上也。"他们都认为，一个人要认识自己，比之于认识别人要困难得多。大多数人，在大多数情况下，往往就是如此，正所谓"旁观者清，当局者迷"。推之于人类自身和客观自然之间，情况与此相类。相对而言，人类认识自身要比认识客观自然困难得多。我在一篇短文中曾经发表过这样一番感慨：人作为万物之灵，对于客观物质世界的认识，大而至于外太空星系的宏观，小而至于量子真空的微观，在今天都已达到了相当的深度，并且对于进一步地去认识它和把握它充满了信心。而与此相比，人对自我的认识，特别是对自我精神世界的认识，则还相当肤浅，愚暗不明。至于通过对自我的认识，来自觉地把握自我的精神世界，这对于多数人来说，更是难之又难了。我还提到，人类在认识自然、改造自然的同时，也有一个自我认识的问题。特别是当人类征服自然的力量越来越强大的时候，人类更需要对自我有一个清醒的、正确的认识。然而，这同样也是比之于认识自然更为困难的事情，或许还可以这么说，在自知方面人类至今尚不是很明了的。人类依仗着高科技，加速了对自然的征服、控制和支配，同时也正在更快速地受到自然的强烈报复。在这种紧张的关系中，难道人类不应当认真地自我反思一下吗？我认为，在人与自然的关系中，人是主动的、能动的一方，因此也是关键的一方。换言之，这里的关键在于人类要对自我有一个恰如其分的认识，并由此进行自觉的自我节制。

《老子》三十四章说："大道泛兮，其可左右。万物恃之以生而不辞，功成不名有，爱养万物而不为主，常无欲，可名于小；万物归焉而不为主，可名为大。以其终不自为大，故能成其大。"这段话是很值得细细体会的。我们对于人类的力量和个人能力的认识，是否也应抱这样的态度？既要能认识自己的大，也要能认识自己的小，要能不以大自居，不以小自卑。然而，这并不是一件容易做到的事。人的自我失落，大都来自与自然和他我的不融洽、不协调，而其根子则还是在于自我本身，不是由于只见自我之小而妄自菲薄，就是由于只见自我之大而盲目尊大，也就是说，不能恰如其分地认识自我，缺乏自知之明。

《金刚经》说："是法平等，无有高下，是名阿耨多罗三藐三菩提（意谓无上正等觉）。"这句话也是很可以借用的。如果能以平等心去认识自我、认识他我、认识自然万物，破除各种偏见和执着，这将有助于克服自我与他我、个人与群体、人类与自然之间的分离和对立，融自我于他我、群体和自然之中，得自我之"大解脱"。

随着现代社会的发展，随着东方国家、民族的走向现代化，人们对于东方文化的了解和研究将不断地深入，因而对它的历史价值和现代意义也将会有越来越深刻的认识。可以相信，东方文化将在人们的现代生活中产生越来越广泛和深远的影响，并从中获得新的意义和发展。东方文化必将在显示其古老光辉的同时，展现出它崭新的现代风采，并与西方文化一起，为人类更美好的未来做出它应有的贡献。

第十五讲
当代中国文化的建构

一、近现代对中国文化建构的试验

在思考当代中国文化建构的问题时，有必要首先对中国文化在近代以来所走过的道路进行一番深刻的反思，然后才能对中国文化应走的道路有一较为清晰和自觉的认识。

毋庸讳言，与东方所有国家一样，从总体上来说，20世纪中国文化走的是一条以接纳西方文化为主的道路。中国的末代王朝清王朝，在经过康熙、乾隆、嘉庆三朝盛世后，自道光朝起开始走下坡路，朝政日趋腐败，国力日益衰弱。当时一些有眼光的思想家已深刻地觉察到清王朝面临的严重危机。如著名思想家龚自珍于鸦片战争前夕在揭露当时清王朝的腐败和中国社会面临的严重危机后，就深刻地指出："即使英吉利不侵不叛，望风纳款，中国尚且可耻而可忧。"

这样的政府是无法防止内乱和抵御外侮的。1842年鸦片战争的失败，彻底暴露了中国封建制度的腐朽没落，同时也暴露了中国传统文化结构上"重道轻器"的偏颇和弱点。所以，当时的一些进步思想家就提出了"师夷之长技以制夷"（魏源《海国图志》）的主张，强调学习西方列强"船坚炮利"的器物文化。以后，清王朝内部洋务派所搞的洋务运动，主要也就是引进西方有关制造枪炮、机械等方面的器物文化。在他们看来，中国的政治制度、人伦道德、社会习俗等方面不仅不可改变，而且其传统远优于西方，因此也不必改变。于是，他们用中国传统哲学中的"体""用"范畴，把中国传统的"治统"和"道统"归之于"体"，把西方科技、器物文化归之于"用"，并提出了"中体西用"的根本方针。

1894年中日甲午战争中中国的失败，把洋务派30年来从事洋务运动的心血毁于一旦，因而也就使人们对洋务派所遵循的"中体西用"的方针提出了疑问。如严复于当时即撰文批驳"中体西用"论在逻辑上和实践上的谬误，以及中西学各自"体""用"之间存在着不可分割的关系和不可随意嫁接的道理，从而强调指出，若要以西学为用，则必须同时接受西学之体，否则就是一种"牛体马用"的谬想。他说：

> 善夫金匮裘可桴孝廉之言曰：体用者，即一物而言之也。有牛之体，则有负重之用；有马之体，则有致远之用。未闻以牛为体，以马为用者也。……故中学有中学之体用，西学有西学之体用，分之则两立，合之则两亡。

这时，人们心目中的西学之体，主要是有关于西方社会、政治制度层面的东西，亦即前面所说的"治统"方面的文化，如民主、自由、立宪、共和等。因而，从戊戌变法到辛亥革命，从康有为到孙中山，他们关注的是对封建政体的局部改良抑或根本的改变。近代中国人的学习西方文化，由此而深入了一个层次。

然而，历史的演进并未就此而止。戊戌变法的惨败和辛亥革命胜利果实为袁世凯所窃取的现实，迫使人们进一步思考中国传统文化中最深层次的"道统"问题。所以，由1915年开始的新文化运动，发起了对中国传统文化的全面检讨,其中主要集中在经过宋明理学系统化了的封建宗法、专制制度与封建伦理纲常观念、道德规范等。同时,开展了对西方文化的全面学习,特别是西方资本主义的政治制度、学术风气以及个人主义的价值观等。此时,经由欧洲与日本,学术界也已接触到马克思主义理论,而1917年俄国十月革命的胜利,则进一步推动了马克思主义思想在中国的传播。1919年爆发的五四运动,一面高举"德先生"(Democratic,民主)和"赛先生"(Science,科学)两面大旗,一面则大声疾呼"打倒孔家店"和彻底粉碎"吃人的旧礼教",把批判传统文化和接纳西方文化的社会运动推向了一个新的高潮。

自此以后,20世纪中国文化结构以接纳西方文化为主的基本格局确定了。这不仅是指社会生产方式以及经济制度、政治制度的改变,更主要体现在社会各种观念上的变更,尤其是传统价值观念上的变更。由于第一次世界大战暴露了西方资本主义文明的种种问题,以及受俄国十月革命的胜利与当时流行的无政府主义和马克思主义思潮的影响,20世纪20年代初在中国思想界的一部分人中曾一度出现过对西方文明"完美"幻想的破灭和对东方文化、中国文化的反思。其中,1920年初梁启超旅欧回来后发表的《欧游心影录》和1921年出版的梁漱溟的《东西文化及其哲学》是最具代表性的两部著作。然而,在当时急盼中国富强与现代化的国人的目光中,西方列强是现代化富强国家的样板,因而在许多人的观念中很自然地也就把西方化和现代化看成了一回事,要现代化就一定要西方化,认为只有引进西方文化才能使中国现代化。于是,从20世纪20年代末至30年代中期,又展开了一场有关西方化和现代化,以及西方文化与中国本位文化问题的大讨论。

此时,有一部分学者明确提出了"全盘西化"的口号。如1933

年底当时中山大学的教授陈序经在一篇题为"中国文化之出路"的演讲中把那时国内学术界关于中国文化的主张分析为三派，即所谓"复古派主张保存中国固有文化的""折中派提倡调和办法中西合璧的""西洋派主张全盘接受西洋文化的"。而他自己则是"特别主张第三派的，就是要中国文化彻底的西化"。他认为：

> 现在世界的趋势，既不容许我们复反古代的文化，也不容许我们应用折中调和的办法，那么，今后中国文化的出路，唯有努力去跑彻底西化的途径。

而关于中国文化必须"全盘西化"的理由，他强调两点：一是"西洋文化，的确比我们进步得多"，二是"西洋现代文化，无论我们喜欢不喜欢去接受，它毕竟是现在世界的趋势"。从当时的情况来讲，第二点理由是很有道理的，而第一点则不尽然了。特别是他申言之说：

> 西洋文化无论在思想上、艺术上、科学上、政治上、教育上、宗教上、哲学上、文学上，都比中国好。就是在衣、食、住、行的生活上头，我们也不及西洋人讲究。
>
> 在西洋文化里面，也可以找到中国的好处；反之，在中国的文化里未必能找出西洋的好处。

这些申述，显然是极其片面的。然而，"全盘西化"口号提出后，一时附和者甚多。以至连胡适对陈序经说他只是"折中派中之一支流"，而"不能列为全盘西化派"的分析，还特地加以声明：

> 我是主张全盘西化的。我是完全赞成陈序经先生的全盘西化论的。

与此同时,也有不少学者对"全盘西化"论提出了批评和不同的看法,乃至针锋相对地提出了建设"中国本位文化"的口号。

1935年初,王新命、何炳松、萨孟武等10位教授发表了一个《中国本位的文化建设宣言》。《宣言》劈头第一句话就说:"在文化的领域中,我们看不见现在的中国了。"甚至认为:"从文化的领域去展望,现代世界里面固然已经没有了中国,中国的领土里面也几乎已经没有了中国人。"这样激烈的言辞,未免有些危言耸听,并不完全符合当时社会的实际,其目的则是为了提醒世人不能一味模仿外国,而"要使中国的政治、社会和思想都具有中国的特征"。为此,他们提出了"中国本位的文化建设"的要求和办法。要而言之,《宣言》的基本主张是:

> 中国是既要有自我的认识,也要有世界的眼光,既要有不闭关自守的度量,也要有不盲目模仿的决心。
> 不守旧,不盲从,根据中国本位,采取批评态度,应用科学方法来检讨过去,把握现在,创造将来。

"中国本位的文化建设"的主张,遭到了"全盘西化"论者的批评,胡适指其是"'中学为体,西学为用'的最新式的化装出现"。但同时也引起了不少人的关注与赞同,其中一些学者特别强调了在与外来文化接触和吸收中树立"中国本位意识"和"主体意识"的重要性。如有的学者说:"没有本位意识,是绝对不可与外来文化接触的。"因此,在建设"中国本位文化"之前,"还须先建设'中国本位意识'以为前提。若是不然，则我们一切的努力，是要归于白费的"。有的学者则说："一个民族失了自主性，决不能采取他族的文明，而只有为他族所征服而已。"因此，只有"恢复中国人的自主性，如此才能有吸收外族文化的主体资格"。

尽管在各次论战中公开宣称要"全盘西化"的人并不是很多，但由于历史的原因，认为现代化等同于西方化的则至今仍不乏其人。因而在20世纪以来的社会具体改革实践上和大部分人的潜在意识上，"全盘西化"事实上占了主导的地位。正由于此，在中国传统文化的认识和处置方面长期以来存在着严重的片面性。

二、当代中国文化建构的两个方面

在以往的一个世纪中，中国文化走以西方化为主的道路是有其历史的必然性和必要性的，它对中国社会的进步发展是起了积极的促进作用的。同样，这一时期中对于中国传统文化的清算和批判也有其历史的合理性，因为没有这样的清算和批判，人们很难摆脱几千年来形成的旧观念的束缚。

然而，我们回过头来冷静地反思一下以往这个世纪中国文化所走过的道路，则不难发现其中存在着不少认识上和结构上的偏颇。其中最突出的问题，我想是中西文化比重的严重失衡。而最足以说明问题的事实是，从近代实行新式学校教育以来，我们的学校制度、课程设置基本上是仿照欧美（以后又是苏联）模式，而课程内容也以西方文化为主（数、理、生、化和外语自不必说，史、地是中外对等；音乐、美术的题材可能是中国的，而方法则都是西洋的；中国语文的内容当然都是中国的，然以新文化运动以来的现代题材和范文为主，而所教的语法则几乎全是从西洋语法中套用过来的）。反之，中国传统教育方法（其中有不少优秀的东西值得继承）几乎全被摈弃，中国传统文化方面的内容更是屈指可数。因此，除大学攻读各类有关中国传统文化专业的学生外，从这样的小学、中学、大学中培养出来的人，如果他课余又没有对中国传统文化不同程度的爱好，那他的知识结构中，肯定是西洋知识大于中国知识。就在现在，我们还常常可以听到这样的议论：中国知识青年所具有的西方知识远比西方知识青年所具有的中国或东方的知识来得丰富，并以此为骄傲。我想，我国知识青年具有较多的西方知识，这无疑是一个优点，值得肯定和赞扬。但是，同时我们也一定听说过，一些西方学者对我国不少大学生、研究生有时连一些最起码的中国传统文化知识也不甚了解表示惊愕吧。那么，我们对此难道就不应当感到羞愧，并进行深刻反省吗？

由于近一个世纪以来社会对中国传统文化的认识存在着严重的片面性，长期以来国民基础教育中存在着轻视传统文化教育的偏差。现在是到了纠正这些片面性，重新来认识中国传统文化的时候了。这里需要说明的一点是，以往所出现的对传统文化认识上的片面性，绝不是由个别人造成的，而我们今天提出纠正这些片面性，也并不是说我们比前人高明。事实上，如果没有前人和前一历史时期所走过的弯路，也可能根本就不会有我们今天的这种反思、认识和愿望。我们今天提出的反思和认识，主要是着眼于今后中国文化的建构与发展，而不是纠缠于历史的是非。因此，我在这里主要也是从历史发展的角度来探讨有关重新认识中国传统文化的问题，不一定涉及传统文化的具体内容。

人们习惯地把当今世界文化现象概括为东西方文化两大类型，而从历史发展的角度来追述，则又常常将之概括为五大文化圈乃至二十多种文化类型等。中西方文化之间的差异，从根本上来说是不同类型文化之间的差异。然而，这些不同类型的文化，在其各自的历史发展过程中，由于所在地区、民族、国家具体历史进程的差异，当人们在同一时段内对它们进行比较时，则又会显现出许多时代性差异的特征来。从理论上来讲，当我们对中西文化进行比较时，最主要的是应当注意其类型上的差别，发现其间由此形成的各自不同的特点，以及相互之间的互补性，以推进全人类文化的共同繁荣和发展。但是，要在实践上这样去做，并不容易。在以往的一个世纪里，在有关中西文化的争论中，有不少学者都已注意到了中西文化类型上的不同，并强调不应对西方文化盲目崇拜、对中国传统文化妄自菲薄。然而，由于当时中国社会历史发展阶段、经济发展水平整整落后于西方一个历史阶段，因此社会上对中西文化之间的差异，更注意和强调的是两者之间的时代性差异。特别在中国，由于单纯学习西方器物文明（从魏源提出"师夷之长技以制夷"到洋务运动的"中学为体，西学为用"，时间有半个世纪）的彻底失败，维新变法的失败，乃至辛亥革命果实的被篡夺等，更增进了人们关于中国传统文化落后于时代的想法。这也就是在以往一个世纪中对中国传统文化有如此强烈的批判和否定倾向的一个重要历史原因。

现在我们所处的时代不同了。第二次世界大战结束以后，特别是20世纪60年代中期以来，东方地区、民族、国家和社会的情况发生了巨大的变化。这些民族和国家不仅在政治上摆脱了殖民地或半殖民地的地位，取得了独立，而且其中一部分国家在经济上也实现了高速的发展。新中国1949年成立，自70年代末实行改革开放政策以来，经济发展取得了巨大的成就。这些都说明，东方地区、国家的整个社会发展情况发生了根本的变化，与西方地区、国家相比，尽管在许多方面还存在着不同程度的差距，但它已不再是过去那种历史阶段或时代之间的差距了。正是这种政治、经济、社会境况的变化，促使东方民族对自己的文化传统进行反思，并开始恢复对民族传统文化的自信。这正是我们之所以提出要重新认识中国传统文化的现实根据。

在强调中西文化的时代差异中，最突出的是民主（或者说自由、平等、民主）思想问题。毫无疑问，在中国传统文化中是找不到近代意义上的民主思想和自由、平等观念的。事实上，西方近代化中的自由、平等、民主思想，也并非古已有之的，而是在社会发展到以工商资本为主要形态以后，通过激烈的社会变革和观念变革才发展起来的。因此，在当时还处于封建社会的中国传统文化中找不到近代工商资本社会所具有的民主思想观念是一点也不奇怪的。中国人民百年来前仆后继地流血奋斗，正是为了改变这种中西社会和文化上的时代差异问题。尽管今天中西社会在经济和文化发展程度方面还存在着不小的差距，但应当明确一点，这种发展程度上的差距，已不是过去那种时代性的差异了。

相对于解决中西文化的时代差异问题，处理中西文化类型上的差别问题要复杂得多。如果说时代上的差异我们可以通过社会变革和观念变革来迎头赶上，乃至消除的话，那么对待文化类型上的差异是不能用"赶上"的方法去解决的，而且可能是永远不能消除的。因为，这种文化类型的差异，是在各自地区、民族、国家的文化长期发展中形成的，它凝聚着不同地区、民族的历史传统，体现着不同地区、民族的特有性格和精神风貌（诸如生活习俗、礼仪举止、思维方式、价值观念等），因而它也就会深刻地影响着不同地区、民族、国家今天文化发展的总体方向和特点。在这一问题上是不可能，也不应当强求一致的。当然，这并不是说不同类型文化之间不需要交流，更不是说不同文化类型之间不可能交流。事实上，从古到今，不同类型的文化之间无时无刻不在交流。融通是一种交流，冲突也是一种交流。只是，这种交流总是以一种文化为主体去吸取另一种文化中于己有益的营养成分来丰富和发展自己。因此，在不同文化的交流中，主体意识是不能没有的，否则出主而入奴，将沦为他种文化的附庸。

西方近代民主思想并非古已有之，但这并不意味着它与西方传统文化毫无渊源。西方近代文化发端于欧洲的文艺复兴，仅此即可说明西方近代文化的形成，与它对传统文化的继承和发扬有着密切的关系。再有，欧洲近代启蒙运动深受东方文化，特别是中国儒家孔子思想的启发。在当时的许多欧洲启蒙思想家那里，中国一度成为他们心目中的理想国，儒家伦理被解释为最富民主、平等精神的学说，孔子也被推尊为时代的守护尊者，赞美、景仰之情溢于言表。然而，西方近代文化的发展并没有因此而同化于东方或中国文化，而是在积极吸取中国传统文化中的人文精神等营养以后，发展出了与古希腊、罗马和希伯来传统文化接轨的近代西方文化。西方近代的人本主义不等同于中国传统文化中的人文精神，西方近代的平等观念也不等同于中国儒家"民胞物与""推己及人"的"泛爱"说，而西方近代的民主思想则更是不等同于中国儒家的民本理念。弄清楚这一点是非常重要的。

以上事实至少告诉我们三件事：第一，西方近代文化在发生过程中，曾受到过东方，特别是中国传统文化的极大影响，并吸收了其中某些有益的营养；第二，西方近代文化在产生的过程中，曾积极继承和发扬西方传统文化中的优秀成分，并以西方文化为主体来吸取外来文化营养，由此而形成的近代文化是一种西方类型的文化；第三，在中国传统文化中并不是一点也没有可为近现代民主思想和制度借鉴和启发的东西，相反，它已对西方近代民主思想和制度的生成产生了某种启发作用，因而，只要今人选择和诠释得当，也必将对中国现代思想和制度的健全有良多的启发与借鉴作用。

西方近代文化发生发展的历程是很值得我们深思和借鉴的。学习、借鉴和吸收外来文化，与继承、发扬传统文化，应该而且也是可以很好地统一起来的。它既不像某些人所鼓吹的，对外来文化只能全盘接受；也不像某些人所描绘的，中国传统文化落后、腐朽到一无可取之处。

以往一个世纪中国传统文化受到那么激烈的批判的另一个重要原因是，当时正值西方实证科学最为兴旺的时期，理性至上与逻辑推理、实证至上与普遍有效等被视为唯一的科学方法，而凡与此不一致者，则被斥之为非理性的、非科学的，甚至是愚昧落后的、神秘主义的，应当被淘汰。毋庸讳言，中国传统文化的思维方式与实证科学的思维方式相距甚远，于是在那一时代追求实证科学的人们的目光里，中国传统文化就成了落后无用、必然要被淘汰的东西了。而中国传统文化中那些模糊含混、缺乏逻辑推理乃至流于神秘主义的思维方式，在那些人的眼中，更是发展实证科学思维方法的严重阻力，必须彻底批判和清除。

现在，这种情况也在发生变化。现代科学的发展，使我们越发认识到实证科学的方法远不是完满的，更不是唯一的。许多科学家在研究中碰到用实证科学方法无法证明和解释的问题时，越来越多地到东方（包括中国）传统文化里的那些模糊、混沌的理论与方法中去寻求解答，并且取得了相当可喜和可观的成果。

通过以上的反思和分析，现在可以来谈关于21世纪中国文化建构的设想了。我认为，中国在21世纪的文化建构中必须注意两个方面的问题：

一是调整好中西文化的比例，确立中国文化的主体意识，树立对中国文化（包括传统文化）的自尊和自信；二是调整科技文化和人文文化的比例，充分认识人文文化在社会发展和进步中的重要意义，积极扶植和发展人文文化。

关于第一个调整，我想通过以上的分析与论述，应当说已经很清楚了，似无须多讲了。然而，尚需要啰唆几句的是，时至今日还有那么一些人对中国传统文化抱有各种很深的成见。如对儒家思想，有的人就认为，尽管经过这么长时间的激烈批判，但儒家传统中的封建伦理观念在社会生活的各个方面仍然有着很深的影响，尤其是在那些深层的人际关系中，以及比较闭塞、落后的农村中。因此，他们认为，清除儒家传统伦理的影响，引进现代西方的生活规范和伦理观念，仍然是当前思想文化方面的主要任务。于是，一些人就常常把提倡继承和发扬中国传统文化的意见，与所谓的"复古主义"、宣扬"封建意识"等联系起来而加以反对。

不容否认，上述关于传统文化，特别是儒家伦理中那些封建糟粕还在产生着影响，是有一定根据的。事实上，对于传统文化中的糟粕部分及其消极影响，在任何时候也不敢说已经清除干净了。因为作为一种曾经存在过的，而且有着广泛深刻影响的历史文化，只要有合适的环境，它就有可能死而不僵，就有可能在现代社会中沉渣泛起，人们对此自不应掉以轻心。然而，我们也决不能因此而因噎废食，不要或不敢去继承传统文化中的优秀部分，发扬其积极的影响。从当前来讲，很有必要强调一下继承和发扬中华民族的传统美德，并且认真地吸取传统（包括儒家）伦理观念中那些合理的内容，从而建立起符合时代精神和时代需要的伦理观念和社会伦序来。

20世纪是科技文化获得空前发展的一个世纪，它在天道（物理）探求方面所取得的成就，超过了以往的所有世纪，这是值得人类为之骄傲的。然而，20世纪人类在人道（伦理）的探求和建设方面是否也取得了可以与科技相提并论的成就呢？这是我们今天要深刻反思的问题。20世纪上半叶接连发生了两次世界大战，当时它引起了世界上许多思想家的反思。许多思想家对以西方文化为主导的文化取向一度产生了疑问，出现了一股新人文主义的思潮，出现了一批向往东方文化人文精神的思想家。我国20世纪二三十年代的那场中西文化大讨论，也与这一时代背景有着密切的关系。当时，有些中国学者已深刻地认识到，单纯的科技文化的发展并不能真正地、完全地解放人类。如瞿秋白说：

> 技术和机器说是能解放人类于自然权威之下，这话不错，然而它不能调节人与人之间的关系。资本主义时代的科学尤其只用在人与自然之间的技术上，而不肯用到或不肯完全用到人与人之间的社会现象上去。
>
> 技术的发明愈多，人类的物质的需要也愈多——如此转辗推移，永无止境。
>
> 文明人不但没有从物质生活解放出来，反而更受物质需要各方面的束缚锁系。以全社会而论，技术文明始终只能解放一部分的人。（《现代文明的问题与社会主义》）

这些分析，即使在今天也还是极具启发性的。但是，在20世纪的下半叶，随着高新科技的高速发展，物对人的引诱力和支配力是越来越强大了，注重人伦道德的人文精神被追逐物欲的浪潮所淹没，人文学科也由此而受到冷落。20世纪文化发展的总趋势，仍然如英国著名历史学家汤因比所说的，是对科技的崇拜。

在当今新知识层出不穷、瞬息万变的信息时代，人们如果不能在科技文化知识方面不断提高和更新的话，则必将为时代所淘汰。但是，在人们不断提高和更新科技文化知识的同时，也不能回避这样一个问题，即这些高、新、精、尖的科技知识，在迅速提高人们的物质生活水平的同时，是否有利于改善人类的整体生存环境，是否有助于人类的精神生活的提升？许多有见识的人发现，人类对现代高科技产品的广泛开发和应用，不单纯是产生了一种征服自然的力量，反过来也会产生控制和支配人类自身的一种强大的力量。人类征服自然的手段和力量越来越强大，同时对这些手段以及人为环境的依赖也越来越厉害。这也就是说，人类正在不断地沦为自己所创造出来的高新科技的奴隶，个人、社会和国家正在不断丧失自我和个性。由此而造成的种种社会问题，是当今世界最严重的危机。

其实，科技发展带来了种种严重的社会问题，其责任并不在科技发展本身，而在于发展科技的人，在于现代人的价值取向。无可否认，当今世界是一个讲求实力的时代，全世界的实力竞争，把全人类逼上了一条无限追求物质增长的险途而不能自返。由此，追求物质财富和生活享受也就成了绝大多数现代人的主要人生目标，而在某些人那里甚至是唯一的目标。在这样的价值观念的支配下，一切都只是为了功利，为了生活享受。因此，自然环境和科技手段都只不过是人们获得功利和满足享受的资源和工具，可以不顾一切后果地去攫取它。更有甚者，在这种价值观的支配下，他人在自己眼中也只不过是一种物、一种资源、一种相互利用的关系而已。于是，人与自然的关系，人与人的关系，都被严重地扭曲了。因此，要克服和摆脱这种人类创造力的自我异化，单靠科技的发展是无法解决的，只有重兴人文精神、重塑现代人的价值取向才有可能解决。正是有鉴于此，我认为当代中国文化建构的方向，应当大力加大人文文化建设的力度，充实人们的精神生活，健全社会的文化结构。